高等院校经济、管理类专业"十二五"规划教材

国际贸易实务

GUOJIMAOYISHIWU

GAODENGYUANXIAOJINGJIGUANLILEIZHUANYESHIERWUGUIHUAJIAOCAI

中南大学出版社
www.csupress.com.cn

U0668939

主　编：　王新哲　廖万红　覃永盛
副主编：　李菁菁　徐李桂　胡　超
撰稿人：　（按编写章节先后排序）
　　　　　王新哲　覃永盛　廖万红　李菁菁
　　　　　徐李桂　胡　超　刘　丽　黄河东
　　　　　廖战海

内容提要

本书以国际货物买卖合同为中心，全面介绍了从事国际贸易的基本业务知识和程序、具体操作技能和主要法律惯例。全书共 12 章，主要包括国际贸易实务概述，国际贸易标的的品名、品质、数量与包装，国际贸易术语，进出口商品的价格与成本核算，国际货物运输，国际货物运输保险，国际贸易货款结算，进出口商品检验，国际贸易争议及处理，进出口合同的商订，进出口合同的履行，国际贸易方式。

本书内容新颖，体系完整，实用性强。在编写时特别强调外贸中的实战操作，强化实际动手能力的训练与培养。本书既可作为各类大专院校经管及相关专业本科教材，也可作为非专业人士的重要参考书。

图书在版编目(CIP)数据

国际贸易实务/王新哲,廖万红,覃永盛主编. —长沙:中南大学出版社,2011.6

ISBN 978 – 7 –5487 –0300 –6

Ⅰ. 国... Ⅱ.①王...②廖...③覃... Ⅲ.国际贸易 – 贸易实务 Ⅳ. F740.4

中国版本图书馆 CIP 数据核字(2011)第 098143 号

国际贸易实务

主编 王新哲 廖万红 覃永盛

□责任编辑	陈雪萍		
□责任印制	易建国		
□出版发行	中南大学出版社		
	社址:长沙市麓山南路	邮编:410083	
	发行科电话:0731 – 88876770	传真:0731 – 88710482	
□印　装	长沙市宏发印刷有限公司		

□开　本	787×1092 1/16	□印张 15.25	□字数 365 千字
□版　次	2011 年 7 月第 1 版	□2018 年 8 月第 4 次印刷	
□书　号	ISBN 978 – 7 – 5487 – 0300 – 6		
□定　价	38.00 元		

图书出现印装问题,请与经销商调换

高等院校经济、管理类专业"十二五"规划教材

编审委员会

(按姓氏笔画排序)

马　璐(广西工学院管理系主任、教授)

王海东(中南大学出版社社长、教授、博导)

王新哲(广西民族大学商学院院长、教授)

韦浩明(贺州学院人文与管理系主任、副教授)

刘宁杰(广西财经学院工商管理学院院长、教授)

李伯兴(广西财经学院经济与贸易学院教授)

胡国强(广西财经学院会计与审计学院院长、教授)

严志强(广西师范学院经济管理学院院长、教授)

佘秋平(桂林电子科技大学商学院院长、副教授)

罗知颂(广西师范大学经济管理学院院长、教授)

周永生(桂林理工大学管理学院院长、教授)

周建胜(广西财经学院金融与保险学院院长、教授)

侯　雁(广西工学院经济系主任、教授)

唐拥军(广西财经学院副院长、教授)

夏　飞(广西财经学院副院长、教授)

莫世有(梧州学院管理系主任、教授)

曹垂龙(梧州学院经济系教授)

阎世平(广西大学商学院院长、教授)

蒋满元(广西财经学院经济与贸易学院院长、教授)

董再平(广西财经学院财政与公共管理学院院长、教授)

谢焕文(广西民族大学商学院书记、副教授)

前　言

随着经济全球化、区域经济合作步伐的加快，国内经济对外开放力度不断加大，中国与世界经济融合的程度也在不断加深。与此同时，我国出口额占世界出口额的比重也有较大提升，中国已经确立了世界贸易大国的地位。缘起美国的金融危机虽然使世界经济步入低谷，但中国对外经贸合作的步伐并没有放慢。

为了适应国际市场竞争的需要，加速国际经贸人才的培养，我们坚持"理论讲透，操作为主"的原则，按照国家最新修订、颁布的有关法规和国际通行的商务运作规则，编写了《国际贸易实务》这本理论与实践兼顾的教材。

全书以国际货物买卖合同为中心，以我国及东盟进出口贸易实践为背景，采用最新的国际贸易法律和惯例（特别对 2011 年 1 月 1 日生效的《国际贸易术语解释通则 2010》即 INCOTERMS 2010 的有关内容进行了详尽的解释和介绍），全面地介绍了从事国际贸易的基本业务知识和程序、具体操作技能和主要法律惯例。本书内容通俗易懂，兼具知识性、实用性和可操作性。为了体现注重实践技能训练的特色，本书尽可能地采用实务、实例来说明问题，并在每章后附有相应的思考题、案例分析、技能实训等内容，使同学们身临其境地感受实际进出口业务中面对的各种复杂情况以及单据处理流程，从而达到提高同学们实践应用技能的目的。

本书可作为高等院校学生国际贸易实务操作教程，也可以作为外贸行业的各类培训教材，以及相关专业学生或外贸业务人员的参考。

本书由王新哲、廖万红、覃永盛任主编，李菁菁、徐李桂、胡超任副主编。广西民族大学王新哲编写前言及第 1 章，广西工学院覃永盛编写第 2 章和第 4 章的 3、4、5、6 节，广西民族大学廖万红编写第 3 章、第 4 章的 1、2 节和第 11 章，广西民族大学李菁菁编写第 5、6 章，广西民族大学徐李桂编写第 7 章，广西民族大学胡超编写第 10 章，广西工学院刘丽编写第 8 章，贺州学院黄河东编写第 9 章，广西民族大学廖战海编写第 12 章。最后由王新哲负责全书的统稿工作。

本书配有电子教案、课后习题答案和实训答案，读者可在中南大学出版社网站(http: //csup. csu. edu. cn/index. asp) 下载。感谢中南大学出版社谭晓萍主任、责任编辑陈雪萍等同志的大力支持和辛勤工作。

限于编者水平，书中错误或不足之处，敬请同行专家和广大读者批评指正。

编　者

2011.3.30

目　录

第 1 章　国际贸易实务概述

开篇导读　国际贸易实务是国际经贸类专业必修的主要核心课程，又称进出口业务、进出口贸易实务。本章介绍了国际贸易实务课程的研究对象和主要内容，必须把握的国际货物贸易的特点、基本程序和国际贸易合同的内容，需要熟悉的国际贸易相关法律和惯例以及了解学习本课程的建议。

本章关键术语

International trade custom 国际贸易惯例

Contracts for international sale of goods 国际货物买卖合同

Importer 进口商

Supplier 供货商

Exporter 出口商

Import or export license 进出口许可证

1.1　国际贸易实务课程的研究对象和主要内容

1.1.1　研究对象

国际贸易实务，又称进出口贸易实务，是一门主要研究国际货物买卖的具体过程及相关活动内容的学科。国际贸易实务研究的对象是国际货物买卖的基本知识、基本规则和基本技能。该课程具有综合性、基础性、应用性和实践性较强等特点。

国际贸易分货物贸易和服务贸易，这两种贸易适用的规则及处理方式大部分类似，但服务贸易更具复杂性。无论在我国，还是在国际上，货物买卖仍然是国际贸易中最基本、最主要的部分，因此在后文中除特殊注明，本书中的国际贸易主要指货物贸易。有关国际货物买卖的基础知识和业务做法，是每一个从事各种国际贸易实际工作和研究工作的人员必须掌握的。

1.1.2　主要内容

（1）贸易术语

贸易术语是用来表示买卖双方所承担的风险，费用和责任划分的专门用语，贸易术语是本课程首先要阐述的一项重要内容。

（2）合同条款

合同条款是交易双方当事人在交接货物，收付货款和解决争议等方面的权利与义务的具体体现，也是交易双方履行合同的依据和调整双方利益关系的法律文件。研究合同中各项条款的法律含义及其所体现的权利与义务关系，也是本课程的主要内容。

（3）合同的商订与履行

合同的商订与履行是国际货物买卖的重要环节。

（4）国际贸易方式

国际贸易方式、促销手段和销售渠道日益多样化和综合化。介绍和阐述这些贸易方式的性质、特点、作用、基本做法及其适用的场合，也是本课程的一个组成部分。

1.1.3　学习建议

（1）注重理论与实际结合

要将国际贸易、西方经济学、国际金融、中国对外贸易概论等先行课程中所学到的基础理论和基本政策与中国经济和国际市场的实际情况紧密地结合起来，与国际货物买卖的业务实践有效地结合起来。学好经济学、国际贸易学、国际经济法、经贸英语等相关学科，要广泛阅读国际贸易方面的书刊资料。要利用互联网等现代信息技术充分了解国际经济动态、我国对外贸易走向，学会运用现代信息技术成功地开展国际商务活动。

（2）注意业务同法律的联系

国际贸易法律课的内容同国际贸易实务课程的内容关系密切，因为，国际货物买卖合同的成立，必须经过一定的法律步骤。国际货物买卖合同是对合同当事人双方有约束力的法律文件。履行合同是一种法律行为，处理履约当中的争议实际上是解决法律纠纷问题。而且，不同法系的国家，具体裁决的结果还不一样。这就要求从实践和法律两个侧面来研究本课程的内容。

（3）强调实践训练与技能培养贯穿学习过程的始终

国际贸易实务课程具有综合性、基础性、应用性和实践性等特点。学习国际贸易实务课程的目的是培养同学们开展国际贸易活动的基本技能。同学们在学习该课程时，要把技能培养作为学习的中心任务，经常进行技能实训方面的训练，如撰写合同条款、填制商业单据、英文报价、英文函电写作等等。同学们还要利用机会多到外贸企业参观见习和实习，在实践中拓宽自己的业务知识，增长自己的业务才干。

（4）灵活处理国情与国际惯例的关系

为了适应国际贸易发展的需要，国际商会等国际组织相继制定了有关国际贸易方面的各种规则，如《国际贸易术语解释通则》、《托收统一规则》、《跟单信用证统一惯例》等。这些规则已成为当前国际贸易中公认的一般国际贸易惯例，被人们普遍接受和经常使用，并成为国际贸易界从业人员遵守的行为准则。因此，在学习本课程时，必须根据"洋为中用"的原则，结合我国国情来研究国际上一些通行的惯例和普遍实行的原则，并学会灵活运用国际上一些行之有效的贸易方式和习惯做法，以便按国际规范办事，在贸易做法上加速同国际惯例接轨。

1.2　国际货物贸易中的当事人及所关注问题

1.2.1　国际货物贸易中的当事人

进口商和出口商是国际贸易的主体，但在国际贸易中，还有许多相关当事人参与进来。每次交易涉及的当事人会由于交易目的、交易商品、交易地点、各国贸易政策的差异有所不同。

（1）国际贸易合同的主体

按 1980 年《联合国国际货物销售合同公约》（简称《公约》）要求，国际货物销售合同的当事人应为双方营业地位于不同缔约国的当事人，即进口商和出口商。

小注：对《联合国国际货物销售合同公约》的理解

两种情况，其一，如双方国籍不同，但营业地位于同一个国家，则不适用于公约；若只有一方的营业地位于缔约国也不适用公约。因此，货物买卖的"国际性"意味着双方当事人具有不同国籍、营业地不同，如 A 国企业与 B 国企业的贸易。其二，双方当事人具有相同国籍、营业地不同，如 A 国企业与该企业设在 B 国的子公司的贸易。但如果双方当事人具有不同国籍、营业地相同，如 A 国企业与 B 国公司在 C 国贸易就不是货物买卖了。

进口商（Importer）是指从国外购入商品后自定价格、自负盈亏或专门经营进口业务的商人。

出口商（Exporter）指把国内商品提供给国外买家的商人。

（2）国际货物贸易中的相关当事人

承运人（Carrier），或运输方，通过各种运输工具或方式负责将货物从一个国家运往另一个国家。

保险公司（Insurer），职责是根据保险合同使被保险人免受保险范围的风险损失或向被保险人赔偿保险范围内的损失。

银行，处理国际结算有关业务如汇款、托收和信用证业务。

检验机构（Inspection Bureau），为进出口商或进出口国的主管部门提供检验服务，如进出口检验检疫局。

公证机构（Notarization Departmentalism），对进出口单证或文件签署人的签字、身份进行识别。如公证处、商会等。

使领馆，有些国家要求在允许进口前，相关单据（如商业发票、海关发票、领事发票等）要由该进口国驻出口国的大使馆或领事馆官员进行认证。

仲裁机构或法院，如果交易双方的纠纷通过非正式方式不能达成一致，则可以采取仲裁或诉讼措施解决。

其他进出口业务管理部门如海关、进出口许可等机构。

1.2.2　进出口双方所关注的问题

表 1-1　进出口双方所关注的问题

进口方关注的问题	出口方关注的问题
确定到货的时间、质量和数量	对方付款的确定性
货物的品质与状况	交货数量以及货物状况
运输费用	运输费用与风险
保险费用及保险详情	保险
结算的安全性及费用	货币（外汇）风险
	结算风险与费用

1.3　国际货物贸易的特点及基本程序

1.3.1　国际货物贸易的特点

国际贸易具有不同于国内贸易的特点,其交易过程、交易条件、贸易做法及所涉及的问题,都远比国内贸易复杂。具体表现在:

①复杂性。交易双方处在不同国家和地区,在洽商交易和履约的过程中,涉及各自不同的制度、政策措施、法律、惯例和习惯做法,情况错综复杂。稍有疏忽,就可能影响经济利益的顺利实现。

②环节多。国际贸易的中间环节多,涉及面广,除交易双方当事人外,还涉及商检、运输、保险、金融、车站、港口和海关等部门以及各种中间商和代理商。如果一个环节出了问题,就会影响整笔交易的正常进行,并有可能引起法律上的纠纷。另外,在国际贸易中,交易双方的成交量通常都比较大,而且交易的商品在运输过程中可能遭到各种自然灾害、意外事故和其他外来风险。所以通常还需要办理各种保险,以避免或减少经济损失。

③风险大。国际市场广阔,交易双方相距遥远,加之国际贸易界的从业机构和人员情况复杂,故易产生欺诈活动,稍有不慎,就可能受骗上当,货款两空,蒙受严重的经济损失。

④不稳定。国际贸易易受政策、经济形势和其他客观条件变化的影响,尤其在当前国际局势动荡不定、国际市场竞争和贸易摩擦愈演愈烈以及国际市场汇率经常波动和货价瞬息万变的情况下,国际贸易的不稳定性更为明显,从事国际贸易的难度也更大。

小思考:国际货物贸易有哪些风险?

提示:双方信用风险、货物运输风险、汇率波动风险、政局不稳风险、贸易欺诈风险、法律适用风险等。

1.3.2　进出口贸易的基本流程

国际货物买卖的基本流程通常分为三个阶段:交易前的准备;交易磋商和合同的订立;合同的履行及善后。

(1)进口贸易的基本流程

表1-2　进口贸易基本流程

阶段	业务内容	基本当事人	可能当事人
进口前的准备	申请进口许可(对于限制进口商品);编制进口计划;选择市场和交易对象;制定进口商品经营方案	进口商	工商局、商贸局、税务局、海关、国内用户、市场调查机构、驻外使领馆、商会等

续表 1-2

阶段	业务内容	基本当事人	可能当事人
贸易磋商	询盘、发盘、还盘、接受	出口商、进口商	
签订合同	正式签订货物买卖合同或销货确认书	出口商、进口商	
合同履行（以 FOB 贸易术语、信用证支付方式为例）	申请开立信用证 租船订舱、向保险公司投保 银行通知付款赎单，审核单据、付款 货物到港，进口报关 提货、报验 收货；如代理进口则将货物交用户	进口商、银行 进口商、船公司、保险公司 进口商、银行 进口商、海关 进口商、承运人、船公司、商检局、船公司、国内用户	货运代理人 报关代理 货运代理 海关仓储部门
业务善后	如货物检验不合格进行索赔；如协商不一致，提请仲裁或诉讼	出口商、进口商、仲裁庭、法院	相关代理人 律师、公证机构等

（2）出口贸易的基本流程

表 1-3　出口贸易基本流程

阶段	业务内容	基本当事人	可能当事人
出口前的准备	申请出口许可（对于限制出口商品）；编制出口计划；组织出口货源；调研国外市场情况；制定出口商品经营方案	出口商	工商局、商贸局、税务局、海关、国内供货商、市场调查机构、驻外使领馆、商会等
贸易磋商	询盘、发盘、还盘、接受	出口商、进口商	
签订合同	正式签订货物买卖合同或销货确认书	出口商、进口商	
合同履行（以 CIF 贸易术语、信用证支付方式为例）	备货、报验 审证、改证 租船订舱 检验、报关 向保险公司投保 装船获海运提单 将单据交银行、银行审核单据 垫付货款 收汇后办出口退税	供货商、商检局 出口商、进口商、银行、船公司、海关 保险公司 出口商、承运人 出口商、进口商、银行、税务局、外汇管理局	货运代理人 报关代理 保险代理 货运代理 相关代理部门
业务善后	如国外进口商索赔办理理赔；如协商不一致，提请仲裁或诉讼	出口商、进口商、商检局、船公司、保险公司、公证机构、仲裁庭、法院	相关代理人 律师、公证机构等

1.4 国际贸易合同

国际贸易即国际货物买卖,是以国际货物买卖合同为中心,即通过订立和履行国际货物买卖合同进行的。国际货物买卖合同(contracts for international sale of goods)又称国际货物销售合同,是指营业地处在不同国家的当事人之间所订立的货物买卖合同。国际货物买卖合同的基本内容为商品的名称、质量、数量与包装,价格,货物的交付,货款的支付以及争议的预防和处理等规定。

国际货物买卖合同体现了买卖双方当事人的权利义务,所以国际货物买卖合同的订立和履行,不仅是一种经济行为,而且是一种买卖双方的法律行为。订立和履行国际货物买卖合同要符合法律规范。国际货物买卖中涉及的法律规范有当事人所在国的有关法律、国际惯例、国际公约等。

1.4.1 国际贸易合同的内容及形式

(1)国际贸易合同的内容

国际货物买卖合同的基本内容是买卖双方当事人买卖特定货物所涉及的权利与义务的具体规定,表现为合同条款,即交易条件的具体化。主要包括:

①约首。是指合同的序言部分,其中包括合同的名称、订约双方当事人的名称和地址(要求写明全称)。除此之外,在合同序言部分常常写明双方订立合同的意愿和执行合同的保证。该序言对双方均具约束力。因此,在规定该序言时,应慎加考虑。

②本文。这是合同的主体部分,具体列明各项交易的条件或条款,如品名、品质规格、数量、单价、包装、交货时间与地点、运输与保险条件、支付方式以及检验、索赔、不可抗力和仲裁条款等。这些条款体现了双方当事人的权利和义务。

③约尾。一般列明合同的份数,使用的文字及其效力,订约的时间和地点及生效的时间。合同的订约地点往往要涉及合同准据法的问题,因此要慎重对待。我国的出口合同的订约地点一般都写在我国。有时,有的合同将"订约时间和地点"在约首订明。

以上合同条款是合同中通常包括的内容,并不是必须都包括这些条款合同才成立有效。买卖双方当事人可根据交易货物特点和实际需要,对合同的条款内容作出增减约定。

(2)国际贸易合同的形式

合同的形式是交易双方当事人就确定、变更、终止民事权利义务关系达成一致的方式,是合同当事人内在意思的外在表现形式。根据《公约》和《中华人民共和国合同法》的规定,当事人订立合同有书面形式、口头形式及其他形式,其中书面形式是合同的主要形式。

在国际贸易中,书面合同的格式和名称,不尽相同,形式很多,均无特定的限制。一般常用的有销售合同、购货合同、成交确认书、协议、备忘录、意向书、订单等等。我国对外贸易业务中,主要采用的书面合同是销售合同、销售确认书两种。

①正式合同(Contract)。它是带有"合同"字样的法律契约,包括销售合同和购货合同。

②确认书(Confirmation)。确认书较正式合同简单,是买卖双方在通过交易磋商,达成交易后,寄给双方加以确认的列明达成交易条件的书面证明。经买卖双方签署的确认书,

是法律上有效的文件。

1.4.2　国际贸易合同的特点及成立条件

（1）国际贸易合同的特点

①国际性。所谓国际性，可以以营业地、当事人国籍、行为发生地或货物跨越国境等等作为判断标准，但国际货物买卖合同的"国际性"是以营业地在不同国家作为判断标准，而不管当事人本身国籍如何。例如，两家营业地分处美国与中国境内的公司签订货物买卖合同，即使签订合同的双方当事人都属中国国籍，该合同也是国际货物买卖合同。

②合同的标的（物）是指进入国际贸易领域的货物。

③涉及复杂的法律关系、适用法律具有多样性。

（2）国际贸易合同成立的条件

交易一方的发盘一经对方有效接受，合同即告成立。但合同是否具有法律效力，还要视其是否具备了一定的条件。不具法律效力的合同是不受法律保护的。因此，了解和掌握合同有效成立的条件非常重要。概括起来，合同应具备下述条件才算有效成立：

①当事人必须在自愿和真实的基础上达成协议；

②买卖双方当事人应具有法律行为的资格和能力（包括自然人订立合同的资格和能力、法人的行为能力）；

③合同必须以双方互惠、有偿为原则；

④合同的标的和内容必须合法；

⑤合同的形式必须符合法律规定的要求。

1.4.3　国际货物买卖合同在进出口业务中的地位及作用

企业在开展对外经济活动中，与有关方面订立的合同很多，例如国内购货合同或供货合同，国内或国际运输合同，货物运输保险合同，托收货款、支付价款的合同，等等。

国际货物买卖合同却是在涉外经济活动中，与有关方订立的最主要、最基本的合同。因为整个进出口贸易活动都是围绕着国际货物买卖合同为中心进行的，它是当事人双方各自履行约定义务的核心依据；也是一旦发生违约行为时，进行补救、处理争议的法律文件。

国际货物买卖合同按照《联合国国际货物销售合同公约》的规定，是指营业地处于不同国家的当事人所订立的货物买卖合同。货物买卖合同指卖方为了取得货款而把货物的所有权移交给买方的一种双务合同。

1.5　国际贸易相关法律与惯例

1.5.1　国际贸易应遵循的法律和国际公约

包括国外法、国内法和国际公约。

（1）国外法

广义的贸易法是指用来调整商品贸易过程中的买方和卖方之间的权利与义务关系，以保障商品交换顺利进行的法律规范。包括动产的贸易与不动产的贸易，在各国法律体系中占有十分重要的地位。这里所介绍的贸易法仅以有形动产即货物的贸易为限。

各国的贸易法，在形式和内容上也不完全相同。一般可以分为两大类：大陆法系和英美法系。

①大陆法系的贸易法。欧洲大陆法系的国家大都把有关贸易的法律编入民法典内，作为民法典的一个组成部分。如法国、德国和日本都在《民法典》对贸易双方的权利、义务做出了具体规定。这些国家采取民法与商法分立的做法，把民法与商法分别编纂为两部法典，以民法为普通法，以商法作为民法的特别法。民法的一般原则可以适用于商事活动，而商法另有特别规定的事项，则应适用商法的有关规定。但是，也有一些大陆法国家采取民法和商法合一的形式，只有民法典没有单独的商法典，如意大利和瑞士这两个国家都没有制定商法典，它们都把有关商法的内容编入各自的相关法律之中。大陆法国家或地区主要是欧洲大陆国家及其过去的殖民地：欧洲大陆、南美洲大陆及部分非洲国家。其中日本、我国台湾、澳门也属大陆法的国家或地区

②英美法系的贸易法。英美法系指以英国普通法为基础而发展起来的法律的总称。主要以英、美两国为代表，又称英国法系或普通法法系，法律以判例法(case law)为形式特征。总体上讲，英美法国家主要是英国及其过去的殖民地：英国、美国、加拿大、澳大利亚、新西兰、马来西亚、印度、巴基斯坦等；不包括英国的苏格兰、美国的路易斯安娜州、加拿大的魁北克省。

(2)国内法

国内法是指由某个国家制定和认可在本国主权管辖范围内生效的法律。国际货物买卖合同必须符合国内法。

中国1982年公布的《中华人民共和国经济合同法》(以下简称《经济合同法》)带有浓厚的计划经济特色，1985年公布的《中华人民共和国涉外经济合同法》用于除国际运输合同以外的一切涉外经济合同，包括国际货物贸易合同、中外合资经营企业合同、中外合作经营企业合同、中外合作开发自然资源合同、引进技术合同、国际借贷合同、国际租赁合同等。

随着社会主义市场经济体制的确立，在经济贸易中分为内贸和外贸两部法律越来越不合时宜，对合同的统一立法势在必行。1999年10月1日我国开始施行《中华人民共和国合同法》，该法主要调整企业间的经济贸易关系，还包括自然人之间因买卖、租赁、借贷、赠与等产生的合同关系，它不仅调整国内的合同关系，还调整具有涉外因素的合同关系。

为了维护我国对外贸易秩序，发展对外贸易，1994年5月，我国公布《中华人民共和国对外贸易法》，并于1994年7月1日实施。该法规定了我国基本的对外贸易制度与开展对外贸易关系的准则，明确了从事货物、技术及服务贸易的基本原则。

目前适用国际货物买卖的国内法主要有《中华人民共和国民法通则》、《中华人民共和国合同法》等。1986年，我国加入了《联合国国际货物销售合同公约》，因此有关的国际货物买卖关系还涉及该公约的适用。

(3)国际贸易公约

国际贸易公约(或称协定)是缔约国之间为确定相互经济贸易关系所缔结的协议。它是缔约国之间开展经济贸易往来所必须遵守的准则。缔约国之间一切经济贸易活动都必须遵守而不能违反国际贸易条约的规定。这些公约对缔约国的企业或个人具有法律效力。如

果缔约国的企业或个人在从事对外经济贸易活动中违反这些公约的规定,该国司法机构就要予以法律制裁。我国在发展对外经济贸易关系中,与许多国家签订了双边或多边的有关贸易、支付、运输、商标、工业产权、知识产权、仲裁等方面的条约和协定,如《统一国际航空运输某些规则的公约》、《国际海事组织公约》、《1979 年国际天然橡胶协定》、《1982 年国际黄麻协定》、《联合国国际货物销售合同公约》、《承认及执行外国仲裁裁决公约》。这些公约对我国的外贸活动都具有约束作用,但我国声明保留的条款除外。

小资料:

不适用《联合国国际货物销售合同公约》的国际贸易货物销售

《联合国国际货物销售合同公约》排除以下六种情况:①供私人、家人或家庭使用的货物的销售;②经由拍卖的销售;③根据法律执行令状或其他令状的销售;④公债、股票、投资证券、流通票据或货币的销售;⑤船舶、船只、气垫船或飞机的销售;⑥电力的销售。此外,对于供应货物一方的义务是提供劳务或其他服务的合同也不适用于公约。

1.5.2　国际贸易惯例

(1)国际贸易惯例的特点

国际贸易惯例(International Trade Custom)是指在国际贸易实践中逐渐形成和发展,为大多数国家所认可和遵循的一些习惯做法和解释。它涉及国际贸易实务活动的许多方面,对国际贸易实务活动具有重要的指导和制约作用。它具体确定当事人的权利与义务关系,界定双方职责,为双方提供共同遵守的行为准则。在发生贸易纠纷时,如果合同中没有注明适用何种法律,对发生争执的有关问题也未做出明示或暗示的规定时,仲裁机构可以援引某一国际贸易惯例衡量当事人的权利和义务,以此为依据进行裁决。

国际贸易惯例具有如下几个特点:

第一,它是在长期的国际贸易活动中逐渐形成的。国际贸易的一些习惯做法,开始只流行于一定的地区和行业,随着国际贸易的逐渐发展,它的影响不断扩大,有的甚至在世界范围内通行。

第二,它具有确定的内容而且被许多国家和地区认可。任何一种国际贸易惯例,都不是国家政府之间通过国际会议讨论通过而形成的,而是由地区、行业乃至国际组织或商业团体对国际贸易中的习惯做法或解释加以整理而形成的。它们把一些习惯做法归纳成条文,对有关的名词、术语给予明确的定义与解释,从而被越来越多的国家所认可。

第三,它不具有法律的强制性。国际贸易惯例虽然具有确定的内容,可以作为行为规范使用,但对国际贸易活动中的行为当事人不具有法律的强制性和约束力,只有当事人双方经过协商选用某一国际贸易惯例,并在合同中明确规定时才具有约束力。国际贸易惯例虽然不是国际性法律,却是重要的法源之一。

第四,它的内容随着国际贸易的发展不断更新和扩大。国际贸易惯例比法律更具灵活性,能较容易地进行修改,并及时跟上国际贸易实际的变化。

(2)国际贸易惯例的种类

涉及国际贸易的惯例有很多,主要有以下三类。

一是关于贸易术语的国际惯例。如《国际贸易术语解释通则》、《1932 年华沙 – 牛津规则》、《1941年美国对外贸易定义修订本》。

二是关于国际支付结算的国际惯例。如《联合国国际货物销售合同公约》、《托收统一规则》、《跟单信用证统一惯例》。

三是关于提单的国际惯例。如《关于统一提单的若干法律规则的国际公约》(简称《海牙公约》,Hague Rules)、《1968年布鲁塞尔议定书》(简称《维斯比规则》,Visby Rules)、《1978年联合国海上运输公约》(简称《汉堡规则》,Hamburg Rules)。

(3)运用国际贸易惯例要遵循的原则

①合同条款的法律效力高于国际贸易惯例。当事人在合同中约定适用某项国际贸易惯例时,该惯例对合同具有法律约束力。但是如果合同中某一项条款与引用国际贸易惯例对同一问题有不同的规定,只要该合同条款依法订立,即可以合同内容为准。因为合同当事人既可以明示地接受一项国际惯例,也可以明示地排除一项国际惯例适用于某项具体交易。这是由国际惯例的非强制性效力所决定的。

②正确把握国际贸易惯例的适用性。惯例仅可对法律具有补充和解释作用。在适用国际惯例时,所适用的国际惯例不可与同案的同时适用某国法律的具体规定相冲突。世界各国一般还规定适用的国际惯例不得违反法院地或仲裁地所在的社会公共利益。我国企业要灵活掌握依法适用国际贸易惯例的原则。对于那些明显背离现实的政策应当废止;而还未来得及废止的过时法律规范,在与国际贸易惯例冲突时,可以按国际贸易惯例办事而不必拘泥于过时法规。对我国尚未做出明确规定的领域,则可以根据具体情况采用国际贸易惯例;而凡是与我国社会公共利益相矛盾的国际贸易惯例,则应该拒绝,不予采用。

③引用国际贸易惯例要明确具体。国际贸易合同中出现争议问题,若需引用国际惯例,需要明确具体,如引用哪个惯例、第几条,适用过哪些范例等,这样容易达成一致,以减少谈判成本提高谈判效率。

④法官或仲裁员有权主动适用有关的国际惯例。在国际商事仲裁中,若当事人未主张适用国际贸易惯例,法官或仲裁员有权主动适用有关的国际惯例(如果有相关的国际惯例的话)来处理当事人之间的争议,而不一定要依赖所适用的国内法。这方面的例证,既可在众多的仲裁实践中找到,同时也得到了一些国际商事仲裁规则的确认。

篇末点述

进出口是国际货物贸易的主要内容,进口商和出口商是国际贸易的主体和基本当事人,当然在贸易中可能还有相关当事人如保险公司、银行、海关、承运人、仲裁或法院等机构或代理人。国际货物买卖的基本流程通常分为交易前的准备、交易磋商和合同的订立、合同的履行及善后三个阶段。国际货物买卖合同体现了买卖双方当事人的权利义务,订立和履行国际货物买卖合同要符合法律规范。国际货物买卖中涉及当事人所在国的有关法律、国际惯例、国际公约等法律规范。

案例分析

[**案例一**]　我国某外贸企业向国外一新客户订购了一批初级产品，合同规定由外方以租船方式将货物运交我方。我方按规定付款后，装运船一直未到目的港。经调查，发现承运人在船舶启航不久后公司便倒闭，船货均失踪，此系卖方与船方勾结的诈骗。试分析我方应从中吸取什么教训。

分析提示：我方在签订合同前应详细调查对方的资信情况。

[**案例二**]　中国某公司与国外一家公司签订一笔进口数字机床合同，该公司在欧盟区内有 3 家工厂生产这种机床。临近装运日期时，对方一工厂发生火灾，机床被烧毁，该公司以不可抗力为由撤销合同。问：可否撤销？说明理由。

分析提示：不可撤销。对待不可抗力有两种措施，一是撤销合同，二是延迟交货。对方 3 家工厂只有 1 家受损，而其他 2 家仍可生产，所以可要求对方延迟交货。

思考题

1. 国际贸易进出口流程是怎样的？
2. 国际贸易合同包括哪些条款？
3. 进出口双方各关心国际贸易中的什么问题？
4. 国际贸易管理的特点和种类有哪些？
5. 国际货物贸易有什么特点？

技能实训

1. 浏览相关网站，查阅当日美元、欧元、人民币的外汇牌价；同时查找美国和中国对出口商品的限制清单。
2. 以中外 A 公司、B 公司为例，尝试填写下面这份合同。

销售合同
SALESCONTRACT

卖方：＿＿＿＿＿＿＿＿

THE SELLERS：＿＿＿＿＿＿

合同编号：＿＿＿＿＿＿＿

Contract No ＿＿＿＿＿＿＿

签订日期：＿＿＿＿＿＿＿

Date ＿＿＿＿＿＿＿

买方：＿＿＿＿＿＿＿

THE BUYERS：＿＿＿＿＿＿

签订地点：＿＿＿＿＿＿＿

Signed at ＿＿＿＿＿＿＿

经买卖双方确认根据下列条款订立本合同：

The undersigned Sellers and Buyers have confirmed this contract in accordance with the terms and conditions stipulated below

1.

货号 Art No.	名称及规格 Descriptions	单位 Unit	数量 Quantity	单价 Unit Price	金额 Amount
					合计： Total：

总值（大写）：

Total value(in words)：

允许溢短＿＿＿＿＿＿＿％。

＿＿＿＿＿＿＿％ more or less in quantity and value allowed.

2. 成交价格术语：＿＿＿＿＿＿＿（□FOB□ CFR□CIF□ DDU□＿＿＿＿＿＿＿）

Terms ＿＿＿＿＿＿＿（□FOB□ CFR□CIF□ DDU□＿＿＿＿＿＿＿）

3. 出产国与制造商：＿＿＿＿＿＿＿

Country of origin and manufacturers ＿＿＿＿＿＿＿

4. 包装：＿＿＿＿＿＿＿

Packing ＿＿＿＿＿＿＿

5. 装运唛头：＿＿＿＿＿＿＿

Shipping Marks ＿＿＿＿＿＿＿

6. 装运港：＿＿＿＿＿＿＿

Delivery port ＿＿＿＿＿＿＿

7. 目的港：＿＿＿＿＿＿＿

Destination ＿＿＿＿＿＿＿

8. 转运：□允许□不允许；分批装运：□允许□不允许

Transshipment □allowed □not allowed；Partial shipments □allowed □not allowed

9. 装运期：＿＿＿＿＿＿＿

Shipment date ＿＿＿＿＿＿＿

10. 保险：由＿＿＿＿＿＿按发票金额110%，投保＿＿＿＿＿＿险，另加保＿＿＿＿＿＿险。

Insurance to be covered by the ＿＿＿＿＿＿ for 110% of the invoice value covering ＿＿＿＿＿＿ additional

11. 付款条件：

Terms of payment

□买方通过＿＿＿＿＿＿银行在＿＿＿＿＿＿年＿＿＿＿＿＿月＿＿＿＿＿＿日前开出以卖方为受益人的＿＿＿＿＿＿期信用证。

The buyers shall open a Letter of Credit at ＿＿＿＿＿＿ sight through ＿＿＿＿＿＿ bank in favor of the sellers prior to ＿＿＿＿＿＿.

□付款交单：买方应对卖方开具的以买方为付款人的见票后＿＿＿＿＿＿天付款跟单汇票，付款时交单。

Documents against payment：(D/P) The buyers shall duly make the payment against documentary draft made out to the buyers at ＿＿＿＿＿＿ sight by the sellers.

□承兑交单：买方应对卖方开具的以买方为付款人的见票后＿＿＿＿＿＿天承兑跟单汇票，承兑时交单。

Documents against acceptance：(D/A) The buyers shall duly make the payment against documentary draft made out to the buyers at ＿＿＿＿＿＿ sight by the sellers.

□货到付款买方在收到货物后＿＿＿＿＿＿天内将全部货款支付卖方(不适用于 FOB、CFR、CIF 术语)。

Cash on delivery (COD)：The buyers shall pay to the sellers total amount within ＿＿＿＿＿＿ days after the receipt of the goods. (This clause is not applied to the terms of FOB, CFR, CIF).

□＿＿＿＿＿＿

12. 单据：卖方应将下列单据提交银行议付托收。

Documents：The sellers shall present the following documents required to the banks for negotiation collection.

(1)运单 Shipping Bills

□海运：全套空白抬头指示抬头空白背书指示背书注明运费已付到付的已装船清洁海运联运正本提单，通知在目的港＿＿＿＿＿＿公司

In case by sea　Full set of clean on board ocean Bills of Lading　combined transportation Bills of Lading made out to order blank endorsed　endorsed in favor of ＿＿＿＿＿＿ or made out to order of ＿＿＿＿＿＿, marked freight prepaid　collected　notifying ＿＿＿＿＿＿ at the port of destination.

□陆运：全套注明运费已付到付的装车的记名清洁运单，通知在目的地＿＿＿＿＿＿公司。

In case by land transportation full set of clean on board land transportation Bills made out to ＿＿＿＿＿＿ marked freight prepaid　collected　notifying ＿＿＿＿＿＿ at the destination.

□空运：全套注明运费已付到付的记名空运单，通知在目的地＿＿＿＿＿＿公司。

In case by Air Full set of clean on board AWB made out to ＿＿＿＿＿＿ marked freight prepaid collected notifying at ＿＿＿＿＿＿ the destination.

□＿＿＿＿＿＿

(2)标有合同编号信用证号及装运唛头的商业发票一式＿＿＿＿＿＿份。

Singed commercial invoice in ＿＿＿＿＿＿ copied indicating contract No, L/C No. And shipping marks.

(3)由＿＿＿＿＿＿出具的装箱单或重量单一式＿＿＿＿＿＿份。

Packing list weight memo in ＿＿＿＿＿＿ copies issued by ＿＿＿＿＿＿.

(4)由＿＿＿＿＿＿出具的质量证明书一式＿＿＿＿＿＿份。

Certificate of Quality in ＿＿＿＿＿＿ copies issued by ＿＿＿＿＿＿

(5)由＿＿＿＿＿＿出具的数量证明书一式＿＿＿＿＿＿份。

Certificate of Quantity in ＿＿＿＿＿＿ copies issued by ＿＿＿＿＿＿.

(6)保险单正本一式＿＿＿＿＿＿份。

Insurance policy certificate in ＿＿＿＿＿＿ copies.

（7）_____签发的产地证一式_____份。

Certificate of Origin in _____ copies issued by _____ .

（8）装运通知：_____

Shipping advice _____

另外，卖方应在交运后_____小时内以特快专递方式邮寄给买方第_____项单据副本一套。

In addition, the sellers shall, within _____ hours after shipment effected, send each copy of the above mentioned documents No. _____ directly to the buyers by courier service.

13. 装运条款：

☐FOB

卖方应在合同规定的装运日期前30天，以电报电传传真通知买方合同号、品名、数量、金额、包装件、毛重、尺码及装运港可装日期，以便买方安排租船订舱。装运船只按期到达装运港后，如卖方不能按时装船，发生的空船费或滞期费由卖方负担。在货物装上船为止的一切费用和风险由卖方负担。

The sellers shall, 30 days before the shipment date specified in the contract advise the buyers by CABLE TELEX FAX of the contract No. , commodity, quantity, amount, packages, gross weight, measurement, and the date of shipment in order that the buyers can charter a vessel book shipping space. In the event of the sellers' failure to effect loading when the vessel arrives duly at the loading port, all expenses including dead freight and or demurrage charges thus incurred shall be for seller's account. The seller bears all risks of loss of or damage to the goods until they have been delivered.

☐CIF 或 CFR

卖方须按时在装运期限内将货物由装运港装船到目的港。在 CFR 术语下，卖方应在装船前 2 天电传传真电报买方合同号、品名、发票价值及开船日期，以便买方安排保险。

The sellers shall ship the goods duly within the shipping duration from the port of shipment to the port of destination. Under CFR terms, the sellers shall advise the buyers by CABLEFAXTELEX of the contract No. , commodity, invoice value and the date of dispatch two days before the shipment for the buyers to arrange insurance in time.

☐DDU

卖方须按时在装运期限内将货物由装运港装运至目的港。

The sellers shall ship the goods duly within the shipping duration from the port of the port of destination.

☐_____

14. 装运通知

Shipping advice

一旦装载完毕，卖方应在_____小时内电传传真电报买方合同编号、品名、已发运数量、发票总金额、毛重、船名车机号及启程日期等。

The sellers shall immediately upon the completion of the loading of the goods, advise buyers of the contract No. , names of commodity, loading quantity, invoice values, gross weight, name of vessel and shipment date by TLX-FAXCABLE within _____ hours.

15. 质量保证

Quality guarantee

货物品质规格必须符合本合同及质量保证书之规定，品质保证期为货到目的港_____个月内，在保证期限内，因制造厂商在设计制造过程中的缺陷造成的货物损害应由卖方负责赔偿。

The sellers shall guarantee that the commodity must be in conformity with the quality and specifications specified in this contract and Letter of Quality Guarantee. The guarantee period shall be _____ months after the arrival of the goods at the port of destination, and during the period the sellers shall be responsible for the damage due to the defects in designing and manufacturing of the manufacturer.

16. 商品检验：卖方须在装运前_____日委托_____检验机构对合同之货物进行检验并出具检验证书，货到目的港后，由买方委托_____检验机构进行复检。

Goods inspection：The sellers shall have the goods inspected by _____ Inspection Authority _____ days before the shipment and issued the Inspection Certificate. The buyers shall have the goods reinspected by _____ Inspection Authority after the goods arrival at the destination.

17. 索赔

Claims

如经中国_____检验机构复检，发现货物有损坏、残缺或品名、规格、数量及质量与本合同及质量保证书之规定不符，买方可于货到目的港后_____天内凭上述检验机构出具的证明书向卖方要求索赔。如上述规定之索赔期与质量保证期不一致，在质量保证期限内买方仍可向卖方就质量保证条款之内容向卖方提出索赔。

The buyers shall lodge claims against the sellers based on the Inspection Certificate issued by China _____ Inspection Authority _____ Days after the arrival of the goods at the destination, if the goods are found to be damaged, missing or the specifications, quantity, and quality not in conformity with those specified in this contract and Letter of Quality Guarantee. In case the claim period above specified is not in conformity with the quality guarantee period, during the quality guarantee period, the buyers have rights to lodge claims against the sellers concerning the quality guarantee.

18. 延期交货违约金

Late delivery and penalty

除双方认可的不可抗力因素外，卖方迟于合同规定的期限交货，如买方同意迟延交货，卖方应同意对信用证有关条款进行个性和同意银行在议付货款时扣除本条规定的违约金。违约金总值不超过货物总价值的 5%，差率按 7 天 0.5% 计算，不满 7 天仍按 7 天计算。在未采用信用证支付的情况下，卖方应将前述方法计算的违约金即付买方。

If the sellers fail to make delivery on time as stipulated in the contract, with exception of Force Majeure, the buyers shall agree to postpone the delivery on conditions that the sellers agree to amend the clauses of the LC and pay a penalty which shall be deducted by the paying bank from the payment under negotiation. The penalty, however, shall not exceed 5% of the total value of the goods. The rate of penalty is charged at 0.5% for every seven days, if less that seven days. In case, the payment is not made through LC, the sellers shall pay the penalty counted as above to the buyers as soon as possible.

19. 人力不可抗拒：如因人力不可抗拒的原因造成本合同全部或部分不能履约，卖方概不负责，但卖方应将上述发生的情况及时通知买方。

Force Majeure：The sellers shall not hold any responsibility for partial or total non – performance of this contract due to Force Majeure. But the sellers shall advise the buyers on times of such occurrence.

20. 争议之解决方式

Disputes settlement

□任何因本合同而发生或与本合同有关的争议，应提交中国国际经济贸易仲裁委员会，按该会的仲裁规则进行仲裁。仲裁地点在中国深圳。仲裁裁决是终局的，对双方均有约束力。

All disputes arising out of the contract or in connection with the contract, shall be submitted to the China International Economic and Trade Arbitration Commission for arbitration in accordance with its Rules of Arbitration in Shenzhen China. The arbitral award is final and binding upon both parties.

□_____

21. 法律适用

Law application

本合同之签订地、发生争议时货物所在地在中华人民共和国境内或被诉人为中国法人的，适用中华人民共和国法律，除此规定外，适用《联合国国际货物销售公约》。

It will be governed by the law of the People's Republic of China under the circumstances that the contract is singed or the goods while the disputes arising are in the People's Republic of China or the defendant is Chinese legal person, otherwise it is governed by United Nations Convention on Contract for the International Sale of Goods.

22. 本合同使用的 FOB、CFR、CIF、DDU 术语的依据为国际商会《INCOTERMS 2010》。

23. 文字：本合同中、英两种文字具有同等法律效力，在文字解释上，若有异议，以中文解释为准。

Versions：This contract is made out in both Chinese and English of which version is equally effective. Conflicts between these two language arising there from. if any, shall be subject to Chinese version.

24. 附加条款（本合同上述条款与本附加条款有抵触时，以本附加条款为准）：

Additional Clauses (conflicts between contract clause here above and this additional clause, if any, it is subject to this additional clause)

25. 本合同共_____份，自双方代表签字（盖章）之日起生效。

This contract is in _____ copies, effective since being signed sealed by both parties

卖方（盖章）：_____　　　　　买方（盖章）：_____

the sellers(Seal) _____　　　　the buyers(Seal) _____

代表人（签字）：_____　　　　代表人（签字）：_____

Representative(Signature) _____　　Representative(Signature) _____

第 2 章　国际贸易标的的品名、品质、数量与包装

开篇导读　买卖合同是转移作为标的有形载体的标的物所有权的合同。在国际贸易中，交易的标的物种类很多，每种标的物都有其具体名称，并表现为一定的质量，每笔交易的标的物都有一定的数量，而且交易的大多数标的物都需要有一定的包装。因此，买卖双方洽商交易和订立合同时，必须谈妥合同的标的物及其质量、数量与包装这些主要交易条件，并在买卖合同中做出明确具体的规定。

本章关键术语

Name of Commodity 商品的名称

HS 商品名称及编码协调制度

Quality Clause 质量条款

Technical Barriers to Trade(TBT)技术性贸易壁垒

Quantity Clause 数量条款

Packing Clause 包装条款

2.1　商品的品名

2.1.1　列明合同标的物的意义

合同的标的是当事人权利义务所共同指向的对象，也是为获得特定经济结果在履行义务时应尽最大努力去实现的一项利益追求，是合同成立的要件。在涉及商品买卖的标的条款中必须明确写明作为标的有形载体和表现的标的物的名称，以使标的物特定化或者将来可以特定化，从而能够界定权利义务的量。

国际贸易中，买卖双方往往在洽谈交易和签订合同的过程中并没有看到具体的商品，只是凭借对拟议买卖的商品进行必要的描述来确定交易的对象，并作为货物交接的基本依据。因此，在国际货物买卖合同中明确标的物的名称更为重要。如果卖方交付的货物不符合合同规定的品名或说明，买方有权拒收货物，撤销合同并提出损害赔偿。

2.1.2　商品品名的涵义与基本要求

买卖合同中标的物的名称也即商品的名称或品名(Name of Commodity)，是指能使某种商品区别于其他商品的一种称呼或概念。设计商品时，给产品选择一个响亮、动听、有深刻含义而又简单易记，区别于其他商品的独特名称，配上好的产品包装设计，往往能加深消费者对企业形象和产品的理解和记忆。

小资料:

美貌只在于名字

要确信你起的名称不仅好看,还要好听。

孔子曰:"名不正,则言不顺;言不顺,则事不成。"《论语·子路》

圣经(箴言22:1):美名胜过大财(A good name is more to be desired than great wealth.)

(资料来源:杰克·特劳特,史蒂夫·瑞维金. 新定位. 北京:中国财政经济出版社,2002.)

2.1.3 商品品名条款的格式与范例

国际货物买卖合同中的标的条款并无统一的格式,通常都在"商品名称"或"品名"(Name of Commodity)的标题下列明交易双方成交商品的名称。有时为了省略起见,也可不加标题,只在合同的开头部分,列明交易双方同意买卖某种商品的文句。

①一般性货物,在"品名"下标明商品的名称即可,如"鸡蛋"、"牛肉"。

②具有不同规格、型号、等级的商品,要将规格、型号、等级的信息列入其中。如象州大米、七件头提梁景德镇陶瓷茶具礼品套装、黑色绗缝连帽男式棉服、一级长绒棉、化工专用桐油等。

③品名与品质条款相结合。有些合同把品质规格加列其中,称为商品的说明或描述(Description of goods)。在此情况下,它就不单是品名条款,实质上是品名条款与下一节将要讨论的品质条款的综合表述。

2.1.4 确定品名条款的注意事项

作为国际货物买卖合同主要条件的标的条款,虽然简单,若不重视,也会产生贸易纠纷或带来不必要的麻烦。在规定此项条款时,应注意下列事项:

(1)根据商品实际情况做出实事求是的限定

合同标的条款中规定的名称,必须是指卖方能够供应而买方所需要的商品。凡做不到或不必要的描述性词句,都不应列入,以免给履行合同带来困难。如沙田柚不要轻易标为容县沙田柚,因为人们现在也把桂林临桂县、阳朔县一带出产的柚子统称为"沙田柚"了。我国某公司曾出口"手工制造书写纸",买主收到货物后,经检验发现产品的部分工序为机械加工,而我方提供的所有单据均表示为手工制造,按该国法律应属"不正当表示"和"夸大宣传",故买主要求退货并向我方索赔有关损失。

(2)尽可能使用国际上通用的名称

若商品有多种称谓,如马铃薯也称土豆,章鱼亦称八爪鱼,装载机的别名是铲车,氧化锌的别名是锌白,签约时应尽量选用国际上用得较多且又明确易懂的称谓作为品名。若使用地方性的名称,交易双方应事先就其含义达成共识。对于某些新商品的命名及其译名,应力求准确、易懂,并符合国际上的习惯称呼。

世界海关组织制定的《商品名称及编码协调制度》(Harmonized Commodity Description and Coding System,简称《协调制度》或 HS),是一部完整、系统、通用、准确的国际贸易商品分类体系,被称为"国际贸易的语言"。企业在合同中使用的商品名称,以尽可能与 HS 编码制度中的品名相对应为宜。

（3）注意选用合规合适的品名

有些商品可使用不同的名称，但同一商品因名称不同，存在着交付关税和所受的进出口限制不同的现象。此外，一些仓储机构和班轮运输公司是按商品类别、级别规定收费标准的，也存在着同一商品因名称不同而收取的费率不同的现象。因此，为了减低关税、方便进出口通关和节省运费和仓储费用开支，在确定合同的品名时，应当选用对企业有利的名称。如欧盟自 1993 年开始对中国自行车及相关产品征收 48.5% 的反倾销税，2010 年欧洲自行车制造商协会还要求欧盟执委会将这项反倾销税再延长五年至 2016 年。因此，如果用于自行车的链条（Bicycle Chain）只写为有多种用途的链条（Chain），就有可能避开高额关税。

目前，班轮运输行业的运价确定原则之一是运输承受能力原则，对高价货物收取高费率。尽管"均一费率"或"包箱费率"已经是航运业使用最为广泛的计费办法，但大多数情况下，仍然是按货物的类别、级别规定"均一费率"或"包箱费率"，如中国远洋运输集团发布的《中远第 6 号运价表》将承运货物划分为 4 个计费等级，各级费率分别为 57、61、65 和 74 美元。因此，同一商品因名称不同，就可能要负担额外的运费。

当今世界上大部分发达国家都在食品、药品安全方面有一套完备的法律、法规和标准，往往在这类特殊商品的名称上有必须遵守的规范性要求。如我国的《药品说明书和标签管理规定》（2006 年 3 月 10 日国家食品药品监督管理局发布）第二十四条规定，药品说明书和标签中标注的药品名称必须符合药品通用名称和商品名称的命名原则，并与药品批准证明文件的相应内容一致。

（4）应注意单证间、单货间品名的一致性

企业申请出口退税需保证出口发票的品名和报关单上的品名相一致。另外，如是外贸企业，进货时取得的增值税发票的品名也需与出口合同上的品名保持一致，否则会影响企业办理出口退税手续。如某公司出口苹果酒一批，国外来证的货名是"Apple Wine"，于是我方为单证一致起见，所有单据上均用"Apple Wine"，不料货到国外后被进口国海关扣留罚款，因该批酒的内、外包装上均写的是"Cider"字样。

（5）使用正确的外文译名

一个理想的商品名称，需要仔细推敲，字斟句酌，正所谓"一名之立，旬月踟蹰"。由于不能准确把握中外语言文化的不同，中文商品名称翻译中的用语失误现象在现实生活中较为普遍。我国不少商品都喜欢以龙来命名，而在英美文化中，dragon 则是"凶残、邪恶"的象征，不如音译为"long"。伊斯兰教禁食猪肉，而熊猫（panda）长得像猪，向穆斯林推销panda 品牌，会认为这是对他们的不尊重。在日本，人们认为荷花是死亡的象征，故荷花（lotus）牌缝纫机少人问津。

（6）品名条款的内容应当清楚、明确、具体

在品名条款中，应具体订明成交商品的名称，尽量避免空泛、笼统的表述，以利合同的履行。若成交商品的品种和规格繁多，可在商品名称栏内标明商品类别总称，如文具、家具、工艺品、瓷器等，但同时应将具体商品名称及规格，用附表详细列明，以便日后开立信用证和缮制单据时使用。

2.2　商品的品质

2.2.1　商品品质的含义及其重要性

商品品质或质量(quality)，是指商品的一组固有特性满足要求的程度。它包含了三个方面的内容：第一，"质量"仅涉及"固有特性"，即指某事或某物中本来就有的，尤其是那种永久的特性，一般包括商品的内在素质和外观形态。商品的内在素质，往往表现为商品的物理性能、机械性能、化学成分、生物特征等自然属性，如纸张的定量(或克重)、厚度与紧度、平滑度、抗张强度和伸长率、撕裂度、耐折度等。商品的外观形态是人们的感官可直接感觉到的外形特征，如商品的大小、长短、结构、造型、款式、色泽、气味和透明度等；第二，"要求"，反映了人们对于质量概念所描述的对象的需要或期望，主要是指顾客在生理和心理方面对于生活质量的基本要求和欲望。这些"要求"有时是明确明示的，通常则是指隐含的或不言而喻、必须履行的，还可以是法律、法规等强制规定的；第三，满足的程度：可用形容词的差、好或优秀来修饰。

各国法律及《联合国国际货物销售合同公约》规定：卖方交货必须符合约定的质量，如卖方交货不符合约定的品质条件，买方有权要求损害赔偿，也可要求修理或交付替代货物，甚至拒收货物和撤销合同。

2.2.2　技术性贸易壁垒与品质要求

小案例：

质量的定义即符合要求

质量是用不符合要求的代价衡量的。

2007年8月2日，美国五百强企业之一的美泰(Mattel)公司宣布将召回美国市场上包括89个品种近100万件中国制造的玩具，原因是产品使用了含铅油漆。

日本丰田公司近年来过分强调削减成本，产品质量下滑严重。截至2010年2月10日，丰田已因刹车系统、油门踏板和踏垫问题在全球范围召回约854万辆汽车，这几乎相当于其2009年的全部销量，损失惨重。

[资料来源：(美)菲利普·克劳士比.质量无泪.北京：中国财政经济出版社，2002.]

国际贸易中对交易商品的品质要求，主要受目标国市场需求的制约，也与技术性贸易壁垒联系紧密。技术性贸易壁垒是当前及今后很长一段时间内国际贸易中最为隐蔽、最难对付的非关税壁垒，要求企业以主动积极的心态去应对。

2.2.3　表示商品品质的方法

在国际贸易实践中，惯常用来表示商品品质的方法，可概括为以实物表示和凭文字说明约定两类。

(1)以实物表示商品质量

以实物表示商品质量，常用于一些难以用文字描述其品质的产品，如工艺品、服装、铸铁件等，具体又可分为凭成交商品的实际品质(Actual Quality)和凭样品(Sample)两种表示方法。前者为看货买卖；后者为凭样品买卖。

①看货买卖(Sale by Inspection)。看货买卖是指买卖双方根据成交货物的实际品质进行的交易。这种交易方式，通常是先由买方或其代理人在卖方所在地验看货物，达成交易后，卖方即应按验看过的商品交付货物。

在国际贸易中，看货成交的方法多用于寄售、拍卖和展卖业务中，尤其适用于具有独特性质的商品，如珠宝、首饰、字画、古董、特定工艺制品(牙雕、玉雕、微雕等)。

②凭样品买卖(Sale by Sample)。样品，又称货样，是当事人选定的用以反映和决定合同标的物品质的货物。样品可以是从现货中选(抽)取的，也可是由生产、使用部门专门设计、加工出来的。凭样品买卖，是指依据特定样品作为确定标的物品质标准的买卖。常见的交易对象，小到超市里陈列的食品、服装、陶瓷制品，大到办公家具、纺织面料、建筑装饰材料、大型机械设备等。

按样品提供者的不同，凭样品买卖所凭借的样品可分为下列几种：

◆ 卖方样品(Seller's Sample)。这是指由卖方提供的样品。此时，在买卖合同中应订明"品质以卖方样品为准"(Quality as per Seller's Sample)。

◆ 买方样品(Buyer's Sample)。买方为了使其订购的商品符合自身要求，提供样品交由卖方依样承制时，买卖合同中应订明"品质以买方样品为准"(Quality as per Buyer's Sample)。在凭买方来样成交时，一般还应声明或在合同中订明：如果发生由来样引起的知识产权等问题，与卖方无关，概由对方负责。

◆ 对等样品(Counter Sample)。为避免盲目接受买方样品的品质要求而带来异议，卖方往往根据买方样品，加工复制出一个类似的样品交给买方，经确认后作为交易标的物品质标准。这种做法产生的样品，称为"对等样品"、"回样"或"确认样品"。

采用凭样品买卖时，应注意下列事项：

◆ 凭样品买卖的当事人应当封存样品，并可以对样品质量予以说明，而出卖人交付的标的物应当与样品及其说明的质量特性相同。凭样品买卖合同的纠纷往往因双方当事人对出卖人交付的标的物质量是否合格而产生。凭样品买卖须有样品的存在，样品须于订立合同时做出约定和说明，并且应当保存好样品以备日后对照。当事人对样品品质的说明，应符合样品的具体情况和法律要求，一般应包括外观、型号、有关的技术标准等。

◆ 以样品表示品质的方法，只能酌情采用。在造型上有特殊要求或具有色、香、味等方面特征的商品以及其他难以用科学的指标表示质量的商品，才采用凭样品买卖。另外，不宜盲目地完全以样品来反映与表现标的物的品质，可因地制宜地采用样品的某一特征来表示标的物某一方面的品质，例如，在纺织品和服装交易中，为了表示商品的色泽质量，采用"色样"(Color Sample)；为了表示商品的造型，采用"款式样"(Pattern Sample)；而对商品其他方面的质量，则采用其他更合适的方法来表示。在这种情况下，仅合同规定的样品的某一部分质量特征为出卖人交付的标的物应当符合的质量标准，而样品的其他部分则不应成为交付标的物的品质依据。

◆ 采用凭样品成交而对品质无绝对把握时，应在合同条款中相应做出灵活的规定。如在买卖合同中特别订明"品质与样品大致相同"(Quality shall be about equal to the sample)或"品质与样品近似"(Quality is nearly same as the sample)。而以介绍商品为目的寄送对方的样品,最好标明"仅供参考"(For Reference Only)字样,以免与交易样品混淆。

◆ 凭样品买卖的卖方提供的标的物应当符合样品的品质标准,并且符合国家、地方、企业规定的产品质量标准。若凭样品买卖的买受人不知道样品有隐蔽瑕疵的,即使交付的标的物与样品相同,出卖人交付的标的物的质量仍然应当符合同等货物的通常标准。隐蔽瑕疵常出现在化工产品、机械产品、电子产品和农产品上,有可能存在非肉眼或者感官能够从表面上就能发现的毛病。例如,某企业向加拿大出口蟹肉罐头,出口国检疫机构检验合格,依样品发货至温哥华后,经加拿大渔业部检验为不合格,遂因隐蔽瑕疵问题而引发了纠纷。

(2)以说明表示商品质量

商品品质的说明或描述可以采用多种形式,也可以是几种形式的组合。常用的描述方式主要有设计图和样图、品牌和商标、化学和物理规格、商业规格、设计规格、市场上的等级、原材料和制造方式的规格、功能规格等。多数产品需要以上述方法中的两种及以上的方法来对产品品质进行说明。凡以文字、图表、照片等方式来说明商品的质量者,均属凭说明表示商品质量的范畴。具体如下:

①凭规格买卖(Sale by Specification)。商品规格(Specification of Goods)是指一些足以反映商品质量的主要理化指标,如汽车的载重量、最高时速、耗油量,电视机的图像清晰度、使用寿命,不锈钢中铬、镍、钛的含量、抗腐蚀性,酒精的乙醇含量、比重、沸点、燃点、发热量等等。在商务实践中通常以具有较强专业性的产品手册、产品技术说明书、商品规格书、需求规格说明书、产品规格说明书或产品详细说明书等形式、使用两种或更多的规格指标来对产品品质进行界定或说明。对于适于凭规格买卖的商品,如同质性强的钢材、水泥、化肥、电缆等大宗商品,应在交易谈判中以具体而专业的技术规格说明书等类似的书面材料来界定商品的基本品质状况,并在合同中订明。

用规格表示商品品质的方法,具有专业规范、明确具体,且可根据每批成交货物的具体品质状况灵活调整的特点,故这种方法在国际贸易中被广为运用。

例 2 - 1　1800W 高级工业磁控管驱动电源产品主要规格:

最大输入总功率 1800W;输入电压范围:180 ~ 264V(AC);灯丝部分:输出功率范围 50W,输出电压 6 ~ 10V(AC),输出电流 7 ~ 10A,功率稳定精度 ≤ ±10%。

例 2 - 2　陶瓷金卤灯主要规格:

型号 HCI - T87/WDL,灯电流(A)1,含镇流器的输入功率(W)88,50Hz 时的补偿电容(uF)12,光通量(lm)6600,光效(lm/W)92,显色性 ≥ 80,色温(K)3000,平均辉度(cd/cm^2)3100,长度(cm)100,直径(cm)19。

②凭等级买卖(Sale by Grade)。商品的等级往往代表一定的品质级别。在同类商品中,可按其品质的差异或尺寸、形状、重量、成分、构造、效能等的不同,分为优劣各不相同的若干等级,并附以文字、数字或符号,如特级(special grade),一级(first grade),二级(second grade);大号(large),中号(medium),小号(small)等。

初级产品或初级加工产品如小麦、粳稻、蚕茧、茶叶、羊毛、肉类、松香、矿产品、纺织面料等,在国内外的商务实践中,为简化交易手续,体现质价相称、公平交易的原则,习惯上按照等级标准进行交易。例如，我国中药材常使用色泽、饱满程度、单个药材的重量、个体大小、单位重量中所含药材的个数、个体的厚度、纯净程度等指标来划分商品等级，如天麻：一等，26 支/kg 以内；二等：每 46 支/kg 以内。又如，根据我国的《主要花卉产品等级》国家标准（GB/T18247.1—2000），月季切花质量等级划分标准中的花茎规格，如表 2 - 1 所示。

表 2 - 1　月季切花质量等级划分标准

项目＼级别	一级品	二级品	三级品
花茎	质地强健，挺直、有韧性、粗细均匀，无弯颈 长度： 大花品种≥80cm 中花品种≥55cm 小花品种≥40cm	质地较强健，挺直，粗细较均匀，无弯颈 长度： 大花品种：65～79cm 中花品种：45～54cm 小花品种：35～39cm	质地较强健，略有弯曲，粗细不均，无弯颈 长度： 大花品种：50～64cm 中花品种：35～44cm 小花品种：25～34cm

凭等级买卖时，由于不同等级的商品的规格指标往往颇为复杂，为了便于履行合同和避免争议，在品质条款列明等级的同时，最好一并规定每一等级的具体规格指标。

小资料：

国际组织和先进国家农产品质量分级标准

截至 2004 年，联合国欧洲经济委员会（UN/ECE）共制定了各项农产品质量分级标准 38 项，其中水果分级标准 14 项，蔬菜分级标准 18 项，肉类 4 项，蛋类 2 项。截至 2006 年，欧盟已制定了 20 种蔬菜和 15 种果品产品分级标准。截至 2005 年，ISO 组织制定了 3 项谷物产品质量分级标准、6 项水果和蔬菜（主要是坚果）产品质量分级标准、2 项烟草产品质量分级标准、1 项棉花产品质量分级标准。

截至 2006 年，美国制定的农产品质量分级标准有 308 项。日本对农产品的质量等级要求严格，几乎所有农产品进入市场前，都要按一定标准进行严格分级。截至 2005 年，日本已对 393 种农、林、水产及食品制定了相应农林产品等级标准。

［资料来源：席兴军，刘俊华. 国际组织和先进国家农产品质量分级标准特点剖析. 中国标准化，2007(11)］

③凭标准买卖（Sale by Standard）。商品的标准是指将商品的规格和等级予以标准化的形式。在国际贸易中，使用某种标准作为说明和评价货物品质的依据，称作凭标准买卖。在这些标准中，我国的国内标准一般可划分为四种：国家标准、行业标准、地方标准和企业标准；国外标准则分为国际标准、国外区域性标准、国外国家标准。

国际贸易采用的各种标准，有些具有法律上的约束力，凡品质不合标准要求的商品，不许进口或出口。但也有些标准不具有法律上的约束力，仅供交易双方参考使用，买卖双方治商交易时，可另行商定对品质的具体要求。改革开放以来，中国一直把采用国际标准和国外先进标准作为一项重要经济技术政策。国际标准主要是指国际标准化组织（ISO）、国际电工委员会(IEC)和国际电信联盟(ITU)制定的标准,以及国际标准化组织确认并公布的其他国际组织制定的标准。自加入 IEC、ISO 等国际标准化组织以来,中国一直积极推进采用国际标准工作,努力推进本国的认证认可事业并使其与世界同步发展。

由于各国制定的标准经常进行修改和变动,一种商品的标准还可能有不同年份的版本,版本不同,其品质标准也往往有差异。因此,在采用凭标准买卖方式时,应载明所采用标准的国别、年份和版本,以免引起争议。例如:Modafinil in conformity with British Pharmacopoeia 2009(莫达非尼片,符合 2009 年版英国药典)。又如,《中华人民共和国药典》2010 年版自 2010 年 10 月 1 日起执行,根据国家食品药品监督管理局的规定,中国药典是药品研制、生产、经营、使用和监督管理等均应遵循的法定依据,所有中国的国家药品标准应当符合中国药典凡例及附录的相关要求;凡中国药典收载的品种,原所凭据的药品标准同时废止。

在国际贸易中,对于某些品质变化较大而难以规定统一标准的农副产品,往往采用"良好平均品质"(Fair Average Quality,FAQ)来表示其品质。

所谓"良好平均品质",是指一定时期内某地出口货物的平均品质水平,一般是指中等货,俗称大路货,是与"精选货"(Selected)相对而言的。我国大路货的品质标准一般是以我国产区当年生产该项产品的平均品质为依据而确定的。由于含糊,除非在一些老客户之间使用外,一般情况下最好少用,或使用时在合同中同时规定该货物的主要规格和所产年份。

上好可销品质(Good Merchantable Quality,GMQ)是指货物品质良好,适合市场销售。由于在成交时无须说明商品的具体品质,它一般只适用于无法以样品或国际公认的标准来检验的产品,如木材、冷冻鱼虾等。但这种做法在合同执行中容易引起争执,应尽量少用。

④凭品牌或商标买卖(Sale by Brand or Trade Mark)。品牌(Brand Name)是一种名称、术语、标记、符号或图案,或是它们的组合,用以作为某个销售者的产品或服务的标识,使之与竞争对手的产品和服务区别开来。品牌是一个包括许多名词的总名词,至少包括品牌名称、品牌标志。商标(Trade Mark)是一种法律用语,是指受到法律保护的整个品牌或者品牌的一部分,如品牌标志、品牌角色或者各要素的某种组合。若品牌的拥有者经过法律程序的认定,就享有品牌的专有权,有权要求其他企业或个人不能仿冒、伪造。

品牌的首要功能是方便消费者进行产品选择,缩短消费者的购买决策过程。由于品牌拥有者可以凭借强势品牌的内在价值不断获取利益,可以利用品牌的市场开拓力、形象扩张力、资本内蓄力而扩大产品销路,品牌成为给拥有者带来溢价、产生增值的一种无形资产。企业经营者愿意投入巨大的人力、物力甚至几代人长期辛勤耕耘,严格按照一定的标准进行产品品质控制,树品牌、创名牌。因此,品牌本身实际上成了识别商品的工具,是商品质量和企业信誉的象征。人们在交易中就可以对知名品牌产品,只凭商标或品牌进行买卖,无须再对品质提出详细要求。例如:"投影机,松下牌,型号为 PT - FD500L"、"电脑 CPU,Intel,型号为 Core i5 760"。

⑤凭说明书和图样买卖(Sale by Description and Illustration)。在国际贸易中,有些机电产品、仪表、采矿机械、交通运输工具等技术密集型高端产品,因其结构复杂,对材料和制造工艺的要求非常严格,用以说明其性能的数据较多,很难用几个简单的规格指标来表明其品质的全貌。因此,对这类商品的品质,通常是以产品详细说明书并附以图样、照片、

设计方案书、设计图纸、检测结果分析表及各种相关的指标数据来说明其具体性能和结构特点。按此方式进行交易，卖方往往要承担货物品质必须与说明书和图样完全相符的责任，往往在合同中规定"品质和技术数据必须与卖方所提供的产品说明书和图样严格相符"（quality and technical data to be strictly in conformity with the description and Illustrations submitted by the seller）。

有不少生产供应定型机电、家电、通信、车辆、乐器、数码电子产品的厂商，为了达到促销的目的，定期或不定期地向顾客分送整本的商品目录或单张的产品介绍，用图片和文字介绍其经营品种的外形、构造、性能、用途、包装，有时还附有价格，供顾客选购。凡依据这种商品目录达成的交易，可称凭商品目录买卖，其实是一种变异的凭说明和图样买卖。如果买主对商品目录所提供的产品的性能或其规格方面有另外的要求，也可以在上述基础上辅以详细说明，经卖方确认后达成交易。

凭说明和图样买卖的商品往往是高价值的耐用商品，一般还需要订立卖方品质保证条款和售后技术服务条款。例如，规定："卖方须在三年内保证其商品的质量符合说明书所规定的指标，如在保证期内发现品质低于规定，或零部件的工艺质量不良，或因材料变质而产生缺陷，买方有权提出索赔，卖方有义务消除缺陷或更换有缺陷的商品或材料，并承担由此引起的各项费用。"

⑥凭产地名称买卖（Sale by Name of Origin）。有些农副土特产品由于生产地区的历史渊源、自然资源条件、人文特点、独特加工工艺等因素的影响，其品质具有别的产区所没有的独特风格或声誉。在出售此类商品时，可以凭产地名称来表示其品质，如武昌鱼、烟台苹果、四川涪陵榨菜、东北大豆、龙口粉丝、北京烤鸭、长白山人参、西湖龙井、泰国香米等。

2.2.4　合同中的品质条款

（1）品质条款的基本内容与格式

国际货物买卖合同中的品质条款，一般表现在商品的品质、保证和服务承诺（Quality, Guarantee & Service Promise）、质量要求和技术标准（Quality and Technical Standard）、品名及规格（Name of Commodity & Specifications, Description & Specifications）等项目上。

以"品名及规格"来表示商品品质时，一般应在商品名称的后面，加上规格、等级等内容；在凭样品买卖时，在货物的名称后面，要列明样品的编号和确定日期。

法定商检的商品，可在品质条款上规定："所供商品的品质应由×××出具的品质证明书（Certificate of Quality）加以确认，该证书确认商品品质符合生产国的技术条件和国家标准。"

例 2 - 3　中国花生仁：2010 年产，良好平均品质，水分最高 11%，杂质最高 5%，含油量最低 44%。（Chinese Groundnut, Harvested in 2010, FAQ, Moisture 11% max., Admixture 5% max., Oil Content 44% min.）

例 2 - 4　圣诞树：质量应严格符合卖方于 2007 年 8 月 10 日提供的样品，样品号：035（Christmas Tree, Quality to be Strictly as per Sample Submitted by Seller on 10 August, 2007. Sample Number：035）

（2）订立品质条款的注意事项

①把握好品质指标的机动灵活性。在国际贸易中，某些初级产品的质量不甚稳定，为避免纠纷，可在合同品质条款中做出某些变通规定。常见的变通规定如下：

◆ 增加交货品质与样品大体相等的条款。在凭样品买卖的情况下，卖方可要求在品质条款中加订"交货品质与样品大体相等"（Quality to be considered and being about equal to the sample）之类的条文。

◆ 具体规定品质公差（Quality Tolerance）。品质公差是指国际上公认的产品品质的误差。在工业制成品生产过程中，产品的质量指标出现一定的误差往往是难以避免的，如挂钟每天出现误差若干秒。这种公认的误差，即使合同没有规定，只要卖方交货品质在公差范围内，也不能视作违约，但最好在合同品质条款中订明，例如，长度或重量允许有"3%～5%的合理公差"。此外，对于某些难以用数字或科学方法表示的质量属性，则采取"合理差异"这种笼统的规定。例如："光滑度、颜色允许合理差异"。

◆ 用好品质机动幅度（Quality Latitude）。品质机动幅度是指允许卖方交货的品质指标保持在一定的幅度范围内。只要卖方所交货物品质没有超出机动幅度的范围，不视作违约。关于品质机动幅度，一般有下列几种订法：

◎ 规定一定的差异范围。例如，牛仔布：断裂强力，经向 34/36 kg，纬向 29/31 kg。

◎ 规定品质规格的上下极限。例如，籼米的碎粒最高为 35%，水分最高为 15%，杂质最高为 1%；薄荷油中薄荷脑含量最少为 50%。

◎ 规定上下浮动范围。例如，中国白鸭绒，含绒量为 70%，允许 ±2%（White Duck Down，70%，allowing 2% more or less）。

为了体现按质论价，在使用品质机动幅度时，可配合使用品质增减价条款。品质增减价条款一般有下列几种订法：

◎ 对机动幅度内的品质差异，可按交货实际品质规定予以增价或减价。例如，在我国大豆出口合同中规定："水分每增减 1%（±1%），则合同价格减增 1%（∓1%）；不完善粒每增减 1%（±1%），则合同价格减增 0.5%（∓0.5%）；含油量每增减 1%（±1%），则合同价格增减 1.5%（±1.5%）。如增减幅度不到 1% 者，可按比例计算。"

◎ 只对品质低于合同规定者扣价。为了更有效地约束卖方按规定的品质交货，还可规定不同的扣价幅度。例如，在机动幅度范围内，交货品质低于合同规定 1%，扣价 1%；低于合同规定 1% 以上者，则加大扣价比例。

此外，有些合同还就交货品质低于约定品质时的处理办法，也作了规定。如："卖方交货品质有缺陷，不完全符合合同规定。买方不得拒收货物或撤销合同，但可向卖方提出索赔。"不过，这种规定，买方一般不会轻易接受。

②正确运用各种表示品质的方法。上节介绍的品质表示方法，不能随意套用，应视标的商品的特性而合理选择。一般来说，凡能用科学的理化指标说明其质量特性的商品，则适于凭规格、等级或标准买卖；有些难以规格化和标准化的商品，如工艺品等，则适于凭样品买卖；某些质量好并具有一定特色的名优产品，适于凭商标或品牌买卖；某些性能复杂的机器、电器和仪表，则适于凭说明书和图样买卖；凡具有地方风味和特色的产品，则可凭产地名称买卖。此外，凡能用一种方法表示品质的，一般就不宜用两种或两种以上的方法来表示，否则容易给履行合同带来困难。

③把握好品质条款的科学性、合理性和先进性。

◆ 做好质量定位。根据市场营销学理论，企业应根据市场需求的实际状况确定所提供产品的质量水平，按照质量的边际效益进行产品的质量定位。市场上并不一定都需要高质量的产品，在许多区域市场，尤其是发展中国家市场，消费者往往更青睐于质量低档但价格便宜的产品。

◆ 逐步强化品质条款的先进性，更新质量观念、推进产业升级，积极参与国际市场竞争。目前，国际上进行高端装备、大宗货物的买卖，政府采购，工程建设项目的发包与承包，以及服务项目的采购与提供时，普遍采取招投标、一揽子长期合同的方式来进行，由有意向的供方提供采购所需货物、工程或服务的报价及其他响应招标要求的品质条件，参加投标竞争。而树立和落实科学发展观，主动由"中国制造"向"中国创造"转变，采取以质取胜战略、名牌战略和技术标准战略，积极迎接技术性贸易壁垒的挑战，加强产品质量管理体系建设，加快与国际标准的接轨，企业才能培养出国际性的核心竞争力，才会具有竞争优势。

◆ 要注意各质量指标之间的内在联系和相互关系，通盘考虑。例如，在荞麦品质条款中规定："水分不超过 17%，不完善粒不超过 6%，杂质不超过 3%，矿物质不超过 0.15%。"这里，对矿物质的要求过高，与其他指标不相称，因为通过反复加工使矿物质指标符合约定标准后，必然会大大减少杂质和不完善粒的含量，从而造成不应有的损耗。

◆ 品质条款应力求突出重点，明确具体。凡影响品质的重要和核心的技术指标，不能出现遗漏，而且应将其订好。尽量不用诸如"大约"、"左右"、"合理误差"之类的笼统含糊字眼。

2.3 商品的数量

2.3.1 数量条款的重要性

标的物的数量（Quantity）是衡量合同当事人权利义务大小的尺度，主要表现为一定的长度、体积或者重量。

数量条款是国际货物买卖合同中不可缺少的主要条件之一，是交接货物的依据。按照某些国家的法律规定，卖方交货数量必须与合同规定相符，否则，买方有权提出索赔，甚至拒收货物。《联合国国际货物销售合同公约》规定，按约定的数量交付货物是卖方的一项基本义务，如卖方交货数量大于约定的数量，买方可以拒收多交的部分，也可以收取多交部分中的一部分或全部，但应按合同价格付款；如卖方交货数量少于约定的数量，卖方应在规定的交货期届满前补交，但不得使买方遭受不合理的不便或承担不合理的开支，即使如此，买方也有保留要求损害赔偿的权利。

2.3.2 商品计量方法

在国际贸易中，由于商品的种类、特性和各国度量衡制度的不同，商品的计量单位和计量方法也多种多样。

（1）计量单位

①国际贸易中常用的度量衡制度。度量衡是计量长短、容积和轻重的统称。度是计量

长短，量是计量容积，衡是计量轻重。目前，国际贸易中使用的度量衡制度，有以下几种：

◆ 公制（The Metric System）：也称国际公制、米制，基本单位为千克和米，以十进位制为基础，换算比较方便，为欧洲大陆及世界上大多数国家所采用。

◆ 国际单位制（The International System of Units，简称 SI）：由国际标准计量组织在公制基础上制定和推行，基本单位包括长度用米（m）、质量用千克（公斤，kg）、时间用秒（s）、电流强度用安培（A）、热力学温度用开尔文（K）、物质的量用摩尔（mol）和发光强度用坎德拉（cd）等七种，已为越来越多的国家所采用。国际单位制是我国的法定计量单位。

◆ 英制（The British System）：基本单位为磅和码，但不采用十进制，换算很不方便。长期使用英制的英国因加入欧盟，在欧盟一体化进程中已宣布放弃英制，采用公制，目前处于两种度量衡制度并用时期。

◆ 美制（The U. S. System）：以英制为基础，基本单位与英制相同，均为磅和码，但有个别派生单位的含义有一定的差别，主要体现在重量单位和容量单位中。容积单位加仑和蒲式耳，英制和美制名称相同，大小不同。

由于度量衡制度不同，即使是同一名称的计量单位所表示的数量差别也很大。就表示重量的吨而言，实行公制的国家一般采用公吨，每公吨为 1000 公斤；实行英制的国家一般采用长吨，每长吨等于 2200 磅，1016 公斤；实行美制的国家一般采用短吨，每短吨等于 2000 磅，907 公斤。此外，有些国家对某些商品还规定有自己习惯使用的或法定的计量单位。如许多国家都习惯于以包（bale）为某些商品的计量单位，但每包的含量各国解释不一：美国棉花规定每包净重为 480 磅，毛重 500 磅；巴西棉花每包重为 180 公斤；印度棉花每包重 170 公斤。澳大利亚羊毛（洗净毛）1 包 = 220 磅，阿根廷羊毛每包重 926 磅（420.03 公斤），巴基斯坦黄麻 1 包 = 400 磅（181.44 公斤），日本生丝 1 包 = 60 公斤（132.28 磅）。由此可见，了解不同度量衡制度下各计量单位的含量及其计算方法是十分重要的。

为了解决由于各国度量衡制度不一带来的弊端，促进国际科学技术交流和国际贸易的发展，1960 年以来，国际标准计量组织在各国广为通用的公制的基础上采用国际单位制（SI）。国际单位制的实施和推广，标志着计量制度日趋国际化和标准化，现在已有越来越多的国家采用国际单位制。

②商品数量的计量方法。国际贸易中不同类型的商品，需要采用不同的计量方法来计算它的数量。而采用不同的计量方法就会出现不同的计量单位。国际贸易中商品数量的计量方法主要有下列几种：

◆ 按重量（Weight）计量。许多农副产品、矿产品和工业制成品，都按重量计量，计量单位有公制的公吨（metric ton or M/T）、英制的长吨（long ton or L/T）、美制的短吨（short ton or S/T）、公担（quintal or q）、英担、美担、公斤（kilogram or kg）、磅（pound or LB）、克（gram or gm）、盎司（ounce or oz）、克拉（carat or ct）等等。对黄金、白银等贵重商品，通常采用克或盎司来计量。钻石之类的商品，则采用克拉作为计量单位。

1 磅 = 0.454 公斤；1 盎司 = 28.35 克；1 公担 ≈ 100 公斤；1 英担 = 112 磅 = 50.802 千克；1 美担 = 100 磅 = 45.359 千克。

◆ 按个数（Number）计量。大多数工业制成品，尤其是日用消费品、服装、家电、玩具、文具、汽车、机械产品以及一部分农副土特产品，均习惯于按个数进行买卖。其所使用的计量单位有件（piece）、双（pair）、套（set）、打（dozen）、卷（roll）、令（ream）、罗（gross）、组（group）、张（plate）、箱（case）、桶（drum）、袋（bag）和包（bale）等等。

1 罗 = 12 打；1 打 = 12 只；1 令 = 500 张；1 大萝 = 12 萝。

◆ 按长度（Length）计量。在钢丝绳、钢管、电线电缆、纺织面料等商品的交易中，通常采用米（meter）、英尺（foot）、码（yard）等长度单位来计量。

1 码 = 3 英尺 = 0.914 米；1 英尺 = 30.48 厘米；1 英尺 = 12 英寸；1 英寸 = 2.54 厘米。

◆ 按面积（Area）计量。在玻璃、木板、地毯、皮革等商品的交易中，一般习惯于以面积作为计量单位，常见的有平方米（square meter）、平方英尺（square foot）、平方码（square yard）等等。

◆ 按体积（Volume）计量。按体积成交的商品有限，一般用于沙石、木材、天然气和化学气体等。属于这方面的计量单位，有立方米（cubic meter）、立方英尺（cubic foot）、立方码（cubic yard）等等。

◆ 按容积（Capacity）计量。有些农作物和流体商品如玉米、大麦、大豆、小麦、汽油、酒精等，常常采用容积单位计量。常见的容积单位有蒲式耳（bushel）、公升（litre，L）、加仑（gallon，gal）、桶（barrel）等。

蒲式耳（bushel）类似我国旧时的斗、升等计量容器，美国用作各种谷物的计量单位。一蒲式耳在英国相当于 36.268 升，在美国相当于 35.238 升。据美国大豆协会的统计单位换算表，一蒲式耳大豆的重量是 60 磅，同容积的棉籽为 32 磅，玉米 70 磅，花生仁（弗吉尼亚产）17 磅，花生仁（西班牙产）25 磅，向日葵 28 磅。公升（1itre）、加仑（gallon）则用于酒类、油类商品的计量。公升，通常简称为升（L），是公制单位，非国际单位制单位，相当于一立方米（立方公尺）的千分之一，1 升 = 1000 毫升 = 0.001 立方米。加仑分英制加仑和美制加仑。1 美制加仑 = 3.785011355034 升 = 231 立方英寸，1 英制加仑 = 4.545454545454 升 = 277.42 立方英寸。

国际通用的原油计量与交易，一般是以桶（美制）为计量单位。吨和桶之间的换算关系是：1 吨约等于 7 桶，但具体的换算系数由原油的密度决定。如果是布伦特、沙超轻、塔皮斯等轻质原油，则 1 吨约可等于 7.35～7.5 桶；而若是乌拉尔、杜里等中重质原油，则桶吨比可在 7.0 或者更低的水平上。

（2）计算重量的方法

在国际贸易中，按重量计量的商品很多。根据一般商业习惯，通常计算重量的方法有下列几种：

①毛重（Gross Weight，G. W）。凡商品本身重量加包装的重量称为毛重。这种计重办法一般适用于低值品。

②净重（Net Weight，N. W）。净重是指商品本身的重量不包括皮重。对价值较低农产品、废钢材、水泥等商品，包装物成本与商品价值相当，可以在合同中规定以毛重计量，即所谓"以毛作净"（Gross for Net），例如，"蚕豆 100 公吨，单层麻袋包装，以毛作净"。但国际贸易中最常用的计重方法是净重，即从毛重中减去包装物的重量（皮重）后所得到的重量。计算皮重主要有下列几种做法：

◆ 按实际皮重（Actual Tare 或 Real Tare）计算。实际皮重是指包装的实际重量，它是指对整批商品的包装逐件衡量后所得到的总和。

◆ 按平均皮重(Average Tare)计算。如果整批商品所使用的包装比较划一，重量相差不大，就可通过抽样估算平均皮重，再乘以总件数，即可求得整批货物的皮重。

◆ 按习惯皮重(Customary Tare)计算。有些商品，由于其所使用的包装材料和规格已经定型，平均皮重已为市场所公认，按习惯上公认的平均皮重乘以总件数即可得到总的皮重。

◆ 按约定皮重或推算皮重(Computed Tare)计算。即以买卖双方事先约定的包装重量作为计算皮重的基础。

③公量(Conditioned Weight)。对于吸湿性强、含水率不稳定但价值又比较高的商品，如羊毛、生丝、棉花等，为准确计算其重量，国际上通常采用按公量计算的方法，即抽样测定商品的实际回潮率(含水率)以计算商品干净重(即完全烘干后的重量或干量)，再以公定回潮率换算成包含公定含水量的重量。公量的计算公式如下：

$$公量 = \frac{商品实际重量 \times (1 + 公定回潮率)}{1 + 实际回潮率} = 商品干净重 \times (1 + 公定回潮率)$$

④理论重量(Theoretical Weight)。对于某些按固定规格生产和买卖的商品如钢板、铝板等，只要其规格一致，每件重量大体是相同的，一般就可以从其件数推算出总重量。这种根据理论数据算出的重量，被称为理论重量。在实际业务中，理论重量常作为计算实际重量的参考，有时就直接作为实际重量使用。

⑤法定重量(Legal Weight)和实物净重(Net Net Weight)。实物净重也称纯净重，是指不包括任何包装的纯粹的商品本身的重量。贵重的金属材料、化工原料等，往往以实物净重来计算重量。但诸如水泥、化肥、白糖等商品的包装重量比例很小，几乎可以忽略不计，因此，一些国家的海关在征收从量关税时，为了避免计量的麻烦，就规定作为计税基础的商品重量应等于实物净重加上直接接触商品的销售包装的重量，这就是所谓的法定重量。

2.3.3 数量条款的基本内容与格式

买卖合同中的数量条款，主要包括成交商品的数量和计量单位。按重量成交的商品，还需订明计算重量的方法。

例2-5 100 MT, gross for net.

例2-6 800 dozens, With 5% more or less both in quantity and amount allowed at seller's option.

例2-7 10000 bags, with 2% more or less, at buyer's option and at contract price.

2.3.4 确定数量条款的注意事项

(1)正确掌握成交数量的大小和批量

在洽商交易数量时，应防止心中无数，盲目成交。

①掌握出口商品数量应考虑的因素：

◆ 国外市场的供求和竞争状况。应该根据市场需求和自身竞争能力来选择国际目标市场，当确定向某市场出口时，应努力争取保持一定的成交量。

◆ 国内货源供应情况。确定出口商品的成交数量，应当同国内的现有生产能力、潜在投资能力和货源供应状况相适应,争取定期分批交货,为均衡生产创造条件。

◆ 国际市场的价格动态和利润率。要抢占交易时机,价位合理、利润率高的时候,增加供应量。对于优势产品,要有控制上市量的意识,做好市场供应调节,争取国际市场上的定价话语权。

◆ 国外客户的渠道地位、资信状况和经营能力。确定出口商品成交数量要与企业的国际营销渠道开发策略相适应,对大小、新老、重点非重点客户,在供货数量的支持力度和策略上区别对待。谋求一揽子合同,建立长期的购销合作关系。

◆ 经济订货批量。一次性交易或者大宗交易、长期合同的分期分批交货数量,应尽可能按经济订货批量提出要求。

②掌握进口商品数量应考虑的因素:

◆ 国内市场的实际需要。在洽购进口商品时,应根据国内市场的实际需要来确定成交量;要做好市场需求量与经济订货批量之间的测算与平衡。

◆ 国内支付能力。当外汇充裕而国内又有需要时,可适当扩大进口商品数量;反之,如外汇短缺,而非急需商品,则应控制进口成交数量。

◆ 市场行情变化。密切关注进口商品性价比变化情况,当市场行情发生对我方有利的变化时,应适当扩大成交数量;反之,则应适当控制成交数量。

◆ 供货商的生产经营能力和经营战略。开辟合理数量的采购货源渠道,实施贸易伙伴的多元化,防止恶性垄断,避免受制于人。优先把订单下给那些有国际化经营战略、愿意与我方建立排他性的长期合作关系的供货商。

(2)确保数量条款内容的规范完整

在规定成交商品数量时,应同时明确计量单位。对按重量计算的商品,还应规定计算重量的具体方法。

(3)合理规定数量机动幅度

在粮食、矿沙、化肥和食糖等大宗商品的交易中,由于商品特性、货源变化、船舱或集装箱容量、装载技术和包装等因素的影响,要求准确地按约定数量交货,有时存在一定困难。但一般不宜采用大约、近似、左右(about,circa,approximate)等带伸缩性的字眼来附在成交数量条款上。因为,对这类约数词语的解释不统一。根据《跟单信用证统一惯例》规定,这个约数,可解释为交货数量有不超过10%的增减幅度。解决的办法是,买卖双方可在合同中具体规定数量机动幅度。只要卖方交货数量在约定的增减幅度范围内,就算按合同规定数量交货,买方就不得以交货数量不符为由而拒收货物或提出索赔。数量机动幅度条款,即数量增减条款或溢短装条款(More or Less Clouse),订立时需要注意下列几点:

①数量机动幅度的大小要适当。数量机动幅度的大小通常都以百分比表示,如3%或5%不等。究竟百分比多大合适,应视商品特性、行业或贸易习惯和运输方式等因素而具体商定。确定数量机动幅度时,一般要分别确定总量的机动幅度和每批分运的具体机动幅度。

②机动幅度选择权的规定要合理。一般来说,是履行交货的一方,也就是由卖方选择行使这种机动幅度的选择权。也可由负责安排船只的一方(如FOB的买方,CFR或CIF的卖方)来选择,或是干脆由船长根据舱容和集装箱的装载情况做出选择。当成交某些价格波动剧烈的大宗商品时,为了防止卖方或买方恶意利用数量机动幅度条款,也可在机动幅

度条款中加订:"此项机动幅度只是为了适应船舶实际装载量的需要时,才能适用。"

③溢短装数量的计价方法要公平合理

对机动幅度范围内超出或低于合同数量的多装或少装部分,一般是规定按合同价格结算。为了防止有权选择多装或少装的一方当事人利用行市的变化,有意多装或少装以获取额外的好处,也可在合同中规定,多装或少装的部分,不按合同价格计价,而按装船时或货到时的市价计算,以体现公平合理的原则。

小资料:

UCP600 信用证金额、数量和单价的增减幅度的相关规定

UCP600 第三十条 信用证金额、数量和单价的增减幅度

A. 凡"约"、"大概"或类似的词语,用于信用证金额、数量和单价时,应解释为有关金额、数量或单价不超过 10%的增减幅度。

B. 除非信用证规定货物的指定数量不得有增减外,在所支付款项不超过信用证金额的条件下,货物数量准许有 5%的增减幅度。但是,当信用证规定数量以包装单位或个数单位计数时,此项增减幅度则不适用。

C. 除非禁止部分装运的信用证另有规定或已适用本条(B)款,当信用证对货物的数量有规定,且货物已全部装运,以及当信用证对单价有规定,而单价又未降低的条件下,允许支取的金额有 5%的减幅。如信用证已利用本条(A)款提到的词语,则本规定不适用。

2.4 商品的包装

2.4.1 商品包装的重要性

根据国标《包装通用术语》(GB4122—83)定义,商品包装是指在流通过程中保护商品、方便运输、促进销售、按一定的技术方法而采用的容器、材料及辅助物等消耗性资源的总称。在国际贸易中,除少数商品难以包装、不值得包装或根本没有包装的必要而采取裸装(Nude Pack)或散装(in Bulk)的方式外,其他绝大多数商品都需要有适当的包装。

根据包装在流通过程中所起作用的不同,可分为运输包装(即外包装)和销售包装(即内包装)两种类型。前者的主要作用在于保护商品和防止出现货损货差;后者除起保护商品的作用外,还有促销和服务的功能。

众所周知,产品包装的好坏既直接关系到对被包装产品品质和数量的保护,又能通过产品包装上的标识明确地告知仓储运输者、销售者以及消费者许多有关该产品的信息。经过适当包装的商品,不仅便于运输、装卸、搬运、储存、清点、陈列和携带,对一部分商品而言,还能宣传和美化商品,吸引顾客,扩大销路,提高商品身价,增加售价。因此,包装条款是买卖合同中的一项主要条款。按照《联合国国际销售合同公约》的规定,卖方交付的货物须按合同所规定的方式装箱或包装;如果合同中没有相关约定,则"货物按照同类货物通用的方式装箱或包装",否则,货物即为与合同不符,买方有权拒收货物,卖方要根据实际情况承担相应的违约责任。

2.4.2　运输包装及其标志

运输包装(Packing For Transportation)，就是对若干单位的内包装并成一大包，以便利运输为主要目的的包装。运输包装的主要作用在于保护商品，防止在储运过程中发生货损货差，并最大限度地避免运输途中各种外部因素对商品品质可能产生的影响，方便检验、计数和分拨。

(1)对运输包装的基本要求

由于国际贸易中的货物一般都需要通过长途、长时间运输才能到达收货人和消费者手中，所以国际贸易中的商品运输包装比国内贸易的要求更高，一般要达到下列要求：

①具有防水、防潮、防虫、防腐、防盗等防护能力，以适应不同商品的特性。每种商品都有自己的特性，例如，水泥怕潮湿，玻璃制品容易破碎，流体货物容易渗漏和流失等，这就要求运输包装相应具有保护这些商品的防潮、防震、防漏、防锈和防毒等良好性能。

②具有足够的强度、刚度与稳定性，适应各种不同运输方式的要求。不同运输方式对运输包装的要求不同，例如，国际贸易商品目前还是以海洋运输为主，海运的特点是运输时间长、途中气候变化大，因此商品包装要求做好箍扎加固、封隔衬垫，使之适宜长途运输，经得起潮湿、堆码、碰撞、多次装卸搬运倒腾；铁路、公路运输包装，要求具有防尘、不怕震动的功能；航空运输包装，要求轻便而且不宜过大。

③具备保障环境与生命安全的安全性，符合有关国家的环保法律规定。国际市场崇尚绿色包装、适度包装，反对过度包装，但各国法律对运输包装的要求不完全一致，应严格遵守。例如，出口加拿大木质包装须加贴IPPC(国际植物保护公约)标志，表示该目标包装已经经过IPPC检疫标准进行熏蒸处理；美国和新西兰禁止利用干草、稻草、谷糠等作为包装或填充材料，怕带进病虫害；日本拒绝竹片类包装入境，澳大利亚、新西兰禁止二手麻袋入境。

④包装形式和方法要合理、规范，便于物流和海关部门的操作与管理。运输包装在流通过程中需要经过装卸、搬运、储存、保管、清点和查验等物流作业，为了便于这些环节的有关人员进行操作和控制，包装的设计要合理，包装规格和每件包装的重量与体积要适当，包装方法要科学，包装上的各种标志要符合要求，这就需要根据不同商品实现运输包装标准化，统一材料、统一规格、统一容量、统一标记和统一封装方法。

随着现代先进的物流装备和物流技术不断涌现，物流机械化、自动化水平不断提高，包括运输、装卸、包装、分拣、识别等作业过程的自动化技术已广泛运用于邮电、商业、食品、仓储、汽车制造、航空、码头等行业，对包装标准化的要求更为迫切。

⑤合理利用包装资源，节约包装成本。包装成本是一种综合成本，不仅包括传统意义上的包装材料成本和人工成本等生产成本，还包括包装使用成本(包括产品损耗、退赔损失、额外增加的仓储运输成本等)和包装管理成本(包括品牌损失、争议处理费用、采购费用、库存积压成本等)。要节约包装成本，关键是按照标准化、系列化、集装化、大型化、多元化、专业化、科学化、生态化的原则做好包装设计，消除或减少包装需求，减少不必要的打捆和固定操作，实现包装优化，具体包括选择量轻、价廉而又结实的包装材料；使用合理有效的包装形式(包装尺寸、重量、可操作性等)，避免用料过多或浪费包装容量；做好包装的回收再利用，尽量采用环保、易于回收的包装；改变产品设计，减少用于保护产

品的包装物,提高集合包装效能,科学包装,节省运费。

(2)运输包装的分类

运输包装的方式和造型多种多样,包装用料和质地各不相同,包装程度也各有差异,这就导致运输包装的多样化。一般来说,运输包装可从下列各种不同的角度分类:

①按包装方式划分。按包装方式,可分为单件运输包装和集合运输包装。前者是指每件货物单件包装,如箱(case, carton, box)、包(bale)、桶(drum, barrel, cask, keg)、捆(bundle)、袋(bag, sack)、罐(can)、坛(carboy)、篓(筐, basket)、瓶(bottle)、卷(roll)等;后者是指将若干单件运输包装组合成一件大包装,以利更有效地保护商品,提高装卸效率和节省运输费用。在国际贸易中,常见的集合包装有集装包/袋(Flexible Container)、集装箱(Container)、托盘(Pallet)等。

注意:包装条款中对单件包装的描述是按一定顺序书写的,一般从容器(包装)小的写到大的,或从大的写到小的。如:

One piece in a paper bag, one dozen in a paper box, then every 20 boxes in a big case, its measurement about 35 cu. ft.

②按包装造型划分。按包装造型不同,可分为箱、袋、包、桶和捆等不同形状的包装。

③按包装材料划分。按包装材料不同,可分为纸制包装、金属包装、木制包装、塑料包装、麻制品包装、竹、柳、草制品包装、玻璃制品包装和陶瓷包装等。

④按包装质地划分。按包装质地划分,有软包装、半硬性包装和硬包装。软包装(flexible package):在充填或取出内装物后,容器形状可发生变化的包装。软包装容器一般用纸、纤维制品、塑胶薄膜或复合包装材料等制成。硬包装(rigid package):在充填或取出内装物后,容器形状基本不发生变化的包装。硬包装容器一般用金属、木质、玻璃、陶瓷、硬质塑胶等材料制成。半硬性包装采用具有一定硬度但弹性较大的材料制成的包装容器,多用来盛装能耐受一定挤压的商品。

⑤按包装程度划分。按包装程度不同,可分为全部包装(Full Packed)和局部包装(Part Packed)两种。前者,是指对整个商品全面予以包装,适合绝大多数商品的需要;后者,是指对商品需要保护的部位加以包装,而不受外界影响的部分,则不予包装,多用于大型的机电产品。

在国际贸易中,买卖双方应根据商品特性、形状、贸易习惯、货物运输路线的自然条件、运输方式和各种费用开支大小等因素,在协商交易条件时谈妥运输包装方案,并在合同中具体订明。

(3)运输包装的标志

为了便于进行国际物流运作,需要在运输包装上书写、压印、刷制各种有关的标志,以资识别和操作提示。运输包装上的标志,按其用途可分为运输标志、指示性标志和警告性标志三种。

①运输标志(Shipping Mark)。运输标志,俗称"唛头",通常是由一个简单的几何图形和一些字母、数字及简单的文字组成,印刷在运输包装上,便于运输和交接货物,防止错发、错运的一种标志。其主要内容一般包括:a.目的地的名称或代号;b.收、发货人的代号;c.件号、批号。此外,有的运输标志还包括原产地、合同号、许可证号和体积与重量等内容,具体可由买卖双方根据商品特点和经营要求来商定。

鉴于运输标志的内容差异较大，有的过于繁杂，不适应货运量增加、运输方式变革和电子提单应用的需要，联合国欧洲经济委员会简化国际贸易程序工作组，制定了一套运输标志向各国推荐使用。这一标准运输标志由四个部分按顺序排列组成：

◆ 收货人标志，如收货人或买方的名称缩写或简称，往往以图形或字母代替文字，多不记明收货人的全名，因为买卖双方都想使同业竞争者不易以此来探知买主和卖主，而保守商业秘密；

◆ 参考号，如合同号、订单号、发票号、运单号、信用证号等；

◆ 目的地；

◆ 件号，一般用 m/n 表示，n 为总件数，m 为整批货物中每一件的顺序号。

至于根据某种需要而须在运输包装上刷写的其他内容，如许可证号等，则不作为运输标志的必要组成部分。

运输标志在国际贸易中还有其特殊的作用。按照《联合国国际销售合同公约的规定》，在商品特定化以前，风险不能转移买方手上。而商品特定化最常见的有效方式，就是在商品外包装上标明运输标志，表明已经完成交货手续。值得注意的是，商品以集装箱方式运输时，单证上的运输标志可被集装箱号码和封条号码所取代。现列举四个运输标志实例如下：

例 2 - 8　标准运输标志在单证上的填写示例（国际贸易用标准运输标志 GBT 18131—2000）

ABC……………………收货人标志

L/C 1234………………参考号（订单、发票或运单号码）

NEW YORK……………目的地

18/25……………………件号

例 2 - 9　海运标准运输标志示例（国际贸易用标准运输标志 GBT 18131 - 2000）（图 2 - 1）

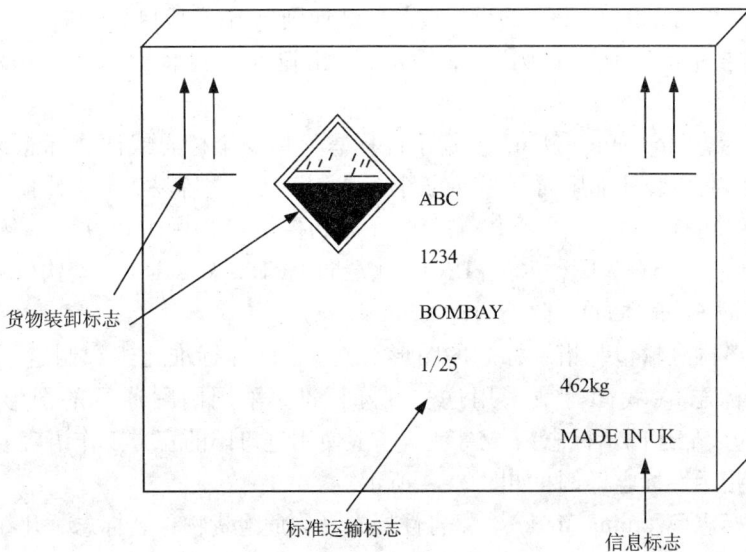

图 2 - 1　海运标准运输标志示例

例 2 – 10　标准运输标志的信息扩展应用示例(如图 2 – 2 所示)。随着全球运输的集装箱化趋势和大型连锁商业集团的发展,运输包装逐步被集装箱所取代,传统的运输包装则已经演变成各国内部连锁商业集团统一配送中心的"配送包装"。因此,国家商务部《出口商品技术指南——欧盟商品包装》(2007)已经将包装分为运输包装、配送包装和销售包装三种。配送包装的包装定量和尺寸优先考虑适合一人搬运,容器应根据人机功效学原理设计提手,包装尺寸应适合分销环境、小型车辆的容积、货架的允许宽度和集装箱的尺寸等,包装标志包括产品的名称、数量、重量、体积、产地和出厂时间以及供应商的名称和地址等。配送包装需要更多的标志,如重量尺码标志(Weight and Measurement Mark),指为表示该货物的毛、净重及体积(长×宽×高)的文字说明,以方便储运过程中安排集装箱积载或舱位布局;产地标志(Place of Origin Mark),一般在内外包装上都注明产地。

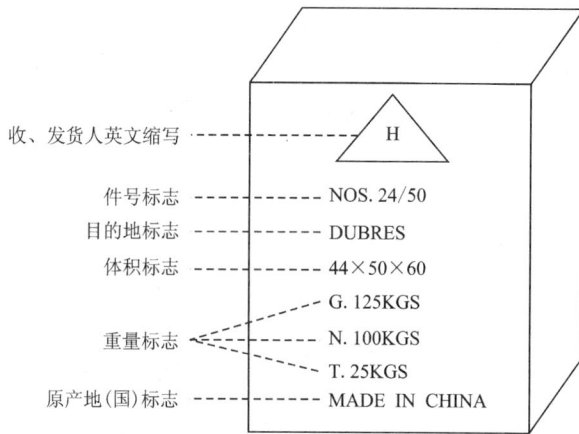

收、发货人英文缩写 —— H

件号标志 —— NOS. 24/50

目的地标志 —— DUBRES

体积标志 —— 44×50×60

重量标志 —— G. 125KGS

N. 100KGS

T. 25KGS

原产地(国)标志 —— MADE IN CHINA

图 2 – 2　标准运输标志的信息扩展应用示例

例 2 – 11　我国 2008 年发布的出口商品包装通则(GB/T 19142—2008),在附录 B"出口商品包装标志和符号应用示例"中,提供了"出口商品包装标志和标识示意"图,如图 2 – 3 所示。

②指示性标志(Indicative Mark)。指示性标志又称安全标志或注意标志,是指根据商品的性能特性,在包装外部用简单醒目的图形或文字对一些容易破碎、残损、变质的商品做出提示,以引起有关人员在装卸、搬运、存放和保管过程中加以注意。例如小心轻放(Handle With Care)、保持干燥(Keep Dry)、此端向上(This Way Up)、禁钩(Use No Hook)、防热(Keep Away From Heat)、此处用链(Sling Here)等。

为了统一各国运输包装指示标志的图形与文字,国际标准化组织制定了 ISO 780《包装—搬运图示标志》,我国等效采用这一国际标准,采用国际通行的图形制定了 GB/T191—2000《包装储运图示标志》;文字上,一般使用进口国的官方工作语言或公认的通用语言。常用的指示性标志样例,如图 2 – 4 所示。

③警告性标志(Warning Mark)。警告性标志又称危险货物包装标志。凡在运输包装内装有爆炸品、易燃物品、有毒物品、腐蚀物品、氧化剂和放射性物资等危险货物时,都必须在运输包装上标打用于各种危险品的标志,以示警告,使装卸、运输和保管人员按货物特

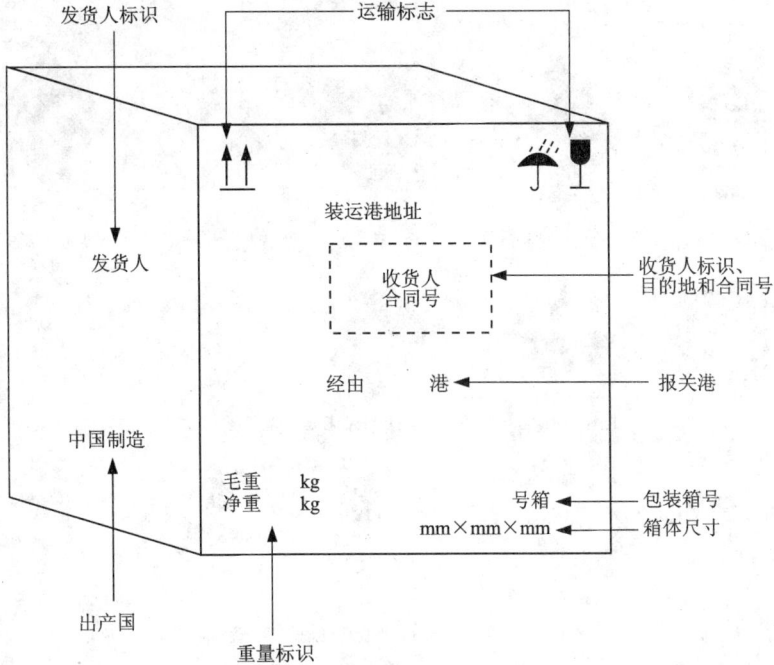

图 2 - 3　出口商品包装标志和标识示意（出口商品包装通则 GB/T19142 - 2008）

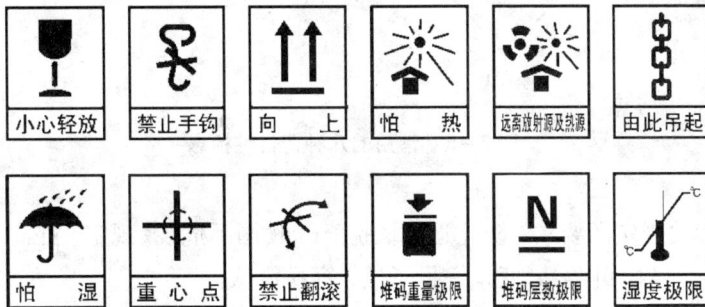

图 2 - 4　指示性标志（包括储运图示标志）

性采取相应的防护措施，以保护物资和人身的安全。根据我国国家技术监督局发布的《GB190—2009，危险货物包装标志》规定，在运输包装上应标注警告性标志。常用的几种警告性标志如图 2 - 5 所示。

我国从 1982 年 10 月 2 日开始实施国际海事组织（IMO）的《国际海运危险货物规则》（IMDG Code，国际危规）。这一法规的主要内容有专业术语、包装、标签、揭示牌、标记、积载、隔离、处理和应急反应等。这一法规不仅仅局限于由水手使用，所有与航运有关的工业和航运服务业人员都可能使用法规的部分条例。国际海事组织每两年对 IMDG Code 做一次修订。新版《国际危规》（IMDG Code 34 - 08）已于 2010 年 1 月 1 日强制生效。在国际贸易中，要在危险货物运输包装上标打《国际危规》规定的国际海运危险品货物标志。

上述运输包装上的各类标志，都必须按有关规定标打在运输包装上的明显部位，标志

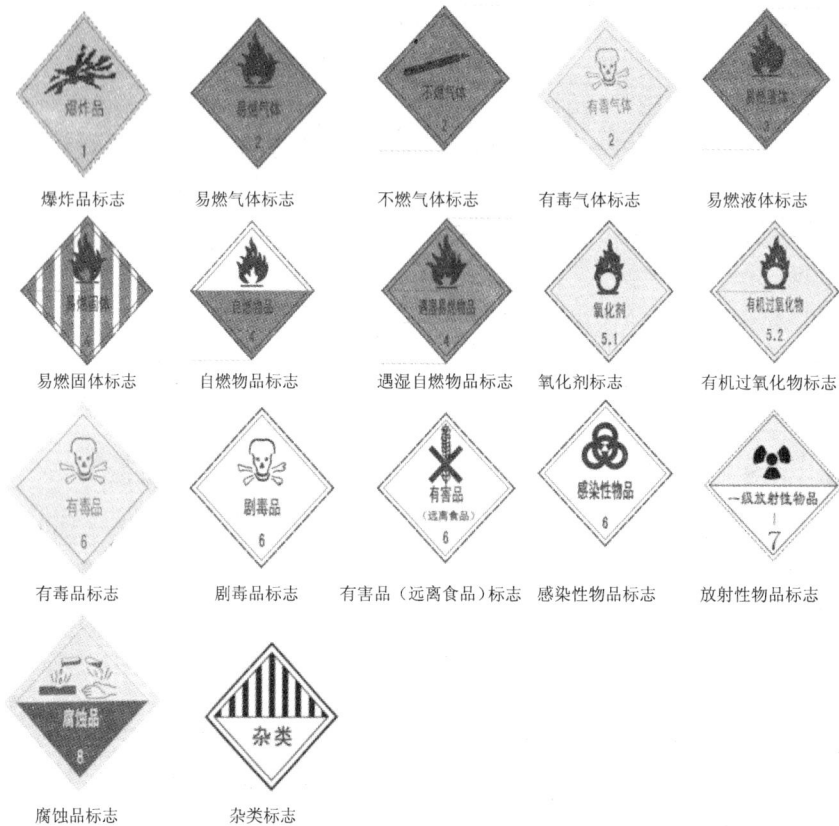

各图标志从左到右、从上到下依次为：

爆炸品标志　易燃气体标志　不燃气体标志　有毒气体标志　易燃液体标志

易燃固体标志　自燃物品标志　遇湿自燃物品标志　氧化剂标志　有机过氧化物标志

有毒品标志　剧毒品标志　有害品（远离食品）标志　感染性物品标志　放射性物品标志

腐蚀品标志　杂类标志

图 2 - 5　常用的几种警告性标志

的颜色要符合有关规定的要求，防止退色、脱落（如《国际危规》规定，在海水中至少浸泡3个月，标记内容仍清晰可辨），使人一目了然，容易辨认。

2.4.3　销售包装（Selling Packing，Inner Packing）

（1）销售包装的分类

销售包装是直接接触商品并随商品进入零售网点和消费者直接见面的包装，例如酒用瓶装、奶粉用铁罐装、饼干用铁盒装等。这类包括除必须具有保护商品的功能外，更应具有促销和服务的功能。因此，对销售包装的造型结构、装潢画面和文字说明等方面，都有较高的要求。不断改进销售包装的设计，改善包装用料，更新包装式样，美化装潢画面，搞好文字说明，提高销售包装的质量，乃是加强对外竞销能力的一个重要举措。

销售包装可采用不同的包装材料和不同的造型结构与式样，这就导致了销售包装的多样性。究竟采用何种销售包装，主要根据商品特性和形状而定。常见的销售包装有以下几种：

①挂式包装。凡带有吊钩、吊带、挂孔等装置的包装，称为挂式包装。这类包装便于悬挂。

②堆叠式包装。凡堆叠稳定性强的包装(如罐、盒等)称为堆叠式包装,优点是便于摆设和陈列。

③携带式包装。在包装上附有提手装置者为携带式包装。这类包装,携带方便,颇受顾客欢迎。

④易开包装。对要求封口严密的销售包装,标有特定的开启部位,易于打开封口,其优点是使用便利,如易拉罐等。

⑤喷雾包装。流体商品的销售包装本身,有的带有自动喷出流体的装置,它如同喷雾器一样,使用相当便利。

⑥配套包装。对某些需要搭配成交的商品,往往采用配套包装,即将不同品种、不同规格的商品配套装入同一包装。

⑦礼品包装。对某些用于送礼的商品,为了包装外表美观和显示礼品的名贵,往往使用专门设计的精美而独特的包装。

⑧复用包装。这种包装除了用作包装出售的商品外,还可用作存放其他商品或供人们观赏、具备多种用途的容器。

(2)对销售包装的要求

国际贸易中的销售包装,应在合规、适合目标国商业销售的前提下,征求多方包括外方营销人员和消费者的意见,精心设计和制作,满足下列要求:

①精心设计包装外观形式,便于陈列展售、识别商品质量、携带和使用。包装的造型结构,必须适于零售货架的陈列展售;采用透明材料和样图等,充分展示商品实体,方便顾客接触和认识商品;包装容器的大小要适当,以轻便为宜,必要时还可附有提手装置,方便携带;包装容器的封口、捆扎材、封缄材、连接件应容易开启、剥离、拆卸和倒空。

②根据目标国的民族文化和消费心理设计包装的装潢画面。在销售包装上,一般都附有装潢画面,要求美观大方,富有艺术上的吸引力,并突出商品特点。其中的图案和色彩,应适应有关国家的民族习惯和爱好。例如,信伊斯兰教的国家忌用猪形图案,日本认为荷花图形不吉祥,意大利喜欢绿色,埃及禁忌蓝色等等。

③做好销售包装的文字说明。销售包装是最好的广告载体。应根据最终消费者需要精心设计文字说明方案,充分展示商标、品牌、品名、产地,清楚表示数量、规格、成分、用途和使用方法等。文字说明要同装潢画面紧密结合,互相衬托,彼此补充。外文翻译必须准确得体。

④遵守进口国对销售包装的法律规定。根据我国 GB/T19142—2008《出口商品包装通则》和国家商务部《出口商品技术指南——北美地区商品包装》(2006)、《出口商品技术指南——出口日本、韩国、澳大利亚、新西兰商品包装技术指南》(2007)、《出口商品技术指南——各国化妆品标签管理》(2010)的内容,国际市场上对医药、食品、化妆品的包装材料、容器和标签,以及玩具的警告标签等方面,有严格的法律规范要求,全部包装材料(尤其是直接接触商品的材料)、辅助材料和容器的铅、镉、汞、六价铬等重金属或其他危险化学品的含量不能超标;可重复开闭的应在首次开启后留有明显的迹象(防盗和防投毒)。医药、化妆品的标签格式和内容,更是有着严格而细致的规定,不能夸大功效宣传,必须充分提示风险。加拿大政府规定,销往该国的商品,必须同时使用英、法两种文字说明。

⑤适应商业客户零售技术的发展需要,推广使用条形码和电子标签。商品包装上的条

形码是由一组带有数字的黑白及粗细间隔不等的平行条纹所组成的，是利用光电扫描阅读设备为计算机输入数据的特殊的代码语言。许多国家的超级市场都引进条形码技术进行自动扫描结算，商品包装上没有条形码，进不了超级市场，甚至由国家规定禁止进口。国际上目前通用的条形码有两种：由美国、加拿大成立的统一编码委员会（UCC）编制的 UPC 码，为 12 位编码结构，但已经预定在全球范围内以国际物品编码协会（EAN）的 EAN/UCC – 13 码作为统一的代码标识。近年来，

图 2 – 6　UPC – A 码范例

两个编码组织加强合作，达成了 EAN/UCC 国际联盟协议，共同合作开发了 UCC/EAN – 128 码，并承诺以 EAN/UCC 为全球统一的开放系统的物品编码体系。2002 年 11 月，UCC 正式加入 EAN，并宣布从 2005 年起，EAN 码也能在北美地区正常使用，且美国、加拿大新的条码用户将采用 EAN 条码标识商品。国际物品编码协会已经成为全球化的编码组织，正在逐步推进两大条码体系无缝的、有效的全球对接。国际物品编码协会分配给我国大陆的条形码国别号为"690 ~ 695"，我国企业使用的条形码执行中国物品编码中心颁布的 GB 12904—2003《商品条码》标准。UPC 和 EAN/UCC – 13 条形码范例，如图 2 – 6、图 2 – 7、图 2 – 8、图 2 – 9 所示。

图 2 – 7　EAN/UCC – 13 码范例

射频识别（Radio Frequency Identification，简称 RFID）是一种非接触式的自动识别技术，是由电子标签、读写器、天线和应用软件构成，通过射频信号自动识别目标对象并获取相关数据的一种突破性的技术。作为数据载体的电子标签，由耦合元件及芯片组成的，具有唯一的电子编码，有用户可写入的存储空间，如同邮票一样贴附在产品包装上，而内嵌于"邮票"内部的芯片记录了产品的多种信息。最新的电子标签，只有一般米粒的 1/50 大小，可直接镶嵌在商品标签内部。相比目前应用广泛的条形码技术，电子标签是一种更新更完

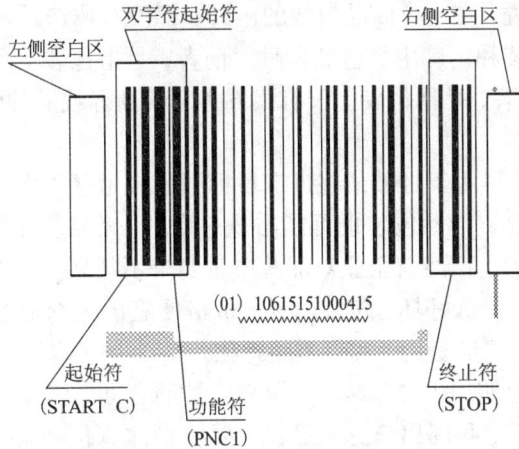

图 2 - 8　UCC/EAN - 128

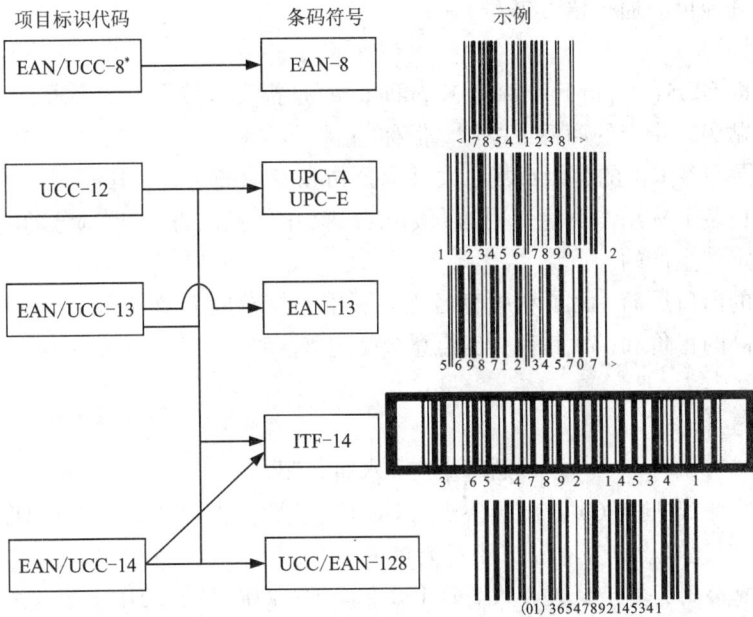

图 2 - 9　几大条形码比较图

善的信息解决方案。电子标签在国外早已在广泛的领域内得到应用，包括防伪、生产流水线管理、仓储运输管理、销售渠道管理、贵重物品防盗管理等，被认为最终将取代目前使用的条形码技术。早在 2006 年，世界零售业巨头沃尔玛公司就宣布，所有出口到美国的单件商品，都将被要求使用电子标签，以实现商品的快速识别。

2.4.4　中性包装和定牌生产

（1）中性包装

中性包装（Neutral Packing）是指既不标明生产国别、地名和厂商名称，也不标明商标或牌号的包装。也就是说，在出口商品包装的内外，都没有原产地和出口厂商的标记。中性包装包括无牌中性包装和定牌中性包装两种。前者，是指包装上既无生产地名和厂商名称，又无商标、品牌；后者，是指包装上仅有买方指定的商标或品牌，但无生产地名和出口厂商的名称。

采用中性包装，往往是为了打破某些进口目标国家或地区的关税和非关税壁垒，或者适应转口贸易的特殊需要。中性包装也可能与进口商的"无品牌化策略"或弱化品牌策略有关。无品牌化策略是指生产经营企业对那些质量要求不甚高、无须特别辨认或人们在日常生活中经常使用、容易辨认好坏、包装简易、价格便宜的大众商品，不规定其品牌名称和品牌标志，也不向政府注册登记，实行非品牌化。

如果外贸合同中规定使用中性包装，一切都应按照合同、信用证和来往函电中有关的规定来处理。一般情况下，我国出口这类产品，要特别注意包装上无国别、无厂名、无商标、无产地，包括内外包装以及商品上都不应有中文标志，也不能使用废旧的国内报纸和其他中文宣传材料作为商品的包装填充物和衬垫物。一些必要的标志标签、有关的单证，必须用英文或其他世界通行语言书写。

（2）定牌生产

定牌生产即 OEM（Origin Entrusted Manufacture）是指卖方按买方的要求，在其出售的商品或包装上标贴买方指定的商标或品牌，俗称"贴牌"。

当前，世界许多国家的超级市场、大百货公司和专业商店，对其经营出售的商品，都要在商品上或包装上标贴本商店专用的商标或品牌（中间商品牌），这部分商品即是由商店委托有关厂商定牌生产的。

许多国家的出口厂商，为了利用有名望的买主的经营能力及其商业信誉和名牌声誉，提高所生产商品的售价和扩大销路，也愿意接受定牌生产。

小资料：

贴牌生产，水有多深?

在欧洲，早在 20 世纪 60 年代就已建立 OEM 性质的行业协会，1998 年 OEM 生产贸易已达到 3500 亿欧元以上，占欧洲工业总产值的 14% 以上，成为现代工业生产的重要组成部分。美国耐克公司，其年销售收入高达 150 亿美元（2006 财年），自己却没有一家生产工厂，只专注研究、设计及行销，产品生产全部采用 OEM 方式，成为目前世界上 OEM 经营的成功典范；全球生产芭比娃娃的工厂共 4 家，有 2 家就在中国；美国苹果公司在中国的代工组装厂——深圳富士康公司，近年来平均保持有 40 万名雇员。

据国家统计局数据测算，2001—2005 年我国加工贸易进出口值21884.79亿美元，占全国进出口总值的48%；2008 年我国加工贸易进出口值达 1.1 万亿美元，占当年我国进出口总值的41.1%，作为加工贸易典型的广东，2008 年的加工贸易更是占了六成多的进出口值。

在我国出口贸易中，接受定牌生产的具体做法有下列几种：

①在定牌生产的商品和/或包装上，只用外商所指定的商标或品牌，而不标明生产国别和出口厂商名称，这属于采用定牌中性包装的做法。

②在定牌生产的商品和/或包装上，标明我国的商标或品牌，同时也加注国外商号名称或表示其商号的标记。

③在定牌生产的商品和/或包装上，采用买方所指定的商标或品牌的同时，在其商标或品牌下标示"中国制造"字样。

运用定牌生产时，需要注意两点：一是在合同中注明商标或品牌系买方提供，凡因商标或品牌而产生的知识产权问题概由买方负责；二是订约前要求买方提供合法使用该商标或牌号的有效证明文件并留存。

2.4.5　包装条款的规定

（1）包装条款的内容与格式

关于包装的约定，大多以外包装为主，外包装条款一般包括包装材料、包装方式、包装规格、包装的文字说明或标志和包装费用的负担等内容。

随着科技的发展与市场竞争的激化，内包装的质量与标志也日益被人们所重视。内包装条款主要包括下列各项：商品本身的收容形态（拆零、折叠）、贴身包装材料、内包装形式（陈列包装（Packing for Display）或装饰包装）、文字说明（在内包装的包纸（wrappings）上或商品本身，需将商品名称、品牌、原产地名印上（stamping）或粘贴特定标签（label）；部分商品需要严格规范的文字说明和警告标志。这种细节，也可在往来函电中加以商讨和承诺，不列入契约中，以谋求契约的简洁、对包装的特殊要求（例如中性包装、定牌）。以下以举例方式来说明这类条款的常用格式。

①组装托盘的商品。

例 2 - 12　运往美国的出口茶叶，规定先装纸箱，后组装托盘，然后装集装箱。包装条款的条文为：

纸箱装，每箱净重 30 公斤，每 24 箱组装一托盘，每 10 个托盘装入一 20 英尺集装箱。（Packed in cartons each containing 30kgs net, 24 cartons assemble a pallet, 10 pallets in a 20″ FCL container）。

例 2 - 12　出口橘子罐头，先装纸箱，后组装托盘。包装条款的条文为：

纸箱装，每箱 60 听，每听 311 克，24 箱装一托盘。（Packed in cartons each containing 60 tins of 311 grams each, 24 cartons assemble a pallet.）

例 2 - 13　出口铜带，每卷用麻布缠绕，然后装托盘。条文为：

卷装，每卷 70 磅，以麻布裹绕，每 28 卷组装一托盘。（In rolls of 70 lbs each, wrapped in gunny, 28 rolls assemble a pallet.）

②单件出运的商品。

例 2 - 14　出口棉布，采用机压打包的方式。条文为：

机压布包，每包 30 匹，每匹 40 码。（In press - packed cloth bales containing 30 pcs. Of 40 yds. each.）

例 2 - 15　化工原料，采用铁桶包装。条文为：

铁桶装，内衬聚乙烯袋，每桶净重 50 公斤。（In PE Bag - Lined iron drums of 50kgs net each.）

③采用中性包装的商品。

例 2 - 16 以上货物系中性包装，内外包装上无"中国制造"字样。(The above goods are in neutral packing, inside and outside packing without showing the words of"MADE IN CHINA".)

④内包装。

例 2 - 17 内包装：礼品纸盒尺寸 275 × 185 × 325mm，内装 10 件。要根据现行的 FDA 规章来制作说明书和标签，并经买方确认。(Inner packing：10pcs/ paper gift box。paper Gift box dimensions：275 × 185 × 325mm. According to the present FDA regulations to do the labeling and write the descriptions, and should be Confirmed by the buyer.)

（2）确定包装条款的注意事项

①明确内外包装所使用的材料。擅自更改包装材料，散装货改为包装货，都可能要承担违约责任。

②明确包装物料提供与费用负担的相关事项。商品包装通常由卖方提供，包装费用一般包括在货价之内(packing charges included)。如果买方有额外包装要求，则由买方承担费用并规定具体的支付办法；如果包装材料由买方供应，还应订明包装材料最迟到达卖方的时限和逾期到达的责任。

③明确包装的组合与搭配方式。包装方式涉及单件运输包装和集合运输包装的规格，包括重量与尺寸。比如麻袋的大小，应将几个或多大的重量装到一个盒子中，等等。有时，还需明确装箱细数及其配比。装箱细数是指每个包装单位内所装的商品个数。如果整批货物只有一个规格或尺码，则按要求的数量装箱即可；如果有多个规格尺码或多种颜色，则要注意每件包装中不同规格商品的合理搭配(assortment)。比如：T 恤衫 500 打，尺码 32、34、36、38、40，每个尺码 100 打平均分装 5 箱。如果把 32 码的装在一箱，34 码的又装另一箱，这会给买方带来很大不便。有时因储存地点的限制，需要分批提货时，单码包装就会给销售带来很大不便。因此，对混色混码包装的货物一旦明确装箱配比后，必须按要求操作。

④明确包装的标志和文字说明方案。按照国际贸易惯例，唛头一般由卖方决定，无须在合同中作出具体规定。如果买方要求特定唛头，可在合同中列明，以便卖方据以刷制唛头；如果买方要求合同订立后再由其指定唛头，则应明确指定的最后时限，并订明"若到时未收到有关唛头通知，卖方可自行决定。"

对药品、食品、化妆品、电器等商品的销售包装来说，文字说明方面的要求很高。内容上要符合规定，语种也不能用错。如果有疑问，最好征求买方的意见，甚至通过市场试销来确定包装方案。

商检部门规定法定检验的商品，在签订合同时应按法定检验规定确定内外包装条件。

⑤慎用模糊笼统的包装条款。老客户之间用过的"适合海运包装"(seaworthy packing)、"习惯包装"(customary packing)等包装术语，轻易不要扩散使用。

⑥谨慎对待特殊商品包装。如买方要求卖方出口的商品使用其指定或提供的标贴牌号，为了防止涉嫌仿冒和侵权，应由买方事先提供"授权生产"等证明。除了食品、药品、纺织品和服装以外，若双方按中性包装条款成交，则商品的内外包装上均不能有"中国制造"的中外文字样，也不能使用印有中文的纸作衬垫和包裹。

对特殊商品如精密贵重设备和危险货物等的包装条件，往往要求制定专家级的特殊包装方案，在合同中除明确规定必须符合一般运输的要求外，还应规定捆扎、加固、防震、通风等方面的措施。

篇末点述

本章主要讲述了国际货物买卖合同中所涉及标的物名称及其质量、数量与包装等四个主要交易条件，重点解释了各条款所涉及的法规、惯例与标准，详细讨论了各条款的基本内容、格式及其注意事项。学习本章后，要求了解有关经济和管理理论，熟悉相关法规和标准，具备对不同类别商品买卖合同相应条款的备选方案拟定、规范化及优劣评估和最佳选择的能力。

案例分析

报关单的计量单位/品名有误而影响正常退税

[**案例一**]　2009 年，A 贸易公司以"盒"为单位从一家制造商手上采购了一批价值近 50 万美元的货物，制造商开具的增值税发票上，注明为"506000 盒"。后来，A 贸易公司委托其客户指定的一家船公司代理出口这批货物，A 贸易公司预填的报关单上也注明为"506000BOXES"，但是船公司在正式填制报关单时，却将"506000BOXES"漏打，只标明重量为"6000KGS"，因此，在海关的计算机系统中，只记录有该批货物的数量为"6000 千克"，导致报关单上的内容与增值税发票上的数量和计量单位不一致，使 A 贸易公司不能正常退税。A 贸易公司要求船公司到海关办理删单重报，使报关单品名下加注上"506000BOXES"的字样。尽管 A 外贸公司不断催促，但由于手续麻烦，加上报关员不愿被海关惩罚扣分，还是拖延了 3 个月，船公司才最终完成报关任务。

分析要点： 品名错误的后果往往是比较严重的，有可能会造成不能正常报关、报检、出运和退税等。

[**案例二**]　某公司从美国进口一批农用拖拉机的合同里，同时又订购了一批配套用简单装载设备。该公司业务员在填写这些装载设备的 H.S. 编码时，没有填成 8432.8090（农业、园艺及林业用整地或耕作机械；草坪及运动场地滚压机……其他），而填写为 8429.5100（机动推土机、侧产推土机、筑路机、平地机、铲运机、机械铲、挖掘机、机铲装载机）。前者为非法定检验产品，后者为法定检验产品，需要去商检局办理入境货物通关单，并且要申领自动进口许可证，白白多花费一笔商检费用。

[**案例三**]　马来西亚一客商订购了 2 个 20 英尺集装箱豆奶粉，我方经办业务员在填写海关 H.S. 编码时，填写为 1208.1000（大豆粉），而不是作为 2106.1000（其他，税号列名食品……浓缩蛋白质及人造蛋白物质）。H.S. 编码为 1208.1000 下的产品退税税率为 0，而 H.S. 编码为 2106.1000 下的产品退税税率为 15%。因没有填写正确的 H.S. 编码，在出口退税的环节上遭受了很大损失。

关于报关单，需注意以下几点：

(1) 报关时应注意报关单上信息资料的准确性。如果没有把握，应多加沟通或查询，一定不能疏忽大意。为了不发生报关的低级错误，货主最好用铅笔在空白的报关单上注明正确的品名、数量单位等，再提交给报关员。

（2）报关单上的品名、计量单位，海关所要求的与我们所确定的不一致时，需特意加注我们所要求的品名、计量单位。例如，有一批木制品，美国客户要求品名为 BOX，报关时只能用 WOODENBOX，可以写为：BOX(WOODENBOX)。

（3）外文品名太长时，可适当使用缩略形式。因为品名太长，还需加注数量和计量单位时，可能会超出电子数据交换(EDI)系统所允许的最大数据长度。

（4）报关单上的品名、数量和计量单位，必须和供货商开具的增值税发票一致。如曾有报关员误把"700C 竞赛型自行车"报成"700CC 竞赛型自行车"，办理退税时，就带来了麻烦。

（5）合同品名与报关时使用的《协调商品名称及编码制度(H.S)》的品名难得一致时，可采用一般名称加上别称(括号里进行备注)的办法来处理。如发票上的品名为非通用的"芝士套刀"，报关时填写为"黄油刀(芝士套刀)"。

思考题

1. 在规定国际货物买卖合同的品名条款时需要注意哪些事项？
2. 表示品质的方法多种多样，应如何结合商品特点合理选择和运用？
3. 试说明品质条款的基本内容与常用格式。约定品质条款应注意哪些事项？
4. 如何确定重量？约定数量条款应注意哪些事项？
5. 运输包装和销售包装的基本要求是什么？
6. 何谓电子标签？在我国出口商品包装上使用电子标签的意义何在？
7. 如何设计销售包装上的文字说明？

技能实训

1. 在网上下载《中华人民共和国海关进出口税则 2011 年中英文版》，并学会快速查询各种商品的 HS 编码的规则。
2. 正确表示下列商品的品质：
（1）装载机。
（2）尿素。
（3）荔枝。
3. 以卷筒纸为例，测算常用集装箱的装载量和经济订货批量。
4. 到附近超市收集药品、化妆品、玩具、小电器的内包装各一种，说明其能否直接满足出口要求的理由。

第 3 章　国际贸易术语

开篇导读　在国际货物买卖过程中，有关交易双方责任、风险和费用的划分，是一个十分重要的问题，同时这会直接影响到进出口商品所报价格的高低。为了明确这些问题，交易双方在洽商交易和订立合同时，通常都要商定采用何种贸易术语，并在合同中具体订明。因此，从事国际贸易的人员，必须了解和掌握国际贸易中现行的各种贸易术语及其有关的国际贸易惯例，以便正确选择和使用各种贸易术语。

本章关键术语

Trade Terms 贸易术语

FOB(Free On Board)船上交货

CFR(Cost and Freight)成本加运费

CIF(Cost Insurance and Freight)成本、保险费加运费

FCA(Free Carrier)货交承运人

CPT(Carriage Paid To)运费付至

CIP(Carriage and Insurance Paid To)运费及保险费付至

3.1　国际贸易术语的含义及作用

3.1.1　国际贸易术语产生的背景

在国际货物买卖中，贸易双方既要享受权利又要承担一定的义务，由于国际贸易不同于国内贸易，货物从生产者手中转到国外消费者手里，需要长途运输，经过很多环节、跟很多部门如商检、外运、保险、海关、银行等打交道。在这期间货物遭受自然灾害或意外事故的可能性就会增大。所以每次贸易谈判买卖双方都必须确定好以下问题：

第一，何时何地交货？

第二，由谁承担进出口报关的责任及费用？

第三，由谁办理运输和保险及承担相关费用？

第四，需要移交与货物有关的哪些单据？

第五，双方风险转移的界限在哪？

显然每笔进出口交易都要重复讨论这些问题是很费时费力的。于是人们在长期的国际贸易实践中，用一些简单的缩写(即贸易术语)来明确买卖双方各要承担的以上五个不同的责任，这样，此后在贸易谈判中双方只需明确选择哪一个缩写，那么双方要承担的手续、风险和费用就已经明确了，这大大地促进了国际贸易的发展。

3.1.2　国际贸易术语的含义和作用

(1)国际贸易术语的含义

所谓贸易术语(Trade Terms)就是在长期的国际贸易实践中产生的,用一个简单的概念或英文缩写字母来表示商品价格的构成,说明交货地点,买卖双方风险、责任、费用等划分的专门术语。如"船上交货"(Free On Board),其英文缩写字母为FOB。

由于每一个贸易术语都明确了交易双方的责任和义务,确定了双方交易的基本条件,所以贸易术语又被称为交易条件。同时由于每一个贸易术语下买卖双方承担的责任和费用是不同的,这决定了成交价格的构成也会有所区别,于是人们又把贸易术语称为价格术语(Price Terms)。

(2)国际贸易术语的作用

贸易术语是国际贸易发展到一定阶段的产物,它的出现既简化了交易手续,又缩短了谈判时间、节省了谈判费用,同时它还有利于双方核算价格,加速合同的订立、解决贸易中的纠纷。

随着国际贸易的发展,新的贸易方式和运输方式的出现,贸易术语也将随着贸易实践的发展而变化。

3.2 贸易术语相关的国际贸易惯例

3.2.1 国际贸易惯例的性质和特点

国际贸易惯例(International Trade Custom)是在国际贸易实践中逐步形成的、具有较普遍指导意义的一些习惯做法或解释。

国际贸易惯例本身并不是法律。贸易双方当事人有权在合同中达成不同于惯例规定的贸易条件。但许多国家在立法中明文规定了国际惯例的效力,特别是在《联合国国际货物销售合同公约》中,惯例的约束力得到了充分的肯定。

尽管国际贸易惯例在解决贸易纠纷时起到一定的作用,但应注意以下几个问题:

第一,国际贸易惯例并非是法律,因此,对买卖双方没有约束力,可采用也可不采用。

第二,如果买卖双方在合同中明确表示采用某种惯例时,则被采用的惯例对买卖双方均有约束力。

第三,如果合同中明确采用某种惯例,但又在合同中规定与所采用的惯例相抵触的条款,只要这些条款与本国法律不矛盾,就将受到有关国家的法律的承认和保护,即以合同条款为准。

第四,如果合同中既未对某一问题做出明确规定,也未订明采用某一惯例,当发生争议付诸诉讼或提交仲裁时,法庭和仲裁机构可引用惯例作为判决或裁决的依据。

在进出口业务中,我们应该多了解和掌握一些国际贸易惯例,对交易洽商、签订合同、履行合同和解决争议等是完全必要的。当然发生争议时,我们可以援引适当的惯例据理力争;对对方提出的合理论据,我们可避免强词争辩,影响争议的顺利解决或造成不良影响。特别要注意的是:在进出口业务中,我们引用惯例时一定要有根有据,以免造成被动。

3.2.2 三种主要的有关贸易术语的国际贸易惯例

有关贸易术语的国际贸易惯例主要有三个,它们是:

（1）《1932 年华沙 – 牛津规则》

它是 1928 年国际法协会在波兰华沙制定，后经 1932 年牛津会议作了修订，称为《1932 年华沙 – 牛津规则》（Warsaw-Oxford Rules 1932）。这一规则主要说明 CIF 买卖合同的性质和特点，并具体规定了采用 CIF 贸易术语时，有关买卖双方责任的划分以及货物所有权转移的方式等问题。

（2）《1990 年美国对外贸易定义修正本》

1919 年美国的九个商业团体制定了《美国出口报价及其缩写条例》（The U. S. Export Quotation and Abbreviations），1941 年又对它作了修订，并改称《1941 年美国对外贸易定义修正本》（Revised American Foreign Trade Definitions 1941），1990 年又再次做了修订，称为《1990 年美国对外贸易定义修正本》（Revised American Foreign Trade Definitions 1990）。它主要解释了 6 种贸易术语：

表 3 – 1 《1990 年美国对外贸易定义修正本》的 6 种贸易术语

英文缩写	中文说明
EX	原产地交货
FOB	运输工具上交货
FAS	运输工具旁交货
C&F	成本加运费
CIF	成本、保险费加运费
EX DOCK	目的港码头交货并完税

上述"定义"多被美国、加拿大以及其他一些美洲国家所采用，不过由于其内容与一般解释相距较远，国际间很少采用。近年来美国的商业团体或贸易组织也曾表示放弃它们惯用的这一"定义"，将尽量采用国际商会制定的《国际贸易术语解释通则》。

（3）《2010 年国际贸易术语解释通则》

国际商会于 1936 年制定并于 1953 年修订的《国际贸易术语解释通则》（International Rules for the Interpretation of Trade Terms）定名为 INCOTERMS，作为一种国际贸易惯例，在长期的国际贸易实践中，越来越普遍地得到承认和应用，成为当今国际贸易的双方当事人签约、履约及解决业务纠纷的依据。为了适应国际贸易领域新变化的需要，国际商会多次对其进行修改。2010 年国际商会再次对《国际贸易术语解释通则》进行修订，INCOTERMS 2010 于 2011 年 1 月 1 日起正式实施，相对于 INCOTERMS 2000，INCOTERMS 2010 的主要变化有：

①贸易术语分类的调整：由原来的 E、F、C、D 四组调整为按适用的运输方式分为两组：适用于任何运输方式或多种运输方式的术语和适用于海运及内河水运的术语。

②贸易术语的数量由原来的 13 个变为 11 个。

③删除 INCOTERMS 2000 中 4 个 D 组贸易术语，即 DDU（Delivered Duty Unpaid）、DAF（Delivered At Frontier）、DES（Delivered Ex Ship）、DEQ（Delivered Ex Quay），只保留了 INCOTERMS 2000 D 组中的 DDP（Delivered Duty Paid）。

④新增加两个 D 组贸易术语，即 DAT(Delivered At Terminal)运输终端交货、DAP(Delivered At Place)目的地交货。即用 DAP 取代了 DAF、DES 和 DDU 三个术语，DAT 取代了 DEQ，且扩展至适用于一切运输方式。

⑤修订后的《2010 年国际贸易术语解释通则》取消了"船舷"的概念，卖方承担货物装上船为止的一切风险，买方承担货物自装运港装上船后的一切风险。在 FAS、FOB、CFR 和 CIF 等术语中加入了货物在运输期间被多次买卖(连环贸易)的责任义务的划分。考虑到对于一些大的区域贸易集团内部贸易的特点，规定 INCOTERMS 2010 不仅适用于国际销售合同，也适用于国内销售合同。值得一提的是，买卖双方在交易过程中既可自愿采用 INCOTERMS 2010 内容，亦可指定采用不同年代版本的 INCOTERMS，但需要在合同中注明。

INCOTERMS 2010 共解释了 11 个贸易术语，见表 3 - 2。

表 3 - 2　Table of INCOTERMS 2010

适用于任何运输方式或多种运输方式的术语		适用于海运及内河水运的术语	
EXW Ex Works	工厂交货	FAS Free Alongside Ship	船边交货
FCA Free Carrier	货交承运人	FOB Free On Board	船上交货
CPT Carriage Paid To	运费付至	CFR Cost and Freight	成本加运费
CIP Carriage and Insurance Paid To	运费及保险费付至	CIF Cost Insurance and Freight	成本、保险费加运费
DAT Delivered At Terminal	运输终端交货		
DAP Delivered At Place	目的地交货		
DDP Delivered Duty Paid	完税后交货		

3.3　主要贸易术语的解释

在我们的外贸实践中，使用最广的是 FOB、CFR、CIF、FCA、CPT 和 CIP 6 个术语，因此掌握和了解这 6 个术语非常重要。

3.3.1　FOB INCOTERMS 2010

Free On Board(… named port of shipment)船上交货(……指定装运港)

(1)FOB 术语的含义

INCOTERMS 2010 对该术语的规定是，卖方在指定的装运港将货物装上买方指定的船舶，即完成其交货义务。卖方承担货物装上船为止的一切风险，买方承担货物装上船后的一切风险。但出口报关由卖方负责。FOB 术语后面要注明装运港名称，只适用于海洋和内河运输，它是最早出现的贸易术语。

(2)买卖双方的主要义务

根据 INCOTERMS 2010 的规定，FOB 合同中买卖双方的主要义务如下表 3 - 3。

表 3 - 3　FOB 术语下买卖双方的主要义务

卖方	买方
1.负责在合同规定的时间和装运港,将符合合同规定的货物装到买方指定的船上,并迅速发出装船通知	1.负责租船或订舱,支付运费,并给予卖方有关船名、装船时间和地点的充分通知
2.办理货物出口清关	2.办理货物进口清关
3.承担货物在指定装运港装上船为止的一切风险和费用	3.承担货物在指定装运港装上船后的一切风险和费用
4.移交有关的货运单据或电子数据	4.接受货运单据、支付货款并收取货物

小思考: 在 FOB 术语下货物在运输中的货运保险应该由谁去办理? 由谁支付保费? 为什么?

(3)使用 FOB 术语需注意的问题

第一,关于船货衔接问题(link-up of vessel and goods)。

由于 FOB 术语规定由卖方负责按时按地装船交货,由买方负责租船或订舱,这时就会存在一个船货衔接的问题,衔接不好就会产生相应的费用。①迟派船。如买方延迟派船,导致卖方不能在合同规定的装运期内将货物装上船,则由此产生的卖方仓储等费用由买方负责。②如果船只准时到达装运港,卖方因货物未备妥而不能及时装运,则卖方应该承担由此产生的空仓费(dead freight)和滞期费(demurrage)。因此,双方除了在合同中做明确规定外,还应该加强联系,密切配合,防止船货脱节。

同时在 FOB 条件下,卖方交货包括两方面:一是把货物装上船;二是及时向买方发出装船通知。这里的"及时"一般理解为不迟于装船前。以便买方及时投保。采用 FOB 贸易术语,在买方要求,并由买方承担风险和费用的情况下,卖方可以代为办理订舱等手续。

第二,《1990 年美国对外贸易定义修订本》和《2010 通则》对 FOB 术语解释的不同。表现在以下方面:

表 3 - 4　《1990 年美国对外贸易定义修订本》和《2010 通则》对 FOB 术语的不同解释

不同方面	FOB	
	《1990 年美国对外贸易定义修订本》	《2010 通则》
表达方式不同	交通工具上交货	船上交货
适合的运输方式不同	任何运输方式	海洋运输
风险划分界限不同	交通工具上	以船上为界
出口清关手续及费用的负担方不同	买方	卖方

所以我国在对美、加拿大等国家的业务中,采用 FOB 成交时,应对有关问题做出明确规定,以免发生误会。

小思考：我国某公司按每公吨 USD250 FOB Vessel New York 进口 300 公吨钢材。我方如期开出 USD75000 的信用证，但美商来电要求增加 L/C 金额至 USD76500，否则，有关出口及签证费由我方另行电汇。问美方的这一做法是否合理？

第三，FOB 的变形问题。在按 FOB 条件成交时，卖方要负责支付货物装上船之前的一切费用。但各国对于"装船"的概念没有统一的解释，有关装船的各项费用由谁负担，各国的惯例或习惯做法也不完全一致。如果采用班轮运输，船方管装管卸，装卸费计入班轮运费之中，自然由负责租船的买方承担；而采用程租船运输，船方一般不负担装卸费用。这就必须明确装船的各项费用应由谁负担。为了说明装船费用的负担问题，双方往往在 FOB 术语后加列附加条件，这就形成了 FOB 的变形。主要包括以下几种：

①FOB Liner Terms(FOB 班轮条件)。这一变形是指装船费用按照班轮的做法处理，即由船方或买方承担。所以，采用这一变形，卖方不负担装船的有关费用。

②FOB Under Tackle(FOB 吊钩下交货)。指卖方负担费用将货物交到买方指定船只的吊钩所及之处，而吊装入舱以及其他各项费用，概由买方负担。

③FOB Stowed(FOB 理舱费在内)。指卖方负责将货物装入船舱并承担包括理舱费在内的装船费用。理舱费是指货物入舱后进行安置和整理的费用。

④FOB Trimmed(FOB 平舱费在内)。指卖方负责将货物装入船舱并承担包括平舱费在内的装船费用。平舱费是指对装入船舱的散装货物进行平整所需的费用。

在许多标准合同中，为表明由卖方承担包括理舱费和平舱费在内的各项装船费用，常采用 FOBST(FOB Stowed and Trimmed)方式。

FOB 的上述变形，只是为了表明装船费用由谁负担而产生的，并不改变 FOB 的交货地点以及风险划分的界限。《2010 年通则》指出，《通则》对这些术语后的添加词句不提供任何指导规定，建议买卖双方在合同中加以明确。

第四，FOB 可能不适用于货物在上船前已经交给承运人的情况。例如用集装箱运输的货物通常是在集装箱码头交货。在此类情况下，应当使用 FCA 术语。

3.3.2　CFR INCOTERMS 2010

Cost and Freight(⋯ named port of destination)成本加运费(⋯⋯指定目的港)

(1)CFR 术语的含义

INCOTERMS 2010 对该术语的规定是，卖方负责租船或订舱，支付运费，在合同规定的装运港和日期或期限内将合同规定的货物装上运往指定目的港的船上，完成交货。卖方负担货物装上船以前的一切费用和货物灭失损坏的风险，买方承担货物装上船之后的风险。但出口报关由卖方负责。CFR 术语后面要注明目的港名称，只适用于海洋或内河运输。该术语中的成本是指 FOB 价格。

在 CFR 下由于风险转移和费用转移的地点不同，所以合同通常都会指定目的港，但不一定指定装运港，而这里又是风险转移至买方的地方。如果装运港对买方具有特殊意义，特别建议双方在合同中尽可能准确地指定装运港。

(2)买卖双方的主要义务

根据 INCOTERMS 2010 的规定，CFR 合同中买卖双方的主要义务如下表 3 – 5。

表 3 - 5　CFR 术语下买卖双方的主要义务

卖方	买方
1. 负责租船或订舱，支付货物从装运港到目的港的运费	1. 办理货物进口清关
2. 在合同规定的时间和装运港，将符合合同规定的货物装上船，并及时向买方发出装船通知	2. 承担货物在装运港装上船后的一切风险和费用
3. 办理货物出口清关	3. 接受货运单据、支付货款并收取货物
4. 承担货物在装运港装上船前的一切风险和费用	
5. 移交有关的货运单据或电子数据	

（3）使用 CFR 术语需注意的问题

第一，CFR 合同属于"装运合同"。因为按照 CFR 术语成交，卖方只要在装运港按时装运，就完成了交货任务，是不需要承担把货物运到目的港的义务的。

同时在 CFR 贸易术语下，买卖双方风险划分界限与费用划分界限是相分离的，风险划分界限与 FOB 一样，以装运港船上为界，但是卖方却要承担到目的港的正常运费。

第二，租船订舱（charter a ship or book shipping space）问题。CFR 术语要求卖方负责租船订舱，买方一般不能干预。按规定卖方只要安排了通常的船舶（船舶适航适货）和惯常的行驶航线，就算完成运输任务。如果买方提出超越这一义务的要求，卖方可以不理。

第三，关于装船通知的问题。按 CFR 成交，卖方须给予买方关于货物已交至船上的充分的通知，以便买方为收取货物采取必需的措施并办理运输保险。特别强调 CFR 下卖方及时发出装船通知（Shipping Advice）的义务，若未及时通知，会导致风险推迟转移。

小案例：

我某公司按 CFR 术语与英国 A 客户签约成交，合同规定保险由买方自理。我方于 9 月 1 日凌晨 2 点装船完毕，受载货轮于当日下午起航。因 9 月 1、2 日是周末，我方未及时向买方发出装船通知。3 日上班收到买方急电称：货轮于 2 日下午 4 时遇难沉没，货物灭失，要求我方赔偿全部损失。试分析此案例。

第四，CFR 的变形问题。按 CFR 术语成交，如货物是使用班轮运输，运费由 CFR 合同的卖方支付，在目的港的卸货费实际上由卖方负担。大宗商品通常采用租船运输，如船方按不负担装卸费条件出租船舶，故卸货费究竟由何方负担，买卖双方应在合同中订明。为了明确责任，可在 CFR 术语后加列表明卸货费由谁负担的具体条件：

①CFR Liner Terms（CFR 班轮条件）。这是指卸货费按班轮办法处理，即买方不负担卸货费。

②CFR Landed（CFR 卸到岸上）。这是指由卖方负担卸货费，其中包括驳运费在内。

③CFR EX Tackle（CFR 吊钩下交货）。这是指卖方负责将货物从船舱吊起卸到船舶吊钩所及之处（码头上或驳船上）的费用。在船舶不能靠岸的情况下，租用驳船的费用和货物从驳船卸到岸上的费用，概由买方负担。

④CFR Ex Ship's Hold（CFR 舱底交货）。这是指货物运到目的港后，由买方自行启舱，

并负担货物从舱底卸到码头的费用。

应当指出，在 CFR 术语的附加条件，只是为了明确卸货费由何方负担，其交货地点和风险划分的界线，并无任何改变。《2010 年通则》对术语后加列的附加条件不提供公认的解释，建议买卖双方通过合同条款加以规定。

3.3.3　CIF INCOTERMS 2010

Cost Insurance and Freight(… named port of destination)成本、保险费加运费(……指定目的港)

(1)CIF 术语的含义

INCOTERMS 2010 对该术语的规定是，卖方负责租船或订舱，支付从装运港至目的港的运费，办理货运保险，支付保险费，在合同规定的装运期限内在装运港将货物交至运往指定目的港的船上，完成交货任务。卖方负担货物装上船为止的一切费用和货物灭失或损坏的风险。CIF 术语后面要注明目的港名称，只适用于海洋或内河运输。

(2)买卖双方的主要义务

根据 INCOTERMS 2010 的规定，CIF 合同中买卖双方的主要义务如表 3 - 6 所示。

表 3 - 6　CIF 术语下买卖双方的主要义务

卖方	买方
1. 负责租船或订舱，支付货物从装运港到目的港的运费	1. 接受货运单据、支付货款并收取货物
2. 在合同规定的时间和装运港，将符合合同规定的货物装上船，并及时向买方发出装船通知	2. 承担货物在装运港装上船后的一切风险和费用
3. 办理货物出口清关	3. 办理货物进口清关
4. 办理货物运输保险，支付保险费	
5. 承担货物在指定装运港装上船前的一切风险和费用	
6. 移交有关的货运单据或电子数据	

(3)使用 CIF 术语需注意的问题

第一，租船订舱问题。INCOTERMS 2010 规定：卖方须按"通常的条件"(on usual terms)；经"惯驶的航线"(by the usual route)；用"通常用来运输该项合同货物那种类型的海轮"(in a seagoing vessel or inland waterway vessel appropriate of the type normally used for the transport of the goods of the contract description)。

因此，买方一般无权提出关于限制船舶的国籍、船型、船龄或者指定某船公司的要求。

第二，保险问题。INCOTERMS 2010 认为：当合同未对保险事项做出明示时，卖方只需投保最低险别(be required to obtain insurance only on minimum cover)，而且卖方办理的保险属于代办性质。但如果买方要求并承担费用的情况下，卖方可加保战争险、罢工险等特殊附加险别。同时最低保险金额应为合同规定的价款加 10% ，即 110% ，并应采用合同货币，即 CIF 价的 110% 。

第三，象征性交货(symbolic delivery)问题。所谓象征性交货，是针对实际交货(physical delivery)而言。前者指卖方只要按期在约定地点完成装运,并向买方提交合同规定的包括物权凭证在内的有关单证,就算完成了交货义务,而无须保证到货。后者则是指卖方要在规定的时间和地点,将符合合同规定的货物提交给买方或其指定人,而不能以交单代替交货。

在象征性交货方式下,卖方是凭单交货,买方是凭单付款,只要卖方按时向买方提交了符合合同规定的全套单据,即使货物在运输途中损坏或灭失,买方也必须履行付款义务。反之,如果卖方提交的单据不符合要求,即使货物完好无损地运达目的地,买方仍有权拒付货款。由此可见,CIF 交易实际上是一种单据的买卖。所以,装运单据在 CIF 交易中具有特别重要的意义。但是,必须指出,按 CIF 术语成交,卖方履行其交单义务,只是得到买方付款的前提条件,除此之外,还必须履行交货义务。如果卖方提交的货物不符合要求,买方即使已经付款,仍然可以根据合同的规定向卖方提出索赔。

CIF 合同中,要防止出现"要求卖方保证到货或以到货作为付款条件"的陷阱条款。

小案例:

某出口公司按 CIF 伦敦向英商出售一批核桃仁,由于该商品季节性较强,双方在合同中规定:买方须于 9 月底前将信用证开到,卖方保证货运船只不迟于 12 月 2 日驶抵目的港。如货轮迟于 12 月 2 日抵达目的港,买方有权取消合同,如货款已收,卖方必须将货款退还买方。试分析合同中有关条款存在的问题。

第四,CIF 的变形问题。在国际贸易中,大宗商品的交易通常采用程租船运输,在多数情况下,船公司一般是不负担装卸费的。因此,在 CIF 条件下,买卖双方容易在卸货费由何方负担的问题上引起争议。为了明确责任,买卖双方应在合同中对卸货费由谁负担的问题作出明确具体的规定。如买方不愿负担卸货费,在商订合同时,可要求在 CIF 术语后加列"Liner Terms"(班轮条件)或"Landed"(卸到岸上)或"Ex Tackle"(吊钩下交货)字样。如卖方不愿负担卸货费,在商订合同时,可要求在 CIF 术语后加列"Ex Ship's Hold"(舱底交货)字样。

上述 CIF 术语后加列各种附加条件,如同 CFR 术语后加列各种附加条件一样,只是为了明确卸货费由谁负担,并不影响交货地点和风险转移的界线。

以上 FOB、CFR、CIF 三个贸易术语为装运港交货常用的三种传统的贸易术语。它们既有相同之处也有不同的方面,现将它们的异同点归纳如表 3-7。

表 3-7　FOB、CFR、CIF 异同点列表

	1. 交货地点相同:出口国装运港
	2. 风险转移点相同:装运港船上
相同点	3. 交货方式相同:象征性交货
	4. 运输方式相同:水上运输
	5. 进出口清关手续义务相同:卖方办理出口清关,买方办理进口清关

续表 3 - 7

不同点		租船订舱和运费	投保和保险费	卖方是否要发出装船通知
	FOB	买方	买方	要
	CFR	卖方	买方	要
	CIF	卖方	卖方	双方协商

随着国际贸易以及运输业的发展,装运港交货的贸易术语FOB、CFR、CIF表现出它们的局限性:只适合于水上运输,当贸易双方没有进行水上运输的条件时,这三个贸易术语就缺乏适用性。因此,在国际贸易中,建议多使用以下三个贸易术语:FCA、CPT和CIP。

3.3.4　FCA INCOTERMS 2010

Free Carrier(… named place of delivery)货交承运人(……指定地点)

(1)FCA术语的含义

INCOTERMS 2010对该术语的规定是,卖方在卖方所在地或其他指定地点将经出口清关的货物交给买方指定的承运人,就算履行了其交货义务。它是一种以FOB为基础发展起来的,适用于多种运输方式,特别是集装箱和多式运输的贸易术语。由于风险在交货地点转移至买方,特别建议双方尽可能清楚地写明指定交货地内的交付点。

(2)买卖双方的主要义务

根据INCOTERMS 2010的规定,FCA合同中买卖双方的主要义务如表3-8所示。

表 3 - 8　FCA 术语下买卖双方的主要义务

卖方	买方
1. 负责在合同规定的时间和地点,将符合合同规定的货物交给到买方指定的承运人,并及时通知买方	1. 自负费用订立自指定地点承运货物的合同,并将承运人名称及时通知卖方
2. 办理货物出口清关	2. 办理货物进口清关
3. 承担货交第一承运人前的一切风险和费用	3. 承担货交第一承运人后的一切风险和费用
4. 移交有关的货运单据或电子数据	4. 接受货运单据、支付货款并收取货物

(3)使用FCA术语需注意的问题

第一,关于交货问题。FAC术语下卖方在货交承运人时完成交货任务,买卖双方承担的风险也在此划分。但交货地点的选择会影响装卸货物的责任划分,主要区分是交货地点是否在卖方所在地。《2010年通则》规定,在FCA术语下,卖方交货的指定地点如是在卖方货物所在地,则当货物被装上买方指定的承运人的运输工具时,交货即算完成;如指定的地点是在任何其他地点,当货物在卖方运输工具上,尚未卸货而交给买方指定的承运人处置时,交货即算完成。

第二,关于运输合同。《2010年通则》中的FCA术语,应由买方自付费用订立从指定地点承运货物的运输合同,并指定承运人。但《通则》又规定,当卖方被要求协助与承运人订立合同时，只要买方承担费用和风险，卖方也可以办理。当然，卖方也可以拒绝订立运输合同；如拒绝，则应立即通知买方，以便买方另作安排。

小资料：

FCA 与 FOB 的异同点

FCA 与 FOB 两种术语均属 F 组术语，按这两种术语成交的合同均属装运合同。买卖双方责任划分的基本原则是相同的。

FCA 与 FOB 的主要不同在于适用的运输方式、交货和风险转移的地点不同。FCA 术语适用于各种运输方式，交货地点视不同运输方式的不同约定而定，其风险划分是卖方将货物交至承运人时转移；FOB 术语仅用于海运和内河运输，交货地点为装运港，风险划分以装运港船上为界；此外，在装卸费的负担和运输单据的使用上也有所不同。

3.3.5　CPT INCOTERMS 2010

Carriage Paid To(… named place of destination) 运费付至（……指定目的地）

（1）CPT 术语的含义

INCOTERMS 2010 对该术语的规定是，按此术语成交卖方应向其指定的承运人交货，支付将货物运至目的地的运费，办理出口清关手续。买方承担交货之后的一切风险和其他费用。CPT 术语适用于各种运输方式，包括多式联运。

（2）买卖双方的主要义务

根据 INCOTERMS 2010 的规定，CPT 合同中买卖双方的主要义务如表 3 – 9 所示。

表 3 – 9　CPT 术语下买卖双方的主要义务

卖方	买方
1. 订立将货物运往指定目的地的运输合同，并支付有关运费	1. 办理货物进口清关
2. 负责在合同规定的时间和地点，将符合合同规定的货物交给承运人，并及时通知买方	2. 承担货交第一承运人之后的一切风险和费用
3. 办理货物出口清关	3. 接受货运单据、支付货款并收取货物
4. 承担货交第一承运人之前的一切风险和费用	
5. 移交有关的货运单据或电子数据	

（3）使用 CPT 术语需注意的问题

第一，风险划分的界限问题。按照 CPT 术语成交，虽然卖方要负责订立从启运地到指定目的地的运输契约，并支付运费，但是卖方承担的风险并没有延伸至目的地。按照《通则》的解释，货物自交货地点至目的地的运输途中的风险由买方承担，卖方只承担货物交给承运人控制之前的风险。在多式联运情况下，卖方承担的风险自货物交给第一承运人控制时即转移给买方。

第二，责任和费用的划分问题。采用 CPT 术语时，由卖方指定承运人，自费订立运输合同，将货物运往指定的目的地，并支付正常运费。正常运费之外的其他有关费用，一般由买方负担。卖方将货物交给承运人之后，应向买方发出货物已交付的通知，以便于买方在目的地办理货运保险和受领货物。如果双方未能确定买方受领货物的具体地点，卖方可以在目的地选择最适合其要求的地点。

小资料：

CPT 与 CFR 的异同点

CPT 与 CFR 同属 C 组术语，按这两种术语成交，卖方承担的风险都是在交货地点随着交货义务的完成而转移，卖方都要负责安排自交货地至目的地的运输事项，并承担其费用。另外，按这两种术语订立的合同，都属于装运合同，卖方无须保证按时交货。

CPT 与 CFR 的主要区别在于适用的运输方式不同，交货地点和风险划分界限也不相同。CPT 术语适用于各种运输方式，交货地点因运输方式的不同由双方约定，风险划分以货交承运人为界；CFR 术语适用于水上运输方式，交货地点在装运港，风险划分以装运港船上为界。除此之外，卖方承担的费用以及需提交的单据等方面也有区别。

3.3.6　CIP INCOTERMS 2010

Carriage and Insurance Paid To（… named place of destination） 即运费、保险费付至（……指定目的地）。

（1）CPT 术语的含义

按《2010 通则》规定，此术语成交卖方应向其指定的承运人交货，支付将货物运至目的地的运费，办理货运保险，支付保险费，办理出口清关手续。CIP 术语适用于各种运输方式包括多式联运。

（2）买卖双方的主要义务

按 CIP 术语成交，卖方除负有与 CPT 术语相同的义务外，还须办理货物在运输途中的保险，即卖方除应订立运输合同和支付通常的运费，还应负责订立保险合同并支付保险费。卖方将货物交给指定的承运人，即完成交货。

（3）使用 CIP 术语应注意的事项

第一，风险和保险问题。按 CIP 术语成交的合同，卖方要负责办理货运保险，并支付保险费，但货物从交货地点运往目的地的运输途中的风险由买方承担。所以，卖方的投保仍属于代办性质。这跟 CIF 术语下卖方的投保性质是相同的。

第二，确定合理价格。与 FCA 相比，CIP 条件下卖方要承担较多的责任和费用。要负责办理从交货地至目的地的运输，承担有关运费；办理货运保险，并支付保险费。这些都反映在货价之中。所以，卖方对外报价时，应考虑运输距离、保险险别、各种运输方式和各类保险的收费情况，并要预计运价和保险费的变动趋势等方面问题，认真仔细核算成本和价格。

小思考：CIP 与 CIF 的异同点

3.3.7　FOB、CFR、CIF 与 FCA、CPT、CIP 的比较

6 种术语买卖双方责任划分的基本原则是相同的，但又有不同，主要表现在以下几方面：

（1）适用的运输方式不同

FOB、CFR、CIF 3 种术语仅适用于海运和内河运输，其承运人一般只限于船公司；而 FCA、CPT、CIF 3 种术语适用各种运输方式，包括多式联运，其承运人可以是船公司、铁路局、航空公司，也可以是安排多式联运的联合运输经营人。

（2）交货和风险转移的地点不同

FOB、CFR、CIF 的交货地点均为装运港，风险均以在装运港船上从卖方转移至买方。而 FCA、CPT、CIP 的交货地点，需视不同的运输方式和不同的约定而定，它可以是在卖方处所由承运人提供的运输工具上，也可以是在铁路、公路、航空、内河、海洋运输承运人或多式联运承运人的运输站或其他收货点。至于货物灭失或损坏的风险，在卖方将货物交由承运人保管时，即自卖方转移至买方。

（3）货物运输区间不同

在 FOB、CFR、CIF 术语下，运输的区间是"港到港"即"装运港到目的港"。而在 FCA、CFR、CIP 术语下，运输的区间往往是卖方内陆任何地点到买方内陆任何地点，运输区间扩大了，可以实行"门到门"交货。

（4）装卸费用负担不同

按 FOB、CFR、CIF 术语，卖方承担货物到装运港船上为止的一切费用。但由于货物装船是一个连续作业，各港口的习惯做法又不尽一致，所以，在使用程租船运输的 FOB 合同中，应明确装船费由何方负担，在 CFR 和 CIF 合同中，则应明确卸货费由何方负担。而在 FCA、CPT、CIP 术语下，如涉及海洋运输，并使用程租船装运，卖方将货物交给承运人时所支付的运费（CPT、CIP 术语），或由买方支付的运费（FCA 术语），已包含了承运人接管货物后在装运港的装船费和目的港的卸货费。这样，在 FCA 合同中的装货费的负担和在 CPT、CIP 合同中的卸货费的负担问题均已明确。

（5）运输单据不同

在 FOB、CFR、CIF 术语下，卖方一般应向买方提交已装船清洁提单。而在 FCA、CFR、CIP 术语下，卖方提交的运输单则视不同的运输方式而定。如在海运和内河运输方式下，卖方应提供可转让的提单，有时也可提供不可转让的海运单和内河运单；如在铁路、公路、航空运输或多式联运方式下，则应分别提供铁路运单、公路运单、航空运单或多式联运单据。

3.4　其他贸易术语的解释

3.4.1　EXW INCOTERMS 2010

Ex Works(… named place)，即工厂交货(……指定地点)。是指卖方在其所在地(如工场、工厂或仓库等)将备妥的货物交付买方，以履行其交货义务。按此贸易术语成交，卖方既不承担将货物装上买方备妥的运输工具，也不负责办理货物出口清关手续。除另有约定

外,买方应承担自卖方的所在地受领货物的全部费用和风险。因此,EXW 术语是卖方承担责任、费用和风险最小的一种贸易术语。EXW 术语适用于各种运输方式。

使用 EXW 术语时,如双方同意,在起运时卖方负责装载货物并承担装载货物的全部费用和风险,则应在合同中订明。如买方不能直接或间接地办理出口手续,不应使用该术语,而应使用 FCA 术语。

3.4.2 FAS INCOTERMS 2010

Free Alongside Ship(… named port of shipment),即装运港船边交货(……指定装运港)。是指卖方把货物运到指定的装运港船边,即履行其交货义务。买卖双方负担的风险和费用均以船边为界。该术语仅适用于海运或内河运输。

关于办理出口清关手续,《2010 年通则》规定由卖方自负费用和风险,取得出口许可或其他官方证件,在需要办理海关手续时,办理货物出口的一切海关手续,并交纳出口关税及其他费用。但是,《2010 年通则》又规定,双方当事人如希望买方办理出口清关手续,应在合同中订明。

3.4.3 DAT、DAP、DDP

(1)DAT INCOTERMS 2010 运输终端交货

DAT 即 Delivered at Terminal,该术语类似于 DEQ 术语,指卖方在指定港口或目的地的指定运输终端(包括港口)将货物从抵达的载货运输工具上卸下,交由买方处置时,即为交货。"运输终端"意味着任何地点,而无论该地点是否有遮盖,例如码头、仓库、集装箱堆积场或公路、铁路、空运货站。而卖方应承担将货物运至指定港口或目的地的运输终端并将其卸下的一切风险。该术语适用于任何运输方式或多式联运。

DAT 下卖方无义务办理进口清关、支付任何进口税或办理任何进口海关手续。

(2)DAP INCOTERMS 2010 目的地交货

DAP 即 Delivered at Place,该术语类似于 DAF、DES 和 DDU 术语,指卖方在指定的目的地(包括港口)交货,只需做好卸货准备无须卸货,即完成交货。而卖方应承担将货物运至指定的目的地的一切风险和费用(除进口费用外),宜适用于任何运输方式、多式联运方式及海运。

新术语有助船舶管理公司弄清码头处理费的责任方,因现时经常有买方在货物到港后,投诉被要求双重缴付码头处理费,一是来自卖方,一是来自船公司,而新通则会明确标明货物买卖方支付码头处理费的责任。

DAT 与 DAP 区别主要是:DAT 卖方需承担卸货费;DAP 卖方不承担卸货费,如果卖方按照运输合同在目的地发生了卸货费用,除非双方另有约定,卖方无权向买方要求偿付;至于通关费可协商;如果双方希望卖方办理进口清关、支付所有进口关税,并办理所有进口海关手续,则应当使用 DDP 术语。

(3)DDP INCOTERMS 2010

Delivered Duty Paid(… named place of destination),即完税后交货(……指定目的地)。是指卖方在指定的目的地,办理进口清关手续,将在运输工具上尚未卸下的货物交给买方,即完成交货。卖方须承担将货物运至目的地的一切风险和费用,办理进口清关手续,交纳进口"税费"。所以，DDP 术语是卖方承担责任、费用和风险最大的一种术语。DDP 术语适用于所有运输方式。

《2010 年通则》还规定，办理进口清关手续时，卖方也可要求买方予以协助，买方应给予卖方一切协助，取得进口所需的证件，但费用和风险仍由卖方负担。如果当事人希望买方承担货物进口的风险和费用，则应使用 DAP 术语。

3.5 贸易术语的运用

由于选用不同的贸易术语，买卖双方承担的责任、费用和风险是不同的，商品的价格构成也不一样。因此，贸易术语的选用直接关系到买卖双方的切身利益。在贸易实践中，应合理选择对自身有利的贸易术语。

3.5.1 贸易术语间的异同

《2010 通则》解释了 11 个贸易术语，它们从不同的角度划分了买卖双方的责任、风险和费用。了解这 11 个贸易术语间的不同有利于我们在贸易实践中作出恰当的选择。现将它们异同归纳于表 3 - 10。

表 3 - 10 《2010 通则》的贸易术语中买卖双方各自承担的责任、风险和费用对照表

贸易(价格)术语		交货地点	风险转移界限	出口报关责任、费用由谁负担	进口报关责任、费用由谁负担	适用的运输方式
工厂交货	EXW	商品产地、所在地	货交买方处置时起	买方	买方	任何方式
货交承运人	FCA	出口国内地、港口	货交承运人处置时起	卖方	买方	任何方式
船边交货	FAS	装运港口	货交船边后	卖方	买方	水上运输
船上交货	FOB	装运港口	货交装运港船上	卖方	买方	水上运输
成本加运费	CFR	装运港口	货交装运港船上	卖方	买方	水上运输
成本加保险费加运费	CIF	装运港口	货交装运港船上	卖方	买方	水上运输
运费付至	CPT	出口国内地、港口	货交承运人处置时起	卖方	买方	任何方式
运费保险费付至	CIP	出口国内地、港口	货交承运人处置时起	卖方	买方	任何方式
运输终端交货	DAT	卖方指定目地运输终端	货交买方处置时起	卖方	买方	任何方式
目的地交货	DAP	卖方指定目地点	货交买方处置时起	卖方	买方	任何方式
完税后交货	DDP	进口国内	指定目的地货交买方为界	卖方	卖方	任何方式

3.5.2　选择贸易术语考虑的因素

从对外贸易纠纷来看,造成进出口合同履行中的各种隐患,甚至使企业承担巨大的经济损失,常常跟贸易术语选用不当有关。因此贸易术语的合理选用和正确使用已经成为国际贸易中交易磋商及合同履行的首要问题。选用贸易术语时一般要考虑以下主要因素:

(1)国际市场行情

在国际市场竞争中,贸易术语可以随着行情的变化成为出口企业争取客户的重要手段。出口企业往往为了调动对方的购货积极性,采用对进口商较为有利的 DDP 目的地交货的术语。有时出口企业也选用 CFR、CIF、CPT 或 CIP 等术语,以示愿意承担货物的租船订舱等运输事宜和支付运费等责任,甚至愿意承担货物的保险责任,以最大限度地减轻进口商的责任和义务。

(2)运输因素

不同的贸易术语适合的运输方式是不同的。如果采用海运的方式,进出口企业最好选用 FOB、CFR、CIF 或 FAS 等适宜水运的贸易术语。而采用陆运时,可选用适合多种运输方式的贸易术语,如 FCA、CPT、CIP 等。

此外,如果进出口双方中的一方有足够的能力安排运输事宜,且经济上又比较划算,在能争取最低运费的情况下,可争取采用自行安排运输的贸易术语。例如,出口企业可争取使用 CFR、CIF 或 CPT、CIP 等术语,而进口企业则可尽力争取 FOB、FCA 或 FAS 等术语。如果其中一方无意承担运输或保险责任,尽量选用由对方负责此项责任的术语。

(3)货物的特性、成交量的大小并选择相应的运输工具

如果货物需要特定的运输工具,而出口企业无法完成时,可选用 F 组术语,交由进口商负责安排运输。如果成交量太小而又无班轮直达运输时,其中一方企业如果负责安排运输费用太高且风险太大,最好选用由对方负责安排运输的术语。例如,出口企业可用 F 组术语,进口企业则可用 C 组或 D 组术语。

(4)租船市场运价的变化

运费上涨或看跌影响货价,一般来说,如果运费和附加费(例如燃油费)等看涨时,为避免承担有关成本,可选择由对方安排运输的术语。如进口时可选用 C 组或 D 组术语,出口时选用 F 组术语。当有关运费和附加费看跌时,则相反。

(5)运输路线

其不仅关系到运费的高低,还关系到风险大小以及有关保险事宜的办理。如果出口企业不愿意承担过多风险,可选择 E 组、F 组、C 组术语,尽量不要选择 D 组;相反,如果进口商不愿意承担货物在运输途中的风险,则争取用 D 组术语。

篇末点述

本章主要讲述了贸易术语的作用,与贸易术语有关的国际贸易惯例,重点讲述 INCO-TERMS 2010 中的 11 种贸易术语,其中 FOB、CIF、CFR、FCA、CPT 和 CIP 等 6 种术语是学习的重点。熟练掌握每个贸易术语下买卖双方的责任、费用和风险划分的界限以及它们在国际贸易中的具体运用。

案例分析

有一份 CIF 合同,货物已在合同规定的期限和装运港装船,但受载船只离港 1 小时后触礁沉没。第二天,当卖方凭齐全、正确的提单、保险单、发票等单证要求买方付款时,买方以货物全部损失为理由,拒绝接受单证和付款。试问在上述情况下,卖方有无权利凭规定的单证要求买方付款?

分析: 该案例中,卖方有无权利凭规定的单证要求买方付款主要看两方面:一方面看卖方在轮船触礁沉没时是否已完成交货任务。据 INCOTERMS 2010 的规定,按 CIF 成交的合同,只要卖方按期在约定地点完成装运,并向买方提交合同规定的包括物权凭证在内的有关单据,就算完成交货任务。即使货物在运输途中已遭灭失,买方也不能拒收单据和拒付货款。本案例中,卖方已把货物在合同规定的期限和装运港装船,完成交货任务。因此,从这点看,买方拒收单据和拒付货款是不合理的。

另一方面要看发生触礁沉没风险是在装运港装上船之前还是之后。据 INCOTERMS 2010 的解释,在 CIF 下,卖方只负责风险划分之前的一切风险,这意味着买方应承担货物在装运港装上船之后的一切风险。而本案例中,轮船是在离港 1 小时后触礁沉没。所以这一风险应由买方承担。所以买方以货损为由拒收单据和拒付货款是不合理的。

思考题

1. 简述贸易术语的含义。有关贸易术语的国际贸易惯例主要有哪些?

2. 简述 FOB、CFR 和 CIF 3 种术语的基本内容及其异同。

3. 试述贸易术语变形的作用,并举例说明。

4. 为什么说 CIF 交易是一种典型的象征性交货?

5. 选用贸易术语应该考虑的基本因素有哪些?

技能实训

1. 根据已知贸易术语,用英文报价

(1)每公吨 150 美元,FOB 伦敦,包括理舱费。

(2)丰田卡车,每辆 9000 美元,CFR 香港,含佣金 3%。

2. 根据已知条件,选用适当的贸易术语

(1)美国弗雷斯诺某公司拟从我国进口一批纺织品,但要求我方在距其最近的港口交货。

(2)我某公司拟从外国进口一批货物,据了解,该国附近港口条件较差,费用较高,出口清关难度大,且对方不愿办理货运保险手续。

第4章　进出口商品的价格与成本核算

开篇导读　本章将专题讨论国际货物买卖合同中的价格条款。在进出口贸易中，商品价格是买卖双方磋商的焦点，有时也是成交的决定性因素。应正确掌握进出口商品价格的构成因素，准确核算成本、利润，合理应用各种定价方法，选用有利的计价货币和贸易术语。

本章关键术语

Unit Price 单价

Export Quotation 出口报价

Money of Account 计价货币

Commission 佣金

Net Price 净价

Price including Commission 含佣价

4.1　国际贸易商品的作价原则

4.1.1　确定进出口商品的价格时遵循的原则

国际贸易中在确定进出口商品的价格时，一般遵循以下原则：

（1）注意国际市场价格动态

我国进出口商品的作价原则是按照国际市场价格水平作价。国际市场价格是以商品的国际价值为基础，并在国际市场竞争中形成的，它是交易双方都能接受的价格，是确定进出口商品价格的客观依据。我们往往以商品交易所的价格或国际组织在媒体上公布的价格等作为参考依据。

（2）要结合国别、地区政策作价

为了使外贸配合外交及我国对外经济与政治关系的发展，在参照国际市场价格水平的同时，也可适当考虑国别、地区政策。

（3）要结合购销意图

进出口商品价格在国际市场价格水平的基础上，可根据购销意图来确定，即可略高或略低于国际市场价格。但是如果作价过高不仅会削弱出口商品的竞争能力，还可能导致其他国家速度增加代用品来竞销的局面。反之，如果一味的低价促销，这不仅在外销价格方面造成混乱，使国家蒙受经济损失，而且还会使一些国家借此对出口国出口产品采取限制措施，并导致反倾销投诉案件增多。

4.1.2　影响进出口商品价格变化的因素

由于价格构成因素不同，影响价格变化的因素也多种多样。因此，在确定进出口商品价格时，必须充分考虑影响价格的种种因素，并注意同一商品在不同情况下应有合理的差价，防止出现全球同一价格的错误做法。在遵循上述作价原则的基础上，还须考虑以下因素：

（1）商品因素

在国际市场上，一般都贯彻按质论价的原则，即好货好价，次货次价。品质的优劣，档次的高低，包装装潢的好坏，式样的新旧，商标、品牌的知名度等都直接影响商品的价格。

（2）运输成本因素

国际贸易一般都涉及长途运输。运输距离的远近，影响运费和保险费的开支，从而影响商品的价格。因此，确定商品价格时，必须核算运输成本，做好比价工作，以体现地区差价。

（3）交货条件因素

在国际贸易中选择不同的贸易术语即交货条件，则交货地点和买卖双方承担的责任、费用负担就会不同，那么在确定进出口商品价格时就必须考虑这些因素。例如，同一运输距离内成交的同一商品，按 CIF 成交同按 FOB 条件成交，其价格应当不同。

（4）季节因素

在国际市场上，某些商品受消费的季节性影响比较大。如赶在消费旺季节令前到货，抢行应市，即能卖上好价。过了节令的商品，其售价往往很低，甚至以低于成本的"跳楼价"出售。因此，应充分利用季节性需求的变化，切实掌握好季节性差价，争取按有利的价格成交。

（5）成交数量因素

按国际贸易的习惯做法，成交量的大小影响价格。即成交量大时，在价格上应给予适当优惠，或者采用数量折扣的办法，鼓励外商多下订单；反之，则可以适当提高出售价格。

（6）支付条件因素和汇率变动因素

支付条件是否有利和汇率变动风险的大小都影响商品的价格。例如，同一商品在其他交易条件相同的情况下，采取预付货款和凭信用证付款方式下，其价格应当有所区别。同时，确定商品价格时，一般应争取采用对自身有利的货币成交，如采用不利的货币成交时，应当把汇率变动的风险考虑到货价中去，即适当提高出售价格或压低购买价格。

（7）其他因素

除以上因素外，交货期的远近，市场销售习惯和消费者的需求等因素都对确定价格有不同程度的影响，定价时必须在调查研究的基础上通盘考虑，然后确定适当的价格。

4.2　国际贸易商品的作价方法

在国际贸易中，作价的方法多种多样，根据不同情况，可采取下列作价办法：

4.2.1　固定作价

在进出口贸易中，合同中的价格绝大部分都是在双方协商一致的基础上明确规定具体价格，这也是国际上常见的做法。这种作价方法具有明确、具体、肯定和便于核算的特点。

但是，由于国际商品市场的变化往往受各种临时性因素的影响，各种货币汇价波动不定，商品市场变动频繁，剧涨暴跌的现象时有发生，在此情况下，固定价格往往给买卖双方带来的风险较大，尤其是在价格前景捉摸不定的情况下，容易使客户裹足不前。因此，为了减少风险，促成交易，提高合同的履约率，在合同价格的规定方面，也日益采取一些变通做法。

方式：在合同中规定货物的单价（或总价）

例如：USD 300 per metric ton CIF New York

小资料：

铁矿石长协价会消亡吗？

1981 年起，世界上的铁矿石供应商和钢铁厂家通过谈判，确定每个财政年度的铁矿石价格，然后一年内固定不变，这就是所谓的"长协定价机制"。但 2010 年 3 月，国际三大矿业巨头陆续敲定使用"季度价"，或许以往的长协定价机制即将面临瓦解。由于金融危机，钢材市场需求不振，钢材市场总体产能过剩，2010 年三季度已经出现铁矿石现货价格比长协定价每吨低 10 美元以上的尴尬局面。很多小型钢铁厂可能会拒不履行铁矿石进口合约。世界矿业巨头甚至放言要结束季度定价机制，全部实行现货价格制。

4.2.2　非固定作价

从进出口合同的实际做法看，非固定价格即一般业务上所说的"活价"，大体上可分为下述几种：

（1）只规定作价方式而具体价格留待以后确定。这种规定又分为以下两种：

一是在价格条款中明确规定定价时间和定价方法。例如"于装船月份前 30 天由买卖双方参考当地及国际市场价格水平协商议定正式价格"；或"按提单日期的国际市场价格计算"。

二是只规定作价时间，如"由双方在×年×月×日协商确定价格"。这种方式一般只用于双方有长期交往，已形成较为固定的交易习惯的合同。这种方式由于未就作价方式做出规定，容易给合同带来较大的不稳定性，双方可能因缺乏明确的作价标准，在商订价格时各执己见、相持不下，导致合同无法执行。

（2）暂定作价

即在合同中先订立一个初步价格，作为开立信用证和初步付款的依据，待双方确定最后价格后再进行清算，多退少补。

（3）部分固定作价，部分非固定作价

有时为了照顾双方的利益，解决双方在采用固定价格或非固定价格方面的分歧，也可采用部分固定价格，部分非固定价格的做法。或者是分批作价的办法，即交货期近的价格在订约时固定下来，余者在交货前一定期限内作价。

具体方式：约定将来确定价格的方法

例如：official London Metal Exchange Copper Grand A cash settlement quotation with premium USD 100 per metric ton

4.2.3　价格调整条款

在国际贸易中，有些合同除规定具体价格外，还规定各种不同的价格调整条款。例如，"如卖方对其他客户的成交价高于或低于合同价格5%对本合同未执行的数量，双方协商调整价格"。这种做法的目的是把价格变动的风险规定在一定范围之内，以提高客户经营的信心。

值得注意的是，在国际上，随着许多国家通货膨胀的加剧，有一些商品合同，特别是加工周期较长的机器设备合同，都普遍采用所谓"价格调整条款"（Price Adjustment Clause），要求在订约时只规定初步价格（Initial Price），同时规定如原材料价格、工资发生变化，卖方保留调整价格的权利。

方式：对成套设备、大型机械交易，先在合同中规定一个基础价格，交货时或交货前按工资、原材料价格变动的指数作一定调整，以确定最后价格。

小资料：

国际货物买卖合同中常使用的价格调整条款 [Price Adjustment (Revision) Clause]，是在订约时只规定初步价格（Initial Price），同时规定如原料价格、工资、物价指数发生变化，卖方保留调整价格的权利。

在价格调整条款中，通常使用下列公式来调整价格：

$$P = P_0(A + B\frac{M}{M_0} + C\frac{W}{W_0})$$

其中，P：调整后的价格；P_0：调整前的价格；A：经营管理费用和利润占货物单位价格的比率；B：材料成本占货物单位价格的比率；C：工资成本占货物单位价格的比率；$A + B + C = 100\%$；M/M_0：订约时（交货时）原材料批发价格指数；W/W_0：订约时（交货时）工资指数。

4.3　计价货币的选择

在国际金融市场上，世界各国货币汇率经常波动，选择什么样的货币作为计价货币会直接影响进出口商的经济利益。因此，选择合理的计价货币是买卖双方在确定价格时必须注意的问题。

4.3.1　计价货币与支付货币

计价货币（Money of Account）是指合同中规定用来计算价格的货币。如合同中的价格是用一种双方当事人约定的货币来表示，没有规定用其他货币支付，合同中规定的货币既是计价货币，又是支付货币（Money of Payment）。

4.3.2　计价货币的选择

在进出口业务中，多数情况下计价和支付采用同一种货币。货币选择时一般注意以下问题：

（1）货币的可兑换性

在确定计价货币时，主要应从国际上通用的可自由兑换的货币中去选择。可自由兑换的货币是指对国际间经常往来的付款和资金转移不施加限制、不施行歧视性货币措施或多种货币汇率，在另一国要求下随时有义务换回对方在经常往来中所结存的本国货币。使用可自由兑换货币，有利于调拨和运用，有助于转移货币汇价风险。

小资料：

美元霸主地位谁与争锋？

作为支撑世界经贸和金融格局三大支柱的世界贸易组织、世界银行和国际货币基金组织，实际上都肇始于1944年召开的布雷顿森林会议。布雷顿森林体系，是以外汇自由化、资本自由化和贸易自由化为主要内容的多边经济制度。这个体系的确立，使美元取得了国际货币地位，成了全球的最主要结算货币，并且已持续了60多年。

根据国际货币基金组织2004年的统计，在全球每十宗外汇交易中，接近九成涉及美元，各国外汇储备亦以美元占最大比重，高达三分之二。

2008年统计，美元在外汇交易量中占全球的比重达到86%；各币种在国际债券存量中所占的比重中，欧元占50%，美元占34%；在全球贸易结算中，美元使用面接近90%；在全球外汇储备中，美元为63%，欧元仅27%。美元在全球经济中的主导地位虽有所削弱，但是仍占主导地位。

国际清算银行（BIS）2010年9月1日发布的《外汇与衍生工具市场活动》3年期调查报告显示，从币种上看，美元依然是当仁不让的全球老大，但涉及美元的交易份额在2001年达到90%的峰值后持续下滑，2010年4月已降至84.9%。欧元/美元仍是最主要的交易货币对，占交易量的28%，其次是美元/日元，交易份额微幅上升至14%。

国际货币基金组织（IMF）五年一次对组成特别提款权（SDR）的一揽子货币进行调整。2010年11月15日IMF宣布，SDR新的权重比例应为美元占41.9%、欧元占37.4%、英镑占11.3%及日元占9.4%，而5年前分别为美元占44%、欧元占34%、日元和英镑各占11%。近年来，在SDR中增加新币种的建议不断，涉及的币种，包括澳元、人民币、加元。

目前公认的七种国际主要货币是：美元、欧元、日元、英镑、加元、瑞士法郎及澳元。而美国彭博新闻社追踪其汇率变化的世界主要货币，种类更多一些。

2009年4月，中国决定在上海市和广东省先行开展跨境贸易人民币结算试点工作。2010年跨境人民币结算约占我国贸易结算总额2%，但自2010年12月3日起，我国16个省市共计67359家企业（扩容185倍）可开展出口货物贸易人民币结算试点。

小资料：

表4-1　国际标准化货币符号（部分国家）

国家和地区名称	货币名称	ISO国际标准货币代码
中国	人民币元	CNY
美国	美元	USD
香港	港元	HKD

续表 4 - 1

国家和地区名称	货币名称	ISO 国际标准货币代码
英国	英镑	GBP
瑞士	瑞士法郎	CHF
瑞典	瑞典克朗	SEK
丹麦	丹麦克朗	DDK
挪威	挪威克朗	NDK
欧元区	欧元	EUR
澳大利亚	澳大利亚元	AUD
加拿大	加拿大元	CAD
新加坡	新加坡元	SGD
日本	日元	JPY

(2)货币的稳定性

应充分考虑汇率波动可能带来的风险,尽量选用对自己有利的货币。一般原则是,出口应选择币值相对比较稳定或呈上浮趋势的"硬币",进口应使用币值有下浮趋势的"软币"。

(3)采用对己方不利的货币的补救办法

如果为达成交易而不得不采用对己方不利的货币,则可设法用下述两种办法补救:

①压低进口价格或提高出口价格。具体如下:

进口:采用硬币支付时——压低进口价格;

出口:采用软币收汇时——提高出口价格。

②订立外汇保值条款(出口合同中)。为防止从成交至收汇期间由于计价货币币值的变动带来的损失,当事人可以采用一些保值措施,避免因计价和结算货币的贬值而造成损失,主要有:

◆ 汇价加(减)值法,即把所选用的货币币值的变动幅度加入(减出)货价,根据币值变动的幅度来确定价格的调整幅度。

◆ 汇率保值法。即合同金额以某种比较稳定的货币或综合货币单位保值,支付时按支付货币对保值货币的当时汇率加以调整。

4.4 常用价格的换算

在竞争的国际市场上,讨价还价是很平常的事情。在贸易磋商的过程中,经常碰到要求企业出口收益或进口成本不变条件下的多次报价,在这种情况下计价货币或贸易术语的改变就涉及价格的换算问题。

4.4.1 净价之间的换算

(1)净价概念及表示方法

净价(Net Price)是指价格中不包含佣金和折扣。其表示方法有两种:

一是在价格条款中加上净价字样。例如,每公吨 200 美元 CIF 伦敦净价(USD 200 per metric ton CIF London net)。

二是在价格条款中没有任何注明。例如,每公吨 200 美元 CIF 伦敦(USD 200 per metric ton CIF London)。

(2)净价的换算(即贸易术语的换算)

①主要贸易术语的价格构成和换算关系。在对外洽商交易过程中,有时会需要改变贸易术语来进行报价、询价或比价。了解各贸易术语的构成要素和换算关系,是从事国际贸易人员应具备的基本功。

◆ 主要贸易术语的价格构成:

FOB 或 FCA 价 = 实际生产成本或采购成本 + 国内费用 + 净利润

CFR 或 CPT 价 = 实际生产成本或采购成本 + 国内费用 + 国外运费 + 净利润

CIF 或 CIP 价 = 实际生产成本或采购成本 + 国内费用 + 国外运费 + 国外运输保险费 + 净利润

◆ 主要贸易术语之间的换算关系。

● FOB 或 FCA 价换算为其他价:

CFR 价 = FOB 价 + 国外运费

CIF 价 = (FOB 价 + 国外运费) ÷ (1 - 投保加成 × 保险费率)

CPT 价 = FCA 价 + 国外运费

CIP 价 = (FCA 价 + 国外运费) ÷ (1 - 投保加成 × 保险费率)

● CFR 或 CPT 价换算为其他价:

FOB 价 = CFR 价 - 国外运费

CIF 价 = CFR 价 ÷ (1 - 投保加成 × 保险费率)

FCA 价 = CPT 价 - 国外运费

CIP 价 = CPT 价 ÷ (1 - 投保加成 × 保险费率)

● CIF 或 CIP 价换算为其他价:

FOB 价 = CIF 价 × (1 - 投保加成 × 保险费率) - 国外运费

CFR 价 = CIF 价 × (1 - 投保加成 × 保险费率)

FCA 价 = CIP 价 × (1 - 投保加成 × 保险费率) - 国外运费

CPT 价 = CIP 价 × (1 - 投保加成 × 保险费率)

(注:投保加成 = 1 + 投保加成率)

例 4 - 1 我国某公司出口一批商品,报价为每公吨 200 美元 CFR 神户,日商要求改报为 CIF 神户,在不影响我方外汇收入的前提下,问 CIF 神户是多少? (已知按货物的 110% 投保了一切险和战争险,保险费率分别为 0.6% 和 0.4%)

解: CIF 价 = CFR 价 ÷ (1 - 投保加成 × 保险费率)

$$= 200 \div [1 - 110\% \times (0.6\% + 0.4\%)]$$

$$= 202.22 \text{ 美元}$$

4.4.2　净价与含佣价之间的换算

（1）佣金与含佣价概念及表示方法

佣金（Commission）是卖方或买方付给中间商、商业经纪人、代理商为其对货物的销售或购买提供中介服务的酬金。按照在报价中是否写明佣金，可以将外贸佣金分为明佣和暗佣。明佣是指在买卖合同、信用证或发票等相关单证上明确表示的佣金额。暗佣是指在合同中不标明佣金率和佣金字样，而由委托人（出口方或进口方）与中间商另行签订的"付佣协议"或"代理协议"所确定的佣金。

含佣价（Price including Commission）是指包含有佣金的价格。含佣价的表示方法通常有两种：

一是以文字说明来表示。例如："每公吨 200 美元 CIF 旧金山包括 2% 佣金"（USD 200 per M/T CIF San Francisco including 2% commission）。

二是在贸易术语后面加注佣金的英文缩写字母"C"和佣金率来表示。例如："每公吨 200 美元 CIFC2% 旧金山"（USD 200 per M/T CIFC2% San Francisco）。还可直接用单位商品所包含的佣金绝对数来表示，例如："每公吨支付佣金 15 欧元"。

（2）佣金的计算

在国际贸易中佣金一般有两种计算方法，一种是以发票总值为基数，另一种是以 FOB 价为基数。不论采用哪一种方法，都应在合同中订明，以免产生纠纷。在计算佣金时，我国的贸易习惯是根据含佣价来计算，通过含佣价再计算佣金。净价与含佣价之间的换算如下：

佣金 = 含佣价 × 佣金率

净价 = 含佣价 − 佣金

净价 = 含佣价 − 含佣价 × 佣金率

净价 = 含佣价 × （1 − 佣金率）

含佣价 = 净价 ÷ （1 − 佣金率）

例 4 − 2　我国某企业出口商品一批，价格是每公斤 100 美元 CIFC2% 汉堡，那么 CIF 净价和佣金各是多少？如果对方要求把佣金提高到 5%，那么含佣价是多少？

解：①佣金 = 100 × 2% = USD 2

②净价 = 100 × （1 − 2%）= USD 98

③含佣价 CIFC5% = CIF 净价 ÷ （1 − 佣金率）

= USD 98 ÷ （1 − 5%）

= USD 103.16

（3）佣金的支付

佣金一般是在收到货款后才支付给中间商。为防止误解，应由出口商与中间商在双方建立业务关系之初就加以明确；否则，有的中间商可能于交易达成后，就要求出口商支付佣金，而日后合同能否得到顺利履行，货款能否顺利收到，并无绝对保证。

4.4.3　折扣

（1）折扣的概念及表示方法

折扣（Discount，Rebate，Allowance）是指卖方给予买方一定的价格减让，即在原价基础上给予适当的优惠。折扣一般在合同的价格条款中明确规定（明扣），也有双方私下就折扣问题达成协议而不在合同中表示出来的（暗扣或回扣）。

折扣有两种规定方法：

一是以文字说明来表示。例如："每公吨 200 美元 CIF 休斯敦，如在开票后十日内付款，给予 3% 折扣"（USD 200 per metric ton CIF Houston, including 3% cash discount, on payments made within ten days of date of invoice. ）。

二是在贸易术语后面加注折扣的英文缩写字母"D"或者"R"和折扣率来表示。例如：每公吨 150 美元 CIFD3% 伦敦（USD150 per metric ton CIFD3% London）

（2）折扣的计算

折扣通常是以成交额或发票金额为基础计算出来的。有计算方法如下：

折扣额 = 原价（或含折扣价）× 折扣率

卖方实际净收入 = 原价（含折扣价）- 折扣额

折扣一般可在买方支付货款时预先扣除。如是暗扣，在合同中并不表示出来，而按双方私下达成的协议，由卖方另行支付给买方。

例如，合同条款"CIF 纽约，每公吨 200 美元，全年累计成交量超过 5000 公吨部分，折扣 2%"，则卖方累计成交量超过 5000 公吨的部分，实际净收入为每公吨 196 美元。

4.5　进出口商品成本与效益核算

在国际贸易实践中，成本和利润是影响商品价格的两个重要参数。

4.5.1　进出口商品价格中的成本因素

成本是企业能够为产品设定的价格底线。与国内贸易相比，国际贸易中的成本测算工作要复杂得多，因为涉及更多的成本项目，要经过更多的中间商环节，要进行更困难的估测。

（1）出口商品的成本因素

①退税前进价和出口退税（Cost）。对于出口生产企业来说，退税前进价就是为制造产品而发生的生产成本。按现行政策，我国生产企业出口自产货物，增值税实行免、抵、退税管理办法。"免"，是指生产企业出口自产货物免征生产销售环节的增值税。"抵"，是指以本企业本期出口产品所耗用的原材料、零部件等涉及应予退还的进项税额，抵顶内销产品应纳税额。"退"，是指生产企业出口的自产货物在当月内应抵顶的进项税额大于应纳税额时，对未抵顶完成的部分予以退税。因此，如果出口产品成本中包含有进项税额，应列为出口退税，用于计算出口产品的实际生产成本，即"实际生产成本 = 生产成本 - 出口退税"。

外贸企业等出口非自产商品的企业，在国内购进商品时，必须以价税合计金额来进行货款结算，因此，其采购成本就是退税前进价（Purchase Cost Including VAT），当对外报价时，在退税制度下，应将出口退税收入从采购成本中扣除，最终以实际采购成本（the Actual Purchase Cost）进行核算。

实际采购成本 = 退税前进价 - 退税收入

= 退税前进价 - 退税前进价 × 出口退税率 ÷ （1 + 增值税率）

我国的出口退税率在 5% ~ 17% 之间，具体可到国家税务总局的官方网站 http：//www. chinatax. gov. cn/或 http：//202. 108. 90. 178/guoshui/action/InitChukou. do 查询。

小资料：

调低部分商品出口退税率，控制出口过快增长

《财政部、国家税务总局关于调低部分商品出口退税率的通知》，规定自 2007 年 7 月 1 日起，调整部分商品的出口退税政策。这次政策调整共涉及 2831 项商品，约占海关税则中全部商品总数的 37%，主要包括三个方面：一是进一步取消了 553 项"高耗能、高污染、资源性"产品的出口退税，包括水泥、肥料等。二是降低了 2268 项容易引起贸易摩擦的商品的出口退税率，包括服装、玩具、纸制品、摩托车等。三是将 10 项商品的出口退税改为出口免税政策，包括花生果仁、油画、邮票等。

（资料来源：http：//news. xinhuanet. com/fortune/2007 - 06/19/content_6263464. htm）

②出口流通费用（Expenses/Charges）。出口流通费用是指企业为了出口某一商品，从与国外进口商进行交易磋商起，到商品出口、收取货款为止，所发生的经营费用、管理费用和财务费用。出口流通费用又可分为国内费用和国外费用两部分。国内费用主要有包装费、仓储费、国内运杂费、港杂费、认证费、商检费、报关费、利息、银行手续费、外汇保值费用、信用保险费、坏账准备金、其他经营管理费等；国外费用主要有出口运费、出口保险费、佣金等，如果由出口商负责在国外进行品牌推广，应加上广告费等促销宣传费用。

③税金（Duties and Taxes）。这里所谓的税金是指企业出口商品所要缴纳的关税。

（2）进口商品的成本因素

①国外进价。进口商品的"国外进价"是我国会计制度长期沿用的名称，规定以 CIF 价格为基础。若合同以 FOB 价格成交，商品离开对方口岸后应由买方负担的运杂费、保险费、佣金等费用记入商品的进价；商品到达进口国目的港后发生的费用记入经营费用。企业委托其他单位代理进口的商品，其采购成本为实际支付给代理单位的全部价款。

②进口商品流通费用。进口商品流通费用是指就某一商品的进口，从到达进口国口岸目的港起，一直到转售给国内用户或其他企业止，所发生的经营费用、管理费用和财务费用之和。如果以 CIF 条件为基础，流通费用具体包括以下项目：

◆ 港杂费：这类费用包括码头卸货费、起重机费、驳船费、码头建设费、码头仓储费等。

◆ 国内储运费。进口货物在出售前所发生的境内运输费，通常有卡车运输费、内河运输费、路桥费、过境费、装卸费和仓储保管费等。

◆ 商品检验费和其他公证费。

◆ 报关费。报关费是向海关申请出口或进口时发生的费用，如报关单打单录入费 30

元、报关行的报关服务费等。

◆ 利息。即从开证付款至收回货款之间所发生的利息支出。

◆ 银行费用与货款结算成本。包括金融机构收取有关货款结算的手续费，如开证费、结汇手续费、外汇保值费用等。

◆ 佣金或代理费。大宗商品往往委托专业外贸公司代理进口业务，有些商品到货后需要其他中间商代销，则需支付佣金或代理费。

◆ 促销宣传费用。如果商品要转卖，需要支付广告费、销售人员工资等费用。

◆ 其他费用，如企业管理费用等。

③进口税金和销售税金。进口税金反映企业进口商品应交纳的进口关税、进口商品消费税和进口商品增值税。

进口关税税额 = 关税完税价格（合同的 CIF 价）× 关税税率

$$组成计税价格 = \frac{(关税完税价格 + 关税)}{(1 - 消费税比例税率)} = 关税完税价格 + 关税 + 消费税$$

$$消费税（从价） = \frac{关税完税价格 + 关税}{(1 - 消费税率)} × 消费税率 = 组成计税价格 × 消费税率$$

消费税（从量） = 应税消费品数量 × 消费税单位税额

增值税 = （关税完税价 + 关税 + 消费税）× 增值税率 = 组成计税价格 × 增值税率

这里所谓的销售税金，目前在我国是指企业销售进口商品应负担的城市维护建设税和教育费附加。城市维护建设税和教育费附加，以纳税人实际缴纳的增值税、营业税、消费税为计税依据。城建税税率：纳税人所在地在市区的，税率为 7%；纳税人所在地在县城、镇的，税率为 5%；纳税人所在地不在市区、县城或镇的，税率为 1%。教育费附加税率：3%。

小案例：

表 4 - 2　丹麦进口一般工业品由出厂价格到零售价格的顺加定价

（从下到上为逆向倒推定价）

加价环节	加价额	价格
生产成本		72
工厂利润（出厂价 12% ~ 20%）	18	
出厂价		90
国内运杂费（出厂价 8% ~ 10%）	10	
FOB 价		100
运费、保险费加价（15%）	15	
CIF 价		115
进口关税加价（5% ~ 14%）	13	
到岸成本		128
进口商或批发商加价（10% ~ 50%）	45	
批发价		173

续表 4 - 2

加价环节	加价额	价格
零售商加价(40% ~120%)	104	
零售价(不含增值税)		277
增值税加价(25%)	69	
最终售价(价税合计)		346

资料来源：jesseliver（Jesse）. 丹麦进出口操作实务. http：//bbs. fobshanghai. com/thread - 102733 - 1 - 1. html，2005 - 12 - 23

小案例：

进口红酒三次加价，原价 20 元，在超市里卖 200 元

第一次加价是从国外运到国内经销商的仓库：对于一瓶出厂价为 2 欧元的红酒(葡萄酒)来说，它的人民币进货价格可折算为 20 元，在海上运输过程中应分摊 3 元的运费，再缴纳 48.2% 的消费税、增值税和关税，运到国内目的港后成本约为 38 元，加上运往仓库的短途运杂费 4 元，这批酒的成本价格已达到 42 元。

第二次加价是从经销商到商场和酒店，一般来说，一瓶红酒送往商场的价格将会在 150 元左右，而送往酒店则会在 180 元左右。

第三次加价就是从货架到消费者的手中了。红酒送到商场、超市后，将被再次加价 15% ~20% 左右，即 42 元的进口红酒，此时到了消费者手中，就变成近 200 元了。如果一旦进入西餐厅、酒店等场所，那价格往往还要高。

(资料来源：刘震. 半岛网 - 城市信报，2010 - 01 - 18)

4.5.2　进出口流通费用的核算方法

理论上，国际贸易中所发生的费用，均属于流通费用。商品流通费用按其经济性质可以分为生产性商品流通费用和纯粹商品流通费用两类。生产性流通费用与生产过程在流通领域的继续有关，如运输费、保管费、包装费等。纯粹商品流通费用是由商品价值形态的变化所引起的费用，如员工工资、广告费、办公费、簿记费、商品信息费等。

在报价或比价时，进出口货物涉及的各种流通费用、税金和出口退税大部分还没有发生，因此实际上是通过成本或费用的估算或预算来取得相关数据。其方法主要有两种：

第一种方法，按商品品种或大类分批量进行直接认定或比例分摊。具体做法是：将批量货物的各项流通费用、税金根据以往的经验和未来变化趋势逐项以直接认定和/或分摊方法进行估算，累加后再除以商品数量，即获得每单位商品的费用。

第二种方法，按定额费用率进行估算。流通费用在货价中所占比重相对较低，而且名目繁多、计算方法各异，逐项估算非常繁杂和困难。企业可根据自己或同类企业的经验和历年统计数据，按不同商品品种或大类确定一个费率(例如占采购成本的 5% ~15%)来估算费用。

众所周知，成本核算历来是一项重要而困难的工作。解决的办法，一是强化意识，二是使用好的方法和工具。对外磋商报价前，一般要求对每一笔交易，都利用成本预算表、成本测算表或商品价格核算单等工具(本章的技能实训部分有经典样例)进行核算。在核算过程中，要特别关注一些隐藏成本，如银行手续费、港口杂费等的核算。

4.5.3　进出口经济效益的核算

(1)进出口经济效益核算的基本要求

在国际贸易中,对于价格这个唯一能创造收益的营销组合因素,应以经济效益原则以及行业平均利润率为基础来把握其合理性,使之能够正确地反映劳动耗费及其相应的经营成果,防止出现不计成本、不计盈亏和单纯追求成交量的倾向。

在进出口商品交易磋商的多次反复讨价还价中,可使用基于单位商品的单价法,也可使用基于一个集装箱或整个订单的总价法进行报价或还价的盈亏额和盈亏率核算,以做出合理反映。

进出口经济效益与商品流通过程中的中间商及其价格加成或者盈余有关,往往以发票票面价值的一定百分比表现出来。在进出口商品流通过程中,经手的中间商越多,则加价环节就越多,加价幅度往往也越大,从而在出厂价到最终零售价之间,会存在一个较大的倍数或乘数(multiplier)。

对进出口经济效益的核算,既应进行报价前测算,也应重视每笔交易完成后的事后反馈分析(retrospective cost analysis)。

小知识:

表4-3　提高定价决策人思维敏锐度的成本效益反馈分析(模拟实例)　　单位:欧元

成本效益回溯计算项目	报价	实际完成	差额
采购成本	50000	50000	0
卡车运输费	1000	900	100
文件费	600	700	-100
海运费	2600	2850	-250
运输保险0.8%	400	420	-20
信用保险0.5%	250	320	-70
利息(融资成本)3.5%	1750	2230	-480
外汇保值费用0.6%	300	400	-100
总成本	56900	57820	-920
预计利润(采购成本的12%)	6000		
报价(欧元)	62900		
美元外汇远期汇率(报价时)	1.1		
报价(美元)	57182		
美元外汇远期汇率(合同履约时)	1.08		
实收货款(欧元)	61756		
汇兑损失	-1144		
应减去的总成本	57820		
实现利润	3936		
采购成本利润率	7.9%		

（2）出口效益核算指标

出口效益可通过出口销售净收入和出口总成本之间的比较来体现。

出口总成本是指出口企业为出口商品所支付的国内总成本。它由两个基本因素构成：一是实际生产成本或采购成本，二是出口离岸前的国内费用和税金。

与上述成本口径相一致的出口销售外汇净收入，是指出口商品按 FOB 净价出售所得的外汇净收入。出口销售人民币净收入，则是指出口销售外汇净收入按当时外汇牌价折成人民币的数额。

分析出口效益的指标主要有出口商品盈亏额和盈亏率、出口商品换汇成本和外汇增值率。

①出口商品盈亏额和盈亏率。出口商品盈亏额是指以本币计价的出口销售净收入与出口总成本的差额，前者大于后者为盈利；反之为亏损。出口商品盈亏率是指出口商品盈亏额与出口总成本的比率。计算公式如下：

出口商品盈亏额 = 出口销售净收入（本币） − 出口总成本（本币）

出口盈亏率 = （出口商品盈亏额 ÷ 出口总成本）×100%

例 4 − 3　出口碳刷 1442250 只，出口总价 USD 73000CIF 旧金山，其中运费 USD 1540，保险费 USD 443。进价 574980 元（含增值税 17%），费用定额率 6%，出口退税率 9%。当时人民币市场汇价银行美元买入价为 8.30 元。试求该批商品的盈亏率。

解：①出口总成本 = 出口商品购进价（含增值税） + 定额费用 − 退税收入

　　　　　 = 574980 × （1 + 6%） − 574980 × 9% / （1 + 17%）

　　　　　 = 565249.6 元

②出口外汇净收入（外折本） = （出口总价 − 运费 − 保险费）× 汇率

　　　　　　　　　 = （73000 − 1540 − 443）× 8.3

　　　　　　　　　 = 589441.1 元

③盈亏额 = 出口外汇人民币净收入 − 出口总成本

　　　　 = 589441.1 − 565249.6

　　　　 = 24191.5 元

④出口盈亏率 = $\dfrac{盈亏额}{出口总成本}$ ×100%

　　　　　　 = （24191.5/565249.6）×100%

　　　　　　 = 4.2798%

即该批出口商品的盈亏率为 4.2798%

②出口商品换汇成本。出口商品换汇成本是出口商品获得每一单位外币的成本，即出口净收入单位外币所耗费的人民币数额。换汇成本高于外汇牌价，则说明出口为亏损；反之，则说明出口有盈利。其计算公式如下：

出口换汇成本 = $\dfrac{出口商品总成本（本币）}{出口销售外汇净收入（FOB 价，外币）}$

例 4 – 4　某外贸公司出口某商品 1000 箱,该货每箱价税合计成本为人民币 100 元,国内费用为收购价的 15%,出口后每箱可退税 7 元人民币,外销价为每箱 19.00 美元 CFR 曼谷,每箱货应付海运运费 1.20 美元,试计算该商品的出口换汇成本。

解:出口总成本 $= 1000 \times 100(1 + 15\%) - 1000 \times 7 = 108000$ 元

出口销售外汇净收入 $=$(每箱外销价 – 海运运费)$\times$销售数量

$$= (19.00 - 1.20) \times 1000 = 17800 \text{ 美元}$$

出口换汇成本 $=$ 出口总成本(人民币)$\div$ 出口外汇净收入(美元)

$$= 108000(\text{人民币}) \div 17800(\text{美元}) = 6.067(\text{人民币})/\text{美元}$$

核算出口商品换汇成本的意义,主要表现在:一是比较不同种类出口商品的换汇成本,以便调整出口商品的结构,即多出口换汇成本低的商品;二是对同类商品比较出口到不同国家或地区的换汇成本,作为选择目标市场的一个依据;三是对同类商品比较不同时期的换汇成本,以便对不同时期的出口促进措施进行分析。

③外汇增值率。外汇增值率又称出口创汇率,它直接反映以外汇购进原料(包括辅助原料),经加工成成品或半成品后出口的创汇效果。它与一般商品出口换汇的区别在于:必须先支出外汇,才能创出外汇,反映新创收的外汇和为创汇而支出的外汇之间的比率,从而确定加工贸易业务是否有利。原料的进口部分,按该原料的 CIF 价计算;原料中的少量国产配套部分,可按相应原料的 FOB 出口价计算其外汇成本。外汇增值率的计算公式为:

$$\text{外汇增值率} = \frac{\text{外汇增值额}}{\text{进口原料外汇支出}} \times 100\%$$

$$= \frac{\text{成品出口外汇净收入} - \text{进口原料外汇支出}}{\text{进口原料外汇支出}} \times 100\%$$

若计算结果为正,则表示外汇增值;若为负,说明"倒贴外汇"。

例 4 – 5　设我国某公司以每公吨 252.00 美元 CIF 中国口岸进口盘条 1000 公吨,加工成螺丝 100 万罗(Gross)出口,每罗 0.32 美元 CFR 卡拉奇。纸箱装,每箱 250 罗,每箱 0.03 立方米,毛重 30 公斤,海运运费 W/M 10 级每运费吨 80 美元,试计算外汇增值率。

解:进口原料外汇支出 $=$ CIF 价 $\times$ 箱数 $= 252 \times 1000 = 252000$ 美元

因为:积载系数 $=$ 计量体积 $\div$ 毛重 $= 0.03$ 立方米 $\div 0.03 = 1$

故,运费 $= 1000000 \times 0.03 \times 80 \div 250 = 9600$ 美元

成品出口外汇净收入 $=$ FOB $=$ CFR – 运费

$$= 0.32 \times 1000000 - \text{运费} = 310400 \text{ 美元}$$

外汇增值额 $=$ 成品出口外汇净收入 – 进口原料外汇支出(CIF 价)

$$= 310400 - 252000 = 58400 \text{ 美元}$$

外汇增值率 $= \dfrac{\text{外汇增值额}}{\text{进口原料外汇支出(CIF 价)}} \times 100\%$

$$= \frac{58400}{252000} \times 100\% = 23.1746\%$$

即外汇增值率为 23.1746%,说明进口 1 美元的原料加工后,其成品价值相当于 1.231746 美元,增值 23.1746%

（3）进口效益核算指标

进口效益可通过进口商品国内销售收入和进口成本（CIF 价格）之间的比较来体现。如果进口商品的销售收入大于进口成本，意味着进口业务有盈利；如果进口商品的销售收入小于进口成本，则意味着进口业务有亏损。核算的指标主要有以下两种：

①进口商品盈亏率。进口商品盈亏率指标用来反映经营进口商品的盈亏程度，计算公式是：

$$进口商品盈亏率 = \frac{国内销售收入（本币） - 进口成本（本币）}{进口成本（本币）} \times 100\%$$

②进口每单位外汇赔赚额。该指标用来反映企业每进口一个单位外汇商品的获利能力，计算公式是

$$进口每单位外汇赔赚额 = \frac{国内销售收入（本币） - 进口成本（本币）}{商品进口价格（外币）}$$

4.6　国际货物买卖合同中的价格条款

4.6.1　价格条款的主要内容与格式

国际货物买卖合同中的价格条款一般包括单价（Unit Price）和总值（Total Amount）两个部分。确定单价的作价办法或报价形式，以及与单价有关的佣金与折扣的运用，也属价格条款的内容。

国际贸易中商品的单价通常由四个部分组成，包括计量单位（如公吨）、单位价格金额（如 200）、计价货币（如美元）和贸易术语（如 CIF 伦敦）。单价各个部分必须表达明确、具体，并且应注意四个部分在中、外文书写上的先后顺序，不能任意颠倒。常见的价格条款格式，如以下几个实例所示：

（1）JPY 2130/MT FOB Dalian Including 5% Commission. The commission shall be payable only after seller has received the full amount of all payment due to seller.（每公吨 2130 日元，含 5% 佣金，FOB 大连。佣金支付以卖方收到全部货款为条件。）

（2）Seller reserves the right to adjust the contracted price, if prior to delivery, there is more than 5% increase in the cost of labor or raw material。（如果在交货前劳动力、原材料成本提高 5% 以上，卖方有权调整合同价格。）

（3）Exchange risks, if any, for buyer's account.（如有任何汇率风险，则由买方承担。）

（4）CHF 10 per pair FOB Shanghai Less 1% cash discount, only within ten days of date of invoice.（每双 10 瑞士法郎 FOB 上海，如在开发票之日起十日内现金交付，我们将提供 1% 的折扣优惠。

（5）GBP 100 per case CFR Liverpool with 15% discount for cash on total invoice amount.（每箱 100 英镑 CFR 利物浦。如付现款，可按发票总金额打 15% 折扣。）

（6）USD 50 PER MT CFR TO MAIN PORT OF CHINA, TOTAL AMOUNT CFR TO MAIN PORT OF CHINA OF THIS CONTRACT IS USD 50.00 × 20,000 = USD1,000,000（ONE MILLION UNITED STATES DOLLARS）"［每公吨 50 美元，CFR 中国主要港口，总值为 1000000 美元（壹百万美元）］。

4.6.2　国际贸易价格条款磋商时应注意的事项

（1）指导具体定价行为的价格定位战略要与企业的国际化经营战略相结合

企业国际化阶段理论认为，企业的国际化过程，实质上就是企业对外国市场逐渐提高国际卷入度和投入的连续过程，通常经历"不规则的出口活动（直接出口）——通过代理商出口（间接出口）——建立海外销售子公司——建立海外生产和制造分支（直接投资）"四个阶段；而且，企业国际化过程中，首先进入的是心理距离较近的目标市场国或地区；随着企业在外经营的信心和经验的积累，才投入更多的资源进入心理距离较远的目标市场国或地区。由此可见，企业在不同时期应有不同的国际化战略，国际市场价格定位战略要与国际化战略相适应，国际贸易定价行为应有针对各目标市场国或地区的价格定位战略加以约束与指导。

（2）把握好每一笔交易的定价

具体报价前都要有充分的准备。要做好成本、市场和客户的调研；要充分了解各种价格术语的真正内涵并认真选择；做好价格与合同其他要件的协调、配合；熟悉国际贸易的习惯做法，遵守目标国的价格法规；注意一些技术细节，防止差错：机动数量部分的价格，特殊包装费用的负担，计量单位，计价货币，装卸地名称，必须书写正确、清楚。

（3）以关系营销意识来把握针对每一个客户的差别价格策略

营销客户开发困难，难得会面，交货和收钱的周期长，路途遥远，量大金额高，中间环节多，交易成本高，风险大。因此，最好从建立长期客户关系的角度来综合考虑包括差别化价格策略在内的各项营销策略。

（4）根据市场竞争环境的动态变化，适时调整产品的基本价格水平

在由市场需求和成本所决定的价格上限和下限之间，企业能把一种产品的价格定在什么水平上，取决于竞争者提供的同种产品的价格水平。与国内市场相比，企业在国际市场上需要更大的花费才能深入研究竞争形势和竞争对手。

面临强有力的价格竞争，生产能力又过剩时，即使引发价格战，企业也将不得不发起降价行动。而产品成本提高，或者产品供不应求时，即使遭到消费者、经销商和企业销售人员的反对，企业也需要对产品提价，如能成功涨价，往往会使利润可观地增长。权威机构研究表明，防止和避免价格战在任何一家公司的战略清单中都应该排在最优先的位置，应积极寻觅远离价格战的对策。

篇末点述

本章介绍了如何正确掌握进出口商品的价格，合理采用各种作价方法，选用有利的计价货币，适当运用有关的佣金和折扣，订好合同中的价格条款。价格条款中的单价是本章重点。国际贸易的单价通常由四个部分组成，包括计量单位、单位价格金额、计价货币和贸易术语。其中掌握进出口价格的核算有利于保障进出口的盈利。

案例分析

汉帛争夺定价话语权之路

总部设于中国香港的汉帛（国际）集团是一家以服装为主导产业的跨国公司，现有全球雇员

近万人，资产总值 15 亿元，年出口交货值和利税总额均居全国同行业前列。汉帛集团投资设立在浙江杭州市的汉帛(中国)有限公司，是一家为全球数十家高级女装品牌长期提供 OEM 服务的企业，年出口能力达到 1500 万件(套)，拥有全套国际一流的生产设备和检测设备。

但是，以汉帛为代表的中国纺织业，近年来正面临着巨大的定价困境。一方面，纺织企业的劳动力、原材料、能源，甚至商务成本等都在不断提高；另一方面，纺织产品的出口价格却在持续下滑。在成本走高和价格下滑的双重挤压下，纺织业的利润越来越薄。

汉帛也许为我们提供了一个样本。2003 年，汉帛中国公司的利润率为 20.68%，但如果扣除 17% 的出口退税，利润率就变成了 3.68%。可见，即使是汉帛这样极有竞争力的纺织企业，一样面临着低利润率的困境。如果没有退税作支撑，汉帛出口的服装，平均每件仅赚 3.13 元。

据介绍，汉帛公司制作一件衬衣，要通过进料、印染、缝工、扣缝粘、包装运输几道工序。"从哈尔滨或南方进麻布，中档麻布每米 25 元，1 件衬衣通常要 1.3 米，约耗 26 元；根据客户要求进行印染，每米成本 4.7 元，1 件的成本是 6 元左右；缝工费大概每件 5 元；包装和运输费差不多每件 1 元。"这样一算，单件衬衣直接生产成本是 38 元(又比上年同期涨了 10% 以上)，再加上间接的 30%"管理费用"，汉帛卖给客户 50 多元/件，合 6.5 美元至 7 美元。而这占 30% 的"管理费用"并非汉帛的利润，汉帛还要扣除税金、信用证费用和企业管理维持费用，包括管理人员工资、日常机器维护费、固定资产投资贷款产生的利息支出、差旅费等。

与成本不断提高相伴生的，却是中国服装出口价跌量增的态势：据中国纺织工业协会、中国海关等有关部门统计，1997 年我国每件出口服装平均售价是 2.95 美元，到 2003 年，平均每件才 2.3 美元。业内人士说，"早几年境外客户的订单只有一张纸，现在变成了厚厚的一本书。工艺复杂了，成本提高了，但竞争者也越来越多了，在买方市场下，价格涨不上去"。

而掌握定价权的服装品牌拥有者和流通领域的暴利令中外服装制造企业困惑和不平。1999 年，在意大利佛罗伦萨，我国著名的恒源祥集团总裁刘瑞旗就了解到，制造业千辛万苦做成的西服，每套只能卖 100 美元，但在流通环节没有经过任何物质处理，转手就要卖到 300 至 400 美元。制造商将数倍的利润拱手相送，这种事在中国服装加工业更是司空见惯，而且，同样质地的服装，中国品牌的价格仅相当于国际知名品牌的 1/3 至 1/20。就汉帛而言，产品出口平均价 85 元人民币，但到欧洲后的售价却是 85 欧元。这样高额的利润，80% 以上都被流通环节或者品牌拥有者赚走(以品牌运营费名义，约占据 30%)。

因此，创造属于自己的知名品牌，为获得定价权而战，或者说为了更多的利润而战，成为近年来国内很多知名服装企业的热门话题。2006 年德国足球世界杯期间，央视广告投放前五位的行业分别为国际客户、通信运营、服装、汽车和家电。300 万元建渠道，500 万元做产品开发，1000 万元做广告，这似乎成了中国大中型服装企业的标准运作模式。但自创品牌风险也大，据悉，我国服装业有 90 多万个以上服装品牌，但几乎无一家能被列入国际知名品牌行列。汉帛人设想，汉帛的品牌之路将按两个十年来走。前十年，致力于"建设一个强大的品牌营销网络，培养一批具有高素质和高能力的经营管理人才"；第二个十年，"做真正的中国服装的国际大品牌"。汉帛将逐步进入服装产业链上下游，打造从原料种植、原料加工、纺织、面料印染、服装生产、品牌代理、物流配送、零售的完整价值链，并且拥有网络和人才两大优势。

(资料来源：刘华，吴琼. 汉帛的国际品牌之梦. 世纪经济报道，2005 - 10 - 30)

分析：多年来，中国外贸发展模式更多注重数量扩张，出口产品的质量、档次、附加值，参与国际规则制定的话语权及重要商品贸易的议价权等方面与贸易强国还有很大差距。随着经济全球化趋势加剧，国与国、企业与企业之间的竞争更加激烈，核心技术已成为获胜的重要筹码。历史经验证明，没有强大的创造力，就缺乏强大的市场竞争力。转变经济发展方式，真正实现从"中国制造"到"中国创造"、从"世界工厂"到"创新大国"的转变，从高投入、高消耗、高污染向低消耗、低排放和低污染转变，从单纯追求"数量＋速度"向追求"质量＋效益"转变，无异于一场长期且艰巨的革命，对企业而言，不仅需要在技术上创新，还需要在管理和营销上创新。

创造自己的知名品牌，将有利于增加产品的附加值，提高利润空间。品牌培植期将是漫长的，但种瓜得瓜、种豆得豆，汉帛们的品牌战略终将有收获的季节。

思考题

1. 在进出口贸易中如何进行成本核算？
2. 如何进行进出口效益的测算？
3. 进出口合同中的价格条款包括哪些内容？
4. 如何规定合同中的佣金和折扣？

技能实训

1. 如何制定出口商品报价单中的价格部分？
2. 大连某出口公司出口某产品对外报价，每公吨 1200 美元 FOB 大连，外商要求我方将价格改为 CIF 香港。问：该出口公司能否接受，为什么？
3. 下面为几则我方出口合同价格条款的单价，若有错误请改正，并说明理由。
(1) CIF3.00 per case C2 London
(2) USD 1200/MT CFR Dalian C2
(3) CIFC Hamburg EUR 33
(4) CIF USD 25/YD Dalian
(5) 500 per doz DES
4. 如何核算出口商品成本？试以一笔牙膏出口贸易为例，完成下列出口成本预算表。

出口成本预算表

编号：＿＿＿＿＿＿

日期：＿＿＿＿＿＿

商品名称及规格：＿＿＿＿＿＿＿＿＿＿＿＿

供货单位：＿＿＿＿＿＿　　　　　　　　出口国家/地区：＿＿＿＿＿＿

买　　方：＿＿＿＿＿＿　　　　　　　　出口报价：＿＿＿＿＿＿

成交数量：＿＿＿＿＿＿当日汇率：＿＿＿＿＿＿

装卸口岸/地点：从＿＿＿＿至＿＿＿＿经由＿＿＿＿＿＿

类别	具体项目	
成本	退税前进价 增值税率：_____% 消费税率：_____% 扣除：出口退税： 退税率：_____%	
	A. 实际采购成本（本币/外币）：_____	
	采购入库物流费用：_____ 运保费：_____ 仓储费：_____ 其　他：_____ 出口前物流费用：_____ 运　杂　费：_____ 包　装　费：_____ 商品损耗费：_____ 仓　储　费：_____	采购入库物流费用：指制造商或供货商至外贸公司指定仓库或地点之间的内陆运输、保险等费用
		出口前物流费用：特指外贸公司在出口商品采购入库之后至出口启运前一段时间所发生的物流费用
	认证费：_____ 商检报关费：_____ 税金：_____ 业务招待费：_____ 其他经营管理费：_____ 贷款利息：_____ 银行费用：_____ 其他：_____ 或：国内定额费用率：_____%	其他经营管理费：指应分摊未单列的经营费用和管理费用，包括邮电费、广告费、展览费、差旅费、样品宣传费、水电费、佣金、人员工资及福利费等。国内定额费用率：指应分摊的经营费用、管理费用和财务费用占出口商品进价的百分比，一般为 5% ~ 15%，属需要不断修正的经验估计值，明细项目无法计算和单列时代替使用
费用	B. 国内流通费用合计（本币/外币）：_____	
	出口国内总成本 C（FOB 成本，本币/外币，C = A + B）：_____	
	出口运费 F（外币/本币）：_____ 包装：_____ 毛重：_____ 尺码：_____ 计算标准和费率：_____	
	C&F 成本（外币/本币）：（C + F）	
	出口保费 I（外币/本币）：_____ 投保险别及相应保费率：_____ 总保费率：_____ 加 _____成投保金额：_____	
	CIF 成本（外币/本币，C + F + I）：	
	佣金 C（外币/本币）：_____ 佣金率：_____% 计佣基数：_____	
	CIFC 成本（外币/本币，= C + F + I + 佣金 C）：_____	
	其他按报价一定比例应计入的费用：_____ 如：银行手续费率 _____	

续表

类别	具体项目
报价	预期盈利或亏损额：_____ 预期盈亏率：_____% 对外报价（即期）：_____ 即期收汇天数：_____天 对外报价（远期）：_____ 银行放款利率：_____% 远期收汇天数：_____天
	换汇成本：_____

第 5 章　国际货物运输

开篇导读　在国际贸易中，进出口商品的交付是通过各种运输方式完成的。国际贸易运输方式的种类很多，各种运输方式都有其自身的特点和独特的经营方式，了解各种国际贸易运输方式的特点和经营方式，对于合理选择和正确利用各种运输方式具有重要的意义。

本章关键术语

Ocean Transport 海洋运输

Liner Transport 班轮运输

Ocean Bill of Lading 海运提单

Clean B/L 清洁提单

5.1　国际货物运输方式

在国际货物运输中，涉及的运输方式很多，其中包括海洋运输、铁路运输、航空运输、公路运输、集装箱运输等多种运输方式以及由各种运输方式组合的国际多式联运等。

5.1.1　海洋运输

海洋运输是国际物流中最主要的运输方式。它是指使用船舶通过海上航道在不同国家和地区的港口之间运送货物的一种方式，在国际货物运输中使用最广泛。

（1）海洋运输的优缺点

①海洋运输的优点。海洋运输之所以被如此广泛采用，是因为它与其他国际货物运输方式相比，主要有下列明显的优点：

A. 通过能力大。海洋运输借助天然航道进行，不受道路、轨道的限制，通过能力很大，对货物的适应性强。远洋运输的船舶可适应多种运输的需要。现在许多船舶是专门根据货物需要设计的。

B. 运量大。海洋运输船舶的运载能力远远大于铁路运输车辆和公路运输车辆。

C. 运费低。海上运输航道为天然形成，港口设施一般为政府所建，经营海运业务的公司可以大量节省用于基础设施的投资。因为运量大、航程远，分摊于每吨货物的运输成本就少，因此运价相对低廉。

②海洋运输的缺点主要有：

A. 风险大。易受自然条件和气候等因素影响，航期不易准确，风险较大。

B. 速度慢。普通商船的航运速度相对较慢，因而，对不能经受长途长时间运输的货物和易受气候条件影响以及急需的货物，一般不宜采用海运。

（2）海洋运输船舶的经营方式

按照海洋运输船舶经营方式的不同，可分为班轮运输和租船运输。

①班轮运输。班轮运输(Liner Shipping)是在不定期船运输的基础上逐渐发展起来的，它是当今国际海洋运输中不可缺少的主要运输方式之一。班轮运输是指按照预定的航行时间表，沿着固定的航线，按照既定的港口顺序，收取相对固定的运费，经常从事航线上各港口之间运输的船舶运输方式。

班轮运输的特点：

A."四固定"，即固定的船期表，固定的航线，固定的港口顺序，固定的运费。

B."一负责"，由船方负责配载装卸，装卸费包括在运费中，货方不再另付装卸费，船货双方也不计算滞期费和速遣费。

C.船、货双方的权利、义务与责任豁免，以船方签发的提单条款为依据。

D.班轮承运货物的品种、数量比较灵活，货运质量较有保证，且一般采取在码头仓库交接货物，故为货主提供了更便利的条件。

②租船运输。租船运输指租船人向船东租赁船舶用于运输货物的业务，租船方式主要有定程租船、定期租船和光船租船。

与班轮运输相比，租船运输有以下特点：

A.没有预定的船期表，行驶航线和停靠港口也不固定；

B.航线、货物种类、船期和船方收取的运费或租金须在合同中加以约束；

C.租船合同只具有运输合同的作用，而提单可以作为承运人收到托运货物的收据和货物所有权凭证。

(3)班轮运费的计算

班轮运费是指货物从装运港运到船内，然后运抵卸货港卸到码头上的全部费用。班轮运费包括基本运费和附加费两部分。基本运费是指按货物在预定航线上各基本港口之间进行运输所规定的运价来计算的运费，它是构成全程运费的主要部分；附加费是指对一些需要特殊处理的货物，或者由于突然事件的发生或客观情况变化等原因而需另外加收的费用。

①班轮运价表。班轮运费通常是按照班轮运价表的规定计收的。附加费的计算办法有的是在基本运费的基础上，加收一定百分比；有的是按每运费吨加收一个绝对数计算。

班轮运价表指的是按班轮运输条件所制定的不同航线、不同货种或货物等级的运费率计算各种费用的规定和划分费用的条款文本。

从班轮运价表的制定方来划分，运价表有班轮公会运价表、班轮公司运价表、货方运价表三种。

第一种：班轮公会运价表，是指参加班轮公会的班轮公司所使用的运价表，这类运价表中规定的运价一般较高；

第二种：班轮公司运价表，是指由班轮公司自己制定的运价表；

第三种：货方运价表，是指由货方制定、船方接受使用的运价表，制定这种运价的货主一般都是常年有稳定货源的较大的货主。

从班轮运价表的费率结构来划分，运价表可分为等级费率运价表和单项费率运价表。

第一种：等级费率运价表，由货物等级表、航线费率表、附加费率表和冷藏货费率表及活牲畜费率表组成，先按航线将货物分为若干等级，每一个等级代表一个费率并有相应的计算标准，然后再参照航线等级表，就可查出基本费率。大多数运价表都将货物划分为

20 级，同样航程下 1 级商品的运价最低，商品级数越高，运价越高。

第二种：单项费率运价表，是指将每项商品及其基本费率都逐个列出，每个商品都有各自的费率。这种运价表计费较合理，也便于查找。

②基本运费的计收标准。基本运费的计收标准，根据不同商品，通常采用下列几种：

◆ 按货物实际重量计收运费，故称重量吨，运价表内用"W"表示。

◆ 按货物的体积/容积计收，故称尺码吨，运价表中用"M"表示。

重量吨和尺码吨统称为运费吨，又称计费吨，在运价表中，运费吨一般表示为 FT（freight ton）。现在国际上一般都采用公制单位。在运费计算中，重量单位用"吨"，体积单位用"立方米"。以 1 公吨或 1 立方米为一计费吨。

◆ 按重量或体积计收，由船公司选择其中收费较高的作为计费吨，运价表中以"W/M"表示。

小思考：

(1) 100 个纸箱包装的纸制品，重 5 吨，体积为 8 立方米，运费吨为多少？

(2) 100 箱的铁钉，重 8000 公斤，体积 2.6 立方米，运费吨为多少？

◆ 按商品价格计收，即称为从价运费，运价表内用"A. V"或"Ad. Val"表示。从价运费一般按货物的 FOB 价格的百分之几收取。

另外，在班轮运价表中还有下列标志"W/M or Ad. Val."及"W/M plus A. V"。前者表示运费按照货物重量、体积或价值三者较高的一种计收；后者表示先按货物重量或体积计收，然后另加一定百分比的从价运费。

◆ 按货物的件数计收，一般只对包装固定、包装内的数量、重量、体积也是固定不变的货物，才按每箱、每捆或每件等特定的运费额计收。

◆ 按议价运费计收，即运费由货主和船公司临时议定，这种方法通常是在承运粮食、豆类、矿石、煤炭等运量大、货价较低、装卸容易、装卸速度快的农副产品和矿产品时采用。在运价表中，以"Open"表示。

◆ 起码运费，也称起码提单，指以一份提单为单位最少收取的运费。不同的承运人使用不同的起码运费标准，件杂货和拼箱货一般以 1 运费吨为起码运费标准，最高不超过 5 运费吨；有的以提单为单位收取起码运费，按提单为标准收取起码运费后不再加收其他附加费。

③附加费。附加费种类较多，通常有下列几种：

◆ 燃油附加费（bunker adjustment factor, or bunker surcharge）。这是由于燃油价格上涨，使船舶的燃油费用支出超过原核定的运输成本中的燃油费用，承运人在不调整原定运价的前提下，为补偿燃油费用的增加而增收的附加费。

◆ 货币贬值附加费（currency adjustment factor）。由于国际金融市场汇率发生变动，计收运费的货币贬值，使承运人的实际收入减少，为了弥补货币兑换过程中的汇兑损失而加收的附加费。

◆ 港口附加费（port additional）。由于某些港口的情况比较复杂，装卸效率较低或港口收费较高等原因，船公司特此加收一定的费用，称为港口附加费。

◆ 港口拥挤附加费(port congestion surcharge)。由于港口拥挤,船舶抵港后需要长时间等泊而产生额外的费用,为了补偿船期延误损失而增收的附加费称为港口拥挤附加费。

◆ 转船附加费(transshipment additional)。如果货物需要转船运输的话,船公司必须在转船港口办理换装和转船手续,由于上述作业所增加的费用,称为转船附加费。

◆ 超长附加费(long length additional)。由于单件货物的外部尺寸超过规定的标准,运输时需要特别操作,从而产生额外费用,承运人为补偿这一费用所计收的附加费称为超长附加费。一般长度超过9米的件杂货就可能要有这一附加费。超长货物需要转船时,每转船一次,加收一次。

◆ 超重附加费(heavy lift additional)。是指每件商品的毛重超过规定的重量时所增收的附加运费。这种商品称为超重货。由于单件货物的重量超过规定标准时,通常承运人规定货物重量超过5吨时就要增收超重附加费。需转船,每转船一次,加收一次。

如果单件货物既超长又超重,则两者应分别计算附加费,然后按其中收费高的一项收取附加费。

◆ 直航附加费(direct additional)。如一批货达到规定的数量,托运人要求将一批货物直接抵达非基本港口卸货,船公司为此加收的费用,称为直航附加费。

◆ 选卸附加费(optional surcharge)。对于选卸货物需要在积载方面给予特殊的安排,这就会增加一定的手续和费用,有时甚至会发生翻舱,由于上述原因而追加的费用,称为选卸附加费。

除上述各种附加费外,船运公司有时还根据各种不同情况临时决定增收某种费用,例如洗舱附加费、旺季附加费、绕航附加费等。

④班轮运费的计算。班轮运费的计算公式为:

$$总运费 = 基本运费 + 附加费$$
$$基本运费 = 基本运价(费率) \times 计费吨(重量吨或容积吨)$$

附加运费是各项附加费的总和。各项附加费均按基本运费的一定百分比计算时,计算公式为:

$$总运费 = 基本运费率(1 + 附加费率) \times 货运量$$

运费计算的基本步骤是:

第一步:根据装货单留底联,或托运单查明所运货物的装货港和目的港所属的航线。注意的项目有:目的港或卸货港是否是航线的基本港,是否需要转船,是否要求直达,如果有选卸港,则标明选卸港的个数和港名。

第二步:了解货物名称、特性、包装状态,是否为超重或超长货件、冷藏货物。

第三步:从货物分级表中查出货物所属等级,确定应采用的计算标准。如属未列名货物,则参照性质相近货物的等级及计算标准计算,并做出记录,以便日后进一步验证是否需要更正所属等级。

第四步:查找所属航线等级费率表,找出该等级货物的基本费率。

第五步:查出各项应收附加费的计费办法及费率。

第六步:列式进行具体计算。

例 5 - 1　上海运往肯尼亚蒙巴萨港口"门锁"一批计 100 箱，每箱体积为 20cm×30cm×40cm，每箱毛重为 25 公斤。当时燃油附加费为 30%，蒙巴萨港口拥挤附加费为 10%。门锁属于小五金类，计收标准是 W/M，等级为 10 级，基本运费为每运费吨 443.00 港元，应付多少运费？

解答：（1）先分清该批货物是按重量（W）收费还是按体积（M）收费。本题应按重量（W）收费。

（2）公式：运费 = 基本运费率（1 + 附加费率）×计费重量

（3）算出该批商品的总重量为：

25 公斤×100 = 2500 公斤

2500 公斤÷1000 公斤/吨 = 2.5 吨

（4）443×（1 + 30% + 10%）×2.5 = 1550.50（港元）

答：应付总运费 1550.50 港元。

例 5 - 2　我某公司以 CFR 价向加拿大温哥华出口一批水果汁罐头，毛重为 8 公吨，尺码为 10 立方米。求该批货物的总运价。

解答：（1）正确地译出商品名称"Fruit Juice"。

（2）从运价本中的货物分级表查出水果汁为 8 级货，计算标准为 M。

（3）再查中国—加拿大航线的等级费率表。从该表中可以查出 8 级货的基本费率为每运费吨 219.00 港元。

（4）查附加费率表，查知燃油附加费 20%，港口拥挤附加费为 10%。

（5）总运费 = 219.00×（1 + 20% + 10%）×10 = 2847（港元）

例 5 - 3　某企业出口柴油机一批，共 15 箱，总毛重为 5.65 公吨，总体积为 10.676 立方米。由青岛装船，经香港转船至苏丹港，试计算该企业应付船公司的运费。

解答：（1）查阅货物分级表：Diesel Engine：10 级 W/M。

（2）查阅中国—香港航线费率表：10 级货从青岛运至香港费率为 22 美元，中转费 13 美元。

（3）查阅香港—红海航线费率表：10 级货从香港到苏丹港费率为 95 美元。

（4）查阅附加费率表：苏丹港要收港口拥挤附加费，费率为基本运费的 10%。

$$10.676×（22 + 13 + 95 + 95×10\%）= 10.676×139.5$$
$$= 1489.302（美元）$$

使用班轮运输应注意的问题：

◆　由于班轮运输计收标准不一，如果属于按照体积计算运费的货物，特别是一些轻泡货，应改进包装，压缩体积，节省运费。

◆　对外报价时，应慎重考虑运费因素，仔细核算运费，特别是对可能加收的各种附加费必须计算在内。

◆　我国出口货物由我方订舱托运时，应争取在基本港口卸货，节省直航和转船附加费。

◆ 要熟悉各类班轮运价表，选择填写收费比较低的适当货物名称，要做到合理套级，尽量避免按"未列明货物"计算运费

◆ 托运样品，一般不要超过一定的重量和体积。对无商业价值的样品，凡体积不超过0.2 立方米，重量不超过 50 公斤时，可要求船方免费运送。

根据一般费率表规定：

◆ 不同的商品如混装在一个包装内（集装箱除外），则全部货物按其中收费高的商品计收运费。

◆ 同一种货物因包装不同而计费标准不同，但托运时如未申明具体包装形式时，全部货物均要按运价高的包装计收运费。

◆ 同一提单内有两种以上不同计价标准的货物，托运时如未分列货名和数量时，计价标准和运价全部要按高者计算。

（4）租船运输分类

租船运输方式主要有：定程租船、定期租船和光船租船。

①定程租船又称程租船或航次租船，是指船舶按航程租赁，和出租人的事先约定的条件，船舶按时到装运港装货后，再驶抵卸货港卸货，以完成整个航程运输任务。它又分为：

◆ 单航次租船（single trip charter）

◆ 来回程航次租船（return trip charter）

◆ 连续航次程租（consecutive voyages）

②定期租船又称期租船，是指船舶所有人按照租船合同约定，将特定的船舶，在约定的期限内，交给承租人使用的一种租船方式，它与定程租船的区别为：

第一是租赁形式不同。程租船是按航程租用船舶，而期租船则是按期限租用船舶。关于船租双方的责任和义务，前者以定程租船合同为准，后者以定期租船合同为准。

第二是计费标准不同。程租船的租金或运费，一般按装运货物的数量计算，也有按航次包租总金额计算的。而期租船的租金一般是按租期每月每吨若干金额计算。同时，采用程租船时要规定装卸期限和装卸率，凭以计算滞期费和速遣费；而采用期租船时，则船、租双方不规定装卸率和滞期速遣费。

第三是使用的权限不同，负担和责任不同。程租船的船方直接负责船舶的经营管理，他除负责船舶航行、驾驶和管理外，还应对货物运输负责。但期租船的船方，仅对船舶的维护、修理、机器正常运转和船员工资与给养负责，而船舶的调度、货物运输、船舶在租期内的营运管理的日常开支，如船用燃料、港口费、税捐以及货物装卸、搬运、理舱、平舱等费用，均由租船方负责。

③光船租船又称"净船期租船"，是船舶所有人将船舶出租给承租人使用一个时期，但船舶所有人提供的是空船，承租人要自己任命船长，配备船员，负责船舶的给养和船舶营运管理所需的一切费用。光船租船实际上属于财产租赁，不同于一般的期租船。

程租船对装卸费的规定，见表 5－1。

我国大宗货物的进出口通常采用租船运输方式。在采用这种方式时，除了要对运输进出口商品的运费占成本中的比例做出正确的估价和判断外，还必须对国际航运市场的运费行市的发展趋势做出预测，以便正确选择适当的贸易用语。

表 5 - 1　程租船装卸费规定表

条款	装卸费承担
F. I. O(Free In and Out)	船方不负担装卸费
F. I. O. S. T(Free In and Out, Stowed and Trimmed)	船方不负担装卸费、理舱以及平舱费
Liner Terms	船方负担装卸费
F. O(Free Out)	船方只负担装货费,不负担卸货费
F. I(Free In)	船方只负担卸货费,不负担装货费

5.1.2　铁路运输

铁路运输是一种仅次于海洋运输的主要运输方式,海洋运输的进出口货物也大多是靠铁路运输进行货物的集中和分散的。

铁路运输具有以下优点:①一般不受气候条件的影响,可保障全年的正常运输。②运量较大,速度较快。③有高度的连续性,运转过程中可能遭受的风险也较小。④办理铁路货运手续比海洋运输简单,而且发货人和收货人可以在就近的始发站(装运站)和目的站办理托运和提货手续。

铁路运输的缺点是:①投资太高。②建设周期长。

铁路运输可分为国际铁路货物联运和国内铁路货物运输两种。

国际铁路货物联运,凡是使用一份统一的国际联运票据,由铁路负责经过两国或两国以上铁路的全程运送,并由一国铁路向另一国铁路移交货物时,不需发货人和收货人参加,这种运输称为国际铁路货物联运。

采用国际铁路货物联运,有关当事国事先必须要有书面约定。目前,我国对朝鲜、独联体国家的大部分进出口货物以及东欧一些国家的小部分进出口货物都是采用国际铁路联运的方式运送的。1992 年,东起我国连云港、途经陇海、兰新、北疆铁路进入独联体直达荷兰鹿特丹的第二条亚欧大陆桥运输的正式营运,进一步加快了货运速度,节省了运杂费用,将进一步促进我国对外贸易的发展。

国内铁路运输是指仅在本国范围内按《国内铁路货物运输规程》的规定办理的货物运输。我国出口货物经铁路运至港口装船及进口货物卸船后经铁路运往各地,均属国内铁路运输的范畴。供应港、澳地区的物资经铁路运往香港、九龙,也属于国内铁路运输的范围,不过,这种运输同一般经铁路运到港口装船出口有所区别。

5.1.3　航空运输

航空运输是一种现代化的运输方式。近年来,随着国际贸易的迅速发展以及国际货物运输技术的不断现代化,采用航空运输方式也日趋普遍。

(1)航空运输的优缺点

航空运输主要有运输速度快、货运质量高且不受地面条件的限制等优点。因此,它最适宜运送急需物资、鲜活商品、精密仪器和贵重物品。

航空运输的缺点:受气候条件的限制;运输能力小,运输能耗高;运输技术要求高等。

（2）航空运输主要采用的运输方式

①班机运输。班机是指在固定时间、固定航线、固定始发站和目的站运输的飞机，通常班机是使用客货混合型飞机。一些大的航空公司也有开辟定期全货机航班的。班机因有定时、定航线、定站等特点，因此适用于运送急需物品、鲜活商品以及节令性商品。

②包机运输。包机是指包租整架飞机或由几个发货人（或航空货运代理公司）联合包租一架飞机来运送货物。因此，包机又分为整包机和部分包机两种形式，前者适用于运送数量较大的商品，后者适用于多个发货人，但货物到达站又是同一地点的货物运输。

③集中托运。是指航空货运公司把若干单独发运的货物（每一货主货物要出具一份航空运单）组成一整批货物，用一份总运单（附分运单）整批发运到预定目的地，由航空货运公司在那里的代理人收货、报关、分拨后交给实际收货人。集中托运的运价比国际空运协会公布的班机运价低7%～10%，因此发货人比较愿意将货物交给航空货运公司安排。

④急件专递。航空急件传送是目前国际航空运输中最快捷的运输方式。它是由一个专门经营快递业务的机构与航空公司密切合作，设专人用最快的速度在货主、机场、收件人之间传送急件，特别适用于急需的药品、医疗器械、贵重物品、图纸资料、货样及单证等的传送。

（3）航空运输的承运人

①航空运输公司。航空公司一般只负责空中运输，即从一个机场运至另一机场的运输。

②航空货运代理公司。货物在始发机场交给航空公司之前的揽货、接货、报关、订舱以及在目的地机场从航空公司手中接货或运送上门等业务，是由航空货运公司办理的。航空货运公司可以是货主的代理，也可以是航空公司的代理，也可两者兼之。当航空货运公司作为双重代理人时，它代表航空公司接受货主的货物，出具航空运单（包括代理自己的分运单）并在一定范围内充当货主的承运人，故其对货物的安全负有责任。货物在航空公司责任范围内的丢失、损坏，收货人或其代理人可凭商务事故记录向航空公司索赔。如果货损货差发生在代理人的责任范围内，则由代理人负责赔偿。

中国对外贸易运输总公司既是中国民航的代理，也是各进出口公司的货运代理，它负责办理货运出口货物的报关、托运等工作，同时还为空运进口货物代办报关、提货和办理中转运输等工作，为了利用国外代理共同完成空运任务，中国对外贸易运输公司还同日本、美国、德国、法国和香港等许多国家和地区的货运代理公司建立了航空货运代理业务。

（4）航空运输的运价

航空运输货物的运价是指从启运机场运至目的机场的运价。不包括其他额外费用（如提货、仓储费等），运价一般是按重量（公斤）或体积重量（6000立方厘米折合1公斤）计算的，而以两者中高者为准。空运货物按一般货物、特种货物和货物的等级规定运价。

5.1.4 公路运输

公路运输在我国对外贸易运输中占有重要的地位。我国同许多周边国家有公路相通。公路运输不仅可以直接运进或运出对外贸易货物，而且也是车站、港口和机场集散进出口货物的重要手段。

公路运输的优缺点：

优点：机动灵活；速度快；方便；具有直达性，有门对门的特点。

缺点：载货量有限；运输成本高，容易造成货损事故；运输能耗很高。

5.1.5　集装箱运输

集装箱运输是以集装箱作为运输单位进行货物运输的一种现代化先进的运输方式，它可适用于海洋运输、铁路运输及国际多式联运等。

集装箱运输的优点：①提高了装卸效率，加速了船舶的周转。②有利于提高运输质量和减少货损货差。③有利于节省各项费用和降低货运成本。④有利于简化货运手续和便利货物运输。⑤把传统单一运输连为连贯的成组运输，从而促进了国际多式联运的发展。

集装箱海运运费是由船舶运费和一些有关的杂费所组成。目前，有下列两种计费方法：

①按件杂货基本费率加附加费。这是按照传统的按件杂货计算方法，以每运费吨为计算单位，再加收一定的附加费。

②按包箱费率。这是以每个集装箱为计费单位。包箱费率视船公司和航线等不同因素而有所不同。

5.1.6　国际多式联运

国际多式联运是在集装箱运输的基础上产生和发展起来的一种综合性的连贯运输方式，它一般是以集装箱为媒介，把海、陆、空各种传统的单一运输方式有机地结合起来，组成一种国际间的连贯运输。《联合国国际货物多式联运公约》对国际多式联运所下的定义是："国际多式联运是指按照多式联运合同，以至少两种不同的运输方式，由多式联运经营人把货物从一国境内接运货物的地点运至另一国境内指定交付货物的地点。"

根据《联合国国际货物多式联运公约》，构成多式联运应具备以下条件：

①必须有一个多式联运合同，合同中明确规定多式联运经营人和托运人之间的权利、义务、责任和豁免。

②必须是两种或两种以上不同运输方式连贯运输。

③必须使用一份包括全程的多式联运单据，并由多式联运经营人对全程运输负总的责任。

④必须有一个多式联运经营人对全程运输负总的责任。

⑤必须是全程单一运费费率，其中包括全程各段运费的总和、经营管理费用和合理利润。

⑥必须是国际间的货物运输。

5.1.7　其他运输方式

（1）内河运输

我国拥有四通八达的内河航运网，我国长江、珠江等主要河流中的一些港口已对外开放，我国同一些邻国还有国际河流相通连，这就为我国进出口货物通过河流运输和集散提供了十分有利的条件。

（2）邮包运输

邮包运输是一种较简便的运输方式。各国邮政部门之间订有协定和公约，通过这些协定和公约，各国的邮件包裹可以互相传递，从而形成国际邮包运输网。由于国际邮包运输具有国际多式联运和"门到门"运输的性质，并且手续简便，费用也不高，已经成为国际贸易中普遍采用的运输方式之一。

邮包运输包括普通邮包和航空邮包两种。国际邮包运输对邮包的重量和体积均有限制，如每包裹重量不得超过 20 公斤，长度不得超过一公尺。因此，邮包运输只适用于量轻、体积小的货物，如精密仪器、机器零部件、药品、金银首饰、样品和其他零星物品。

（3）管道运输

管道运输是用管道作为运输工具的一种长距离输送液体和气体物资的运输方式。管道运输不仅运输量大、连续、迅速、经济、安全、可靠、平稳以及投资少、占地少、费用低，并可实现自动控制。除广泛用于石油、天然气的长距离运输外，还可运输矿石、煤炭、建材、化学品和粮食等。

5.2　运输单据

运输单据是承运人收到承运货物后签发给出口商的证明文件，它是交接货物、处理索赔与理赔以及向银行结算货款或进行议付的重要单据。在国际货物运输中，运输单据的种类很多，其中包括海运提单、铁路运单、承运货物收据、航空运单和邮包收据等，下面将逐一介绍这些单据。

5.2.1　海运提单（Ocean Bill of Lading，B/L）

（1）海运提单的性质和作用

海运提单是货物承运人或其代理人收到货物后，签发给托运人的一种证明。海运提单是船方或其代理人在收到其承运的货物时签发给托运人的货物收据，也是承运人与托运人之间的运输契约的证明，在法律上它具有物权证书的效用。收货人在目的港提取货物时，必须提交正本提单。

（2）出口货物托运订舱流程

出口货物托运订舱流程详见图 5 - 1。

①出口企业在货、证齐备后，填制订舱委托书，随附商业发票（Commercial Invoice）、装箱单（Packing List）等其他必要单据，委托货代代为订舱。有时还委托其代理报关，及货物储运等事宜。

②货代接受订舱委托后，缮制集装箱货物托运单，随同商业发票、装箱单等其他必要单证一同向船公司办理订舱。

③船公司根据具体情况，如接受订舱则在托运单的几联单据上编上与 B/L 号码一致的编号，填上船名、航次，并签署，即表示已确认托运人的订舱，同时把配舱回单、装货单（Shipping Order：S/O）等与托运人有关的单据退还给托运人。

④托运人持船公司签署的 S/O，填制出口货物报关单、商业发票、装箱单等连同其他有关的出口单证向海关办理出口货物报关手续。

⑤海关根据有关规定对出口货物进行查验，如同意出口，则在 S/O 上盖放行章，并将S/O 退还给托运人。

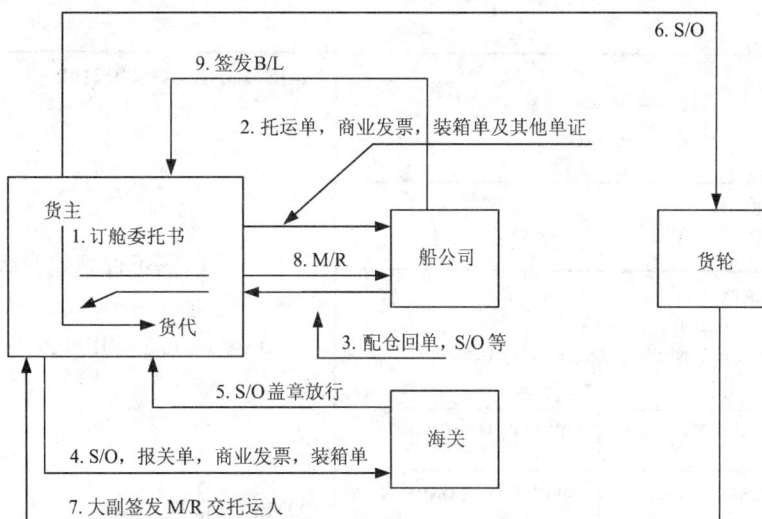

图 5-1　订舱装运流程

　　⑥托运人持海关盖章的由船公司签署的 S/O 要求船长装货。

　　⑦装货后由船长的大副签署 M/R(Mate's Receipt，大副收据)交给托运人。

　　⑧托运人持 M/R 向船公司换取正本已装船提单。

　　⑨船公司凭 M/R 签发正本提单并交给托运人凭以结汇。

　　(3)海运提单的基本内容

　　一般包括提单正面的记载事项和提单背面印就的运输条款，详见图 5-2。

　　①提单正面的内容。提单正面的记载事项，分别由托运人和承运人或其代理人填写，通常包括下列事项：托运人；收货人；被通知人；收货地或装货港；目的地或卸货港；船名及航次；唛头及件号；货名及件数；重量和体积；运费预付或运费到付；正本提单的张数；船公司或其代理人的签章；签发提单的地点及日期。

　　②提单背面的条款。在班轮提单背面，通常都有印就的运输条款，这些条款是作为确定承运人与托运人之间以及承运人与收货人及提单持有人之间的权利和义务的主要依据。提单中的运输条款，起初是由船方自行规定的。后来由于船方在提单中加列越来越多的免责条款，使货方的利益失去保障，并降低了提单作为物权凭证的作用，为了缓解船、货双方的矛盾并照顾到船、货双方的利益，国际上为了统一提单背面条款的内容，曾先后签署了有关提单的国际公约：1924 年签署的《关于统一提单的若干法律规则的国际公约》(简称《海牙规则》)；1968 年签署的《布鲁塞尔议定书》(简称《维斯比规则》)；1978 年签署的《联合国海上货物运输公约》(简称《汉堡规则》)。

　　由于上述三项公约签署的历史背景不同，内容不一，各国对这些公约的态度也不相同，因此，各国船公司签发的提单背面条款也就互有差异。

　　(4)海运提单的种类

　　海运提单可以从各种不同角度进行分类，见表 5-2。

(1)SHIPPER JINGXING TRADE CO., LTD. NO. 136 YANAN ROAD SHANGHAI, CHINA		(4)B/L. No. COS9912101
(2)CONSIGNEE TO ORDER		**COSCO**
(3)NOTIFY PARTY BARGEN TOY CO., LTD. 1214 CHURCH ROAD NEW YORK PA 18543 U.S.A		中国远洋运输公司 CHINA OCEAN SHIPPING COMPANY
(5)PRE CARRIAGE BY:	(6)PORT OF RECEIPT:	
(7)OCEAN VESSEL; VOY. NO: XI FENG V101 V. 37	(8)PORT OF LOADING: SHANGHAI CHINA	COMBINED TRANSPORT BILL OF LADING
(9)PORT OF DISCHARGE: NEW YORK	(10)PLACE OF DELIVERY:	ORIGINAL

(11)MARKS & NOS: JXTC SC NO. 21SSG–017 NEW YORK NO. 1–400	(12)DESCRIPTION OF GOODS; NUMBER AND KIND OF PACKAGES: TELECONTROL RACING CAR 400 CARTON	(13)GROSS WEIGHT: 4800KGS	(14)MEASUREMENT: 49.7CBM

(15)TOTAL NUMBER OF CONTAINERS OR PACKAGES(IN WORDS): SAY FOUR HUNDRED CARTONS ONLY

(16)FREIGHT & CHARGES	(17)REVENUE TONS	(18)RATE	(19)PER	(20)PREPAID	(21)COLLECT
(22)EX. RATE.	(23)PREPAID AT:	(24)PAYABLE AT:	(25)PLACE AND DATE OF ISSUE: SHANGHAI, NOV. 20TH, 2007		
	(26)TOTA PREPAID	(27)NO. OF ORIGINAL B(S)/L THREE	(29)SIGNED FOR THE CARRIER ×××		
(28)LADEN ON BOARD THE VESSEL DATE NOV. 20TH, 2007 　　　　　BY ... ×××....					

图 5-2　海运提单

资料来源：www.100xuexi.com

表 5 – 2　海运提单分类表

序号	分类角度	具体种类		
1	是否已装船	已装船提单	备运提单	
2	有无不良批注	清洁提单	不清洁提单	
3	收货人抬头的不同	记名提单	不记名提单	指示提单
4	运输方式	直达提单	转船提单	联运提单
5	营运方式	班轮提单	租船提单	
6	提单内容的繁简	全式提单	略式提单	
7	使用有效性	正本提单	副本提单	
8	其他	集装箱提单	舱面提单	过期提单

①根据货物是否已装船,分为已装船提单和备运提单。

◆ 已装船提单(Shipped B/L),是指轮船公司已将货物装上指定船舶后所签发的提单,其特点是提单上必须以文字表明货物已经装某某船上,并载有装船日期,同时还应由船长或其代理人签字。

◆ 备运提单 (Received for Shipment B/L),又称收讫待运提单,是指船公司已收到托运货物等待装运期间所签发的提单。

②根据提单上有无对货物外表状况的不良批注可分为清洁提单和不清洁提单。

◆ 清洁提单(Clean B/L),是指货物在装船时"表面状况良好",船公司在提单上未加注任何有关货物受损或包装不良等批注的提单。需要注意的是银行一般只接受清洁提单。

◆ 不清洁提单(foul B/L),是指轮船公司在提单上对货物表面状况或包装有不良或存在缺陷等批注的提单。例如提单上批注(× 件损坏)(… packages in damaged condition),"铁条松散"等。

③根据提单收货人抬头的不同可分为记名提单、不记名提单和指示提单。

◆ 记名提单(Straight B/L),是指提单上的收货人栏内填明特定收货人名称,只能由该特定收货人提货,由于这种提单不能通过背书方式转让给第三方,它不能流通,故其在国际贸易中很少使用。

◆ 不记名提单(Blank B/L or Open B/L or Bearer B/L),是指提单收货人栏内没有指明任何收货人,谁持有提单,谁就可以提货,承运人交货,只凭单,不凭人,采用这种提单风险大,故其在国际贸易中很少使用。

◆ 指示提单(Order B/L),是指提单上的收货人栏填写"凭指定"或"凭某某人指定"字样。这种提单可经过背书转让,故其在国际贸易中广为使用。目前在实际业务中,使用最多的是"凭指定"并经空白背书的提单,习惯上称其为"空白抬头、空白背书提单"。

④按运输方式分类,可分为直达提单、转船提单和联运提单。

◆ 直达提单(Direct B/L),是指轮船中途不经过换船而直接驶往目的港卸货所签发的提单,凡合同和信用证规定不准转船者,必须使用这种直达提单。

◆ 转船提单(Transhipment B/L),是指从装运港装货的轮船,不直接驶往目的港,而需在中途港换装另外船舶所签发的提单。在这种提单上要注明"转船"或"在××港转船"字样。

◆ 联运提单(Through B/L)，是指经过海运和其他运输方式联合运输时由第一程承运人所签发的包括全程运输的提单，它如同转船提单一样，货物在中途转换运输工具和进行交接，由第一程承运人或其代理人向下一程承运人办理。应当指出，联运提单虽包括全程运输，但签发联运提单的承运人一般都在提单中规定，只承担他负责运输的一段航程内的货损责任。

⑤从船舶营运方式的不同，可分为班轮提单和租船提单。

◆ 班轮提单(liner B/L)，是指由班轮公司承运货物后所签发给托运人的提单。

◆ 租船提单(charter payer B/L)，是指承运人根据租船合同而签发的提单，在这种提单上注明"一切条件、条款和免责事项按照×年×月×日的租船合同"或批注"根据××租船合同出立"字样。这种提单受租船合同条款的约束，银行或买方在接受这种提单时，通常要求卖方提供租船合同的副本。

⑥根据提单内容的繁简，可分为全式提单和略式提单。

◆ 全式提单(Long Form B/L)，是指提单背面列有承运人和托运人权利、义务的详细条款的提单。

◆ 略式或简式提单(Short Form B/L)，是指提单背面无条款，而只列出提单正面的必须记载事项。这种提单一般都列有"本提单货物的收受、保管、运输和运费等项，均按本公司全式提单上的条款办理"字样。此外，租船合同项下所签发的提单，通常也是略式提单，在这种略式提单上应注明"所有条件根据×年×月×日签订的租船合同"。

⑦按提单使用有效性分，可分为正本提单和副本提单。

◆ 正本提单(Original B/L)，是指提单上有承运人、船长或其代理人签字盖章并注明签发日期的提单。这种提单在法律上和商业上都是公认有效的单证。提单上必须要有标明"正本"字样，以示与副本提单有别。需要注意的是只有正本提单才能提货，而且只要有一份正本提单提了提货，其他正本提单均告失效。

◆ 副本提单(Copy of B/L)，是指提单上没有承运人船长或其代理人签字盖章，而仅供工作上参考之用的提单，在副本提单上一般都以"Copy"或"Non negotiable"(不作流通转让)字样，以示与正本提单有别。

⑧其他种类提单：

◆ 集装箱提单(Container B/L)，是指以集装箱装运货物所签发的提单。集装箱提单有两种形式：一种是在普通的海运提单上加注"用集装箱装运"字样；另一种是使用"多式联运提单"，这种提单的内容增加了集装箱号码和"封号"。使用多式联运提单，应在信用证上注明多式联运提单可以接受或类似的条款。

◆ 舱面提单(On Deck B/L)，是指承运货物装在船舶甲板上所签发的提单，故又称甲板货提单。由于货物装在甲板上风险较大，故托运人一般都向保险公司加保甲板险。

◆ 过期提单(Stale B/L)，是指错过规定的交单日期或者晚于货物到达目的港的提单，前者，是根据《UCP600》的规定指卖方超过提单签发日期后21天才交到银行议付的提单，按惯例，如信用证无特殊规定，银行将拒绝接受这种过期提单；后者，是在近洋运输时，容易出现的情况，故在近洋国家间的贸易合同中，一般都订有"过期提单可以接受"的条款。

此外，还有运输代理人提单等。

（5）海上货运单

简称海运单（Sea Waybill；Ocean Waybill），是证明海上货物运输合同和货物由承运人接管或装船，以及承运人保证据以将货物交付单证所载明的收货人的一种不可流转的单证，因此又称不可转让海运单（Non-Negotiable Sea Waybill）。

海运单与海运提单的区别如下：

◆ 在是否具有"物权凭证"的作用方面的区别：对于提单持有人而言，拥有提单在法律上就表明拥有提单上所记载的货物，通过转让提单可以达到转让货物的目的，海运单在法律上不具有可转让性，由于海运单不是物权凭证，收货人在卸货港提取货物时并不需要持有和出具正本的海运单，只需要确认自己的收货人身份后就可以取得提货单提货。

◆ 在作为运输合同证明方面的区别：海运单通常采用简单形式，其正面或者背面如果没有适当的条款或者没有并入有关国际组织或者民间团体为海运单制定的规则，则它只能作为托运人与承运人之间订立货物运输合同的证明，收货人是不能依据海运单上记载的条款向承运人提出索赔的，承运人也不能依据海运单上记载的条款进行抗辩；而对于提单，当提单经过转让到了收货人手里时，收货人就享有提单赋予的权利，同时也要承担相应的责任。

◆ 在作为货物收据证据效力方面的区别：提单运输涉及的贸易是单证贸易，为了保护合法受让提单的第三人，有必要强调提单作为货物收据所记载内容是最终证据；而海运单涉及的贸易不是单证贸易，不涉及转让问题，因而没有必要强调海运单作为货物收据所记载内容是最终证据。

5.2.2　铁路运单

铁路运输可分为国际铁路联运和国内铁路运输两种方式，国际铁路联运使用国际铁路联运运单，国内铁路运输使用国内铁路运单。通过铁路对港、澳出口的货物，由于国内铁路运单不能作为对外结汇的凭证，故使用承运货物收据这种特定性质和格式的单据。现将国际铁路联运运单和承运货物收据分别介绍和说明如下：

（1）国际铁路货物联运运单

国际铁路货物联运所使用的运单是铁路与货主间缔结的运输契约。该运单从始发站随同货物附送至终点站并交给收货人，它不仅是铁路承运货物出具的凭证，也是铁路同货主交接货物、核收运杂费用和处理索赔与理赔的依据。由于国际铁路货物联运分为快运和慢运两种，故在运单及其副本上加有不同的标记。凡需快运的货物，则在运单及其副本的正反两面的上边与下边加印有红线；慢运货物则使用不加印红线的运单和运单副本。国际铁路联运运单副本，在铁路加盖承运日期戳记后发还给发货人，它是卖方凭以向银行结算货款的主要证件之一。

（2）承运货物收据

承运货物收据是在特定运输方式下所使用的一种运输单据，它既是承运人出具的货物收据，也是承运人与托运人签订的运输契约。我国内地通过铁路运往港、澳地区的出口货物，一般多委托中国对外贸易运输公司承办。当出口货物装车发运后，对外贸易运输公司即签发一份承运货物收据给托运人，以作为对外办理结汇的凭证。

承运货物收据的格式及内容和海运提单基本相同，主要区别是它只有第一联为正本。在该正本的反面印有"承运简章"，载明承运人的责任范围。该简章第二条规定由该公司承运之货物，在铁路、轮船、公路、航空及其他运输机构范围内，应根据各该机构规章办理，可见这种"承运货物收据"不仅适用于铁路运输也可用于其他运输方式。

5.2.3　航空运单

航空运单是承运人与托运人之间签订的运输契约，也是承运人或其代理人签发的货物收据。航空运单还可作为承运人核收运费的依据和海关查验放行的基本单据。但航空运单不是代表货物所有权的凭证，也不能通过背书转让。收货人提货不是凭航空运单，而是凭航空公司的提货通知单。在航空运单的收货人栏内，必须详细填写收货人的全称和地址，而不能做成指示性抬头。

航空运单共有正本一式三份：第 1 份正本注明"Original for the Shipper"，应交托运人；第 2 份正本注明"Original for the Issuing Carrier"，由航空公司留存；第 3 份正本注明"Original for the Consignee"，由航空公司随机带交收货人；其余副本则分别注明"For Airport of Destination"、"Delivery Receipt"、"For second Carrier"、"Extra Copy"等，由航空公司按规定和需要进行分发。

5.2.4　邮包收据

邮包收据是邮包运输的主要单据，它既是邮局收到寄件人的邮包后所签发的凭证，也是收件人凭以提取邮件的凭证，当邮包发生损坏或灭失时，它还可以作为索赔和理赔的依据。但邮包收据不是物权凭证。

5.2.5　多式联运单据

多式联运单据(Multimodal Transportation Documents)是在多种运输情况下所使用的一种运输单据。这种单据虽与海运中的联运提单有相似之处，但其性质与联运提单有别。

按照 ICC《联合运输单证统一规则》的规定，多式联运经营人负责货物的全程运输。多式联运单据与联运提单区别是：

①提单签发人不同：多式联运单据由多式联运经营人签发，可以是完全不掌握运输工具的"无船承运人"，安排全程运输。联运提单由承运人或其代理人签发。

②签发人的责任不同：多式联运单据签发人对全程运输负责。联运提单签发人仅对第一程运输负责。

③运输方式不同：多式联运提单运输既可用于海运与其他方式的联运，也可用于不包括海运的其他运输方式的联运。联运提单的运输限于海运与其他运输方式的联合运输。

④已装船证明不同：多式联运提单可以不表明货物已装船，也无须载明具体的运输工具。联运提单必须是已装船提单。

表 5 - 3　各种运输方式一览表

运输方式		送银行办理协议的运输凭证	签发人
海洋运输		海运提单(B/L)	船长或船公司或其代理
铁路运输	国际联运	铁路运单副本(第三联)	铁路始发站
	港澳运输	承运货物收据	外运公司
航空运输		航空运单	民航公司或外运公司
邮包运输		邮包收据	邮局
多式联运		多式联运单据或集装箱联运提单	多式联运经营人

5.3　合同中的装运条款

装运条款的内容及其具体订立与合同的性质和运输方式有着密切的关系。我国的进出口合同大部分是 FOB、CIF 和 CFR 合同,而且大部分的货物是通过海洋运输。在洽商交易时,买卖双方必须就交货时间、装运地和目的地、能否部分发运和转船、转运等问题商妥,并在合同中具体订明。明确、合理地规定装运条款,是保证进出口合同顺利履行的重要条件。

5.3.1　装运时间

装运时间(Time of Shipment)又称装运期,是指卖方履行交货的时间,它是合同中的一项重要条款。在合同签订后,卖方能否按规定的装运时间交货,直接关系到买方能否及时取得货物,满足其生产、消费或转售的需要。因此《联合国国际货物销售合同公约》第 33 条规定卖方必须按合同规定的时间装运。

(1)装运时间的规定方法

国际贸易合同中,对装运期的规定方法一般有以下几种:

①明确规定具体装运时间。

这种规定的方法可以是在合同中订明某年某月装或某年跨月装,或某年某季度装,或跨年跨月装等。但装运时间一般不确定在某一个日期上,而只是确定在某一段时间内,如"1998 年 5 月交货(装运)","1991 年 11 月 15 日前装运","Time of shipment:April 2005"。

这里需注意,按有关惯例的解释,凡是"以前"字样的规定,一般不包括那一个指定的日期。这种规定方法,期限具体,含义明确,双方不至于因在交货时间的理解和解释上产生分歧,因此,在合同中采用较普遍。

②规定在收到信用证后若干天或若干月内装运。

例如在合同中订明:"收到信用证后 45 天内装运","收到信用证后 3 个月内装运","Shipment within 20 days after receipt of L/C." "The Buyer must open the relative L/C to reach the Sellers Before ×× (date)."等。主要适用于下列情况:

◆ 按买方要求的花色、品种和规格或专为某一地区或某商号生产的商品,或一旦买方拒绝履约难以转售的商品，为防止遭受经济损失，则可采用此种规定方法。

◆ 在一些外汇管制较严的国家或地区，或实行进口许可证或进口配额的国家，合同签订后，买方因申请不到进口许可证或其国家不批准外汇，迟迟不开信用证。卖方为避免因买方不开证而带来的损失，即可采用这种方法来约束买方。

◆ 合同签订后，买方因市场货物价格下跌对其不利迟迟不开信用证，卖方为避免买方不及时开证而带来的损失，采用这一办法来约束买方。

◆ 对某些信用较差的客户，为促其按时开证，也可采用此方法。

但是，在采用此种装运期的规定时，必须同时规定有关信用证的开到期限或开出日期等。例如，"买方必须最迟于××（日期）将有关信用证开抵卖方"，"买方如不按合同规定开证，则卖方有权按买方违约提出索赔"。

③收到信汇、电汇或票汇后若干天装运。如"Shipment within 25 days after receipt of M/T."等。

④笼统规定近期装运。这种规定方法即不规定具体期限，只是用"立即装运"、"即刻装运"，"尽速装运"，"prompt shipment"，"immediate shipment"，"shipment as soon as possible"，"shipment by first available steamer"等词语表示。

（2）规定装运时间应注意的问题

第一，对装运期的规定要明确。在买卖合同中，应明确规定装运的具体期限，对"立即装运"和"尽速装运"等词语，由于各国或各行业对这类词语的解释不尽一致，容易造成分歧，因此，在采用此方法时应当慎重。

第二，对装运期限的规定应适度。应视不同商品租船订舱的实际情况而定，装运期过短，势必给船货安排带来困难，过长也不合适，特别是采用收到信用证后若干天内装运的条件下，会造成买方积压资金、影响资金周转，从而反过来影响卖方的售价。

第三，在规定装运期的同时，应考虑开证日期的规定是否明确合理。装运期与开证日期是互相关联的，为保证按期装运，装运期和开证日期，应该互相衔接起来。

第四，应该考虑货源和船源的实际情况，使船货衔接。如对货源心中无数，盲目成交，就有可能出现到时交不了货，形成有船无货的情况，无法按时履约。在按 CIF 和 CFR 条件出口和 FOB 条件进口时，还应考虑船源的情况。如船源无把握而盲目成交，或没留出安排舱位的合理时间，规定在成交的当月交货或装运，则可能出现到时租不到船或订不到舱位而出现有货无船的情况。或要经过多次转船，造成多付运费，甚至倒贴运费的情况。

第五，要根据不同货物和不同市场需求，规定交货期。如无妥善装载工具和设备，易腐烂、易潮、易熔化货物一般不宜在夏季、雨季装运。

第六，要注意《UCP600》第三条关于装运时间的相关说明：

◆ The expression "on or about" or similar will be interpreted as a stipulation that an event is to occur during a period of five calendar days before until five calendar days after the specified date, both start and end dates included.

"于或约于"或类似措辞将被理解为一项约定，按此约定，某项事件将在所述日期前后各五天内发生，起讫日均包括在内。

◆ The words "to", "until", "till", "from" and "between" when used to determine a period of shipment include the date or dates mentioned, and the words "before" and "after" exclude the date mentioned.

词语"×月×日止"（to）、"至×月×日"（until）、"直至×月×日"（till）、"从×月×日"（from）及"在×月×日至×月×日之间"（between）用于确定装运期限时，包括所述日期。词语"×月×日之前"（before）及"×月×日之后"（after）不包括所述日期。

◆ The words "from" and "after" when used to determine a maturity date exclude the date mentioned.

词语"从×月×日"（from）以及"×月×日之后"（after）用于确定到期日时不包括所述日期。

◆ The terms "first half" and "second half" of a month shall be construed respectively as the 1st to the 15th and the 16th to the last day of the month, all dates inclusive.

术语"上半月"和"下半月"应分别理解为自每月"1 日至 15 日"和"16 日至月末最后一天"，包括起讫日期。

◆ The terms "beginning", "middle" and "end" of a month shall be construed respectively as the 1st to the 10th, the 11th to the 20th and the 21st to the last day of the month, all dates inclusive.

术语"月初"、"月中"和"月末"应分别理解为每月 1 日至 10 日、11 日至 20 日和 21 日至月末最后一天，包括起讫日期。

◆ Unless required to be used in a document, words such as "prompt", "immediately" or "as soon as possible" will be disregarded. （除非确需在单据中使用，银行对诸如"迅速"、"立即"、"尽快"之类词语将不予理会。）

5.3.2　装运港和目的港

装运港（Port of Shipment）又称装货港（Loading Port），是指货物起始装运的港口。目的港（Port of Destination），又称卸货港（Unloading Port）是指货物最终卸下的港口。

（1）装运港和目的港的规定方法

①在一般情况下，装运港和目的港分别规定各为一个。例如：装运港——大连，目的港——鹿特丹。

②有时按实际业务的需要，也可分别规定两个或两个以上的装运港或目的港。例如：装运港——大连/天津/青岛，目的港——伦敦/利物浦/鹿特丹。

③在磋商交易时，如明确规定装运港或目的港有困难，可以采用选择港办法。一种是在两个或两个以上港口中选择一个，如 CIF 伦敦，选择港汉堡或鹿特丹；另一种是笼统规定某一航区为装运港或目的港，如"地中海主要港口"、"西欧主要港口"等。接受外国客户选择港要求时应注意：合同规定的"选择港"数目一般不超过三个；备选的港口必须在同一条班轮航线上，且为班轮停靠的港口，应按备选港口中最高费率和附加费计算，并在合同中说明费用的负担方。如：

CIF London, optional Hamburg / Rotterdam.

Optional additional for buyer's account.

如果货方未在规定时间将选定的卸货港通知船方，船方有权在任何一个备选港口卸货。

买卖双方在确定装运港或目的港时，通常都是从本身利益和需要出发，根据产、销和运输等因素考虑的。特别是确定国外装运港和目的港时，应当格外谨慎。

（2）确定国外装运港（地）和目的港（地）的注意事项

确定国外装运港和目的港应注意的问题：

①要根据我国对外政策的需要来考虑，不应选择本国政府不允许往来的港口为装卸港。

②对国外装卸港的规定应力求具体明确。在磋商交易时，对外商笼统地提出以"欧洲主要港口"或"非洲主要港口"为装运或目的港时，不宜轻易接受。因为国际上对此无统一解释，且各港距离远近不一，条件各异，基本运费和附加运费相差很大。

但是，在实际业务中，有时根据具体情况和需要，也可允许在同一航区规定两个或两个以上的邻近港口为装运港或目的港。例如，有些买方是中间商，他们在洽谈交易时明确指定具体目的港有困难，为了照顾买方的实际困难和促成交易起见，可允许买方在几个港口中任选其中一个港口作为目的港，但选择的目的港必须规定在同一航区，而且不宜过多，同时在合同中应明确规定：第一，如所选目的港要增加运费、附加费，应由买方负担；第二，买方应在开信用证的同时，宣布最后目的港。

③不能接受内陆城市为装卸港。因为接受这一条件，我方要承担从港口到内陆城市运费和风险。

④必须注意装卸港口的具体条件，如有无直达班轮，港口装卸条件及运费和附加费水平等。如租船运输时，还应进一步考虑码头泊位的深度，有无冰封期、冰封具体时间以及对船舶国籍有无限制等港口制度。

⑤应注意国外港口有无重名。世界各国港口重名很多，例如，维多利亚港世界上有12个之多，波特兰、波士顿、的黎波里等也有数个。为防止差错和引起纠纷，应在合同中订明港口所在的国家或地区。

（3）确定国内装运港（地）和目的港（地）的注意事项

确定国内装运港和目的港时应注意的问题：

①在出口业务中，规定装运港时，一般以接近货源地的港口为宜，以方便运输和节省运费。对统一对外成交而分口岸交货的某些货物，由于在成交时还不能最后确定装运港，可以规定为"中国口岸"或两个以上具体港口为装运港，这样较灵活主动。按 FOB 术语成交的合同，应考虑对方来船大小与我港口水深，以免船进不了港，引起争议。

②在进口业务中，规定目的港时，一般应选择接近用货单位或消费地区的港口为好。但根据我国目前港口条件，为避免港口到船集中造成卸货困难，目的港有时也可规定为"中国口岸"并规定"买方应在装运期前××天内将港口名称通知卖方"。

5.3.3　部分发运和转船

（1）部分发运（Partial Shipment）

部分发运又称分批装运（Shipment by Instalments），是指一个合同项下的货物分若干批或若干期装运。在大宗货物或成交数量较大的交易中，买卖双方根据交货数量、运输条件和市场销售等因素，可在合同中规定部分发运条款。需要注意以下几点：

①《跟单信用证统一惯例》规定："除非信用证另有规定，允许部分发运。"在合同中如

没有规定不准部分发运的，视为可以。但买卖合同如对部分发运、转船不作规定，按国外合同法，这不等于可以部分发运和转船。因此，为了避免不必要的争议，争取早出口、早收汇，防止交货时发生困难，除非买方坚持不允许部分发运和转船，原则上应明确在出口合同中订入"允许部分发运和转船"为好。

②《跟单信用证统一惯例》规定："信用证规定在指定时期内分期支款及/或装运，其中任何一期未按期支款及/或装运，除非信用证另有规定，则信用证对该期及以后各期均告失效。"也就是说如果信用证中规定了每批装运时间和数量，若其中任何一期未按规定装运，则本期及以后各批均失效。如合同和信用证中明确规定了分批数量，例如"3 月~6 月分 4 批每月平均装运"，以及类似的限批、限时、限量的条件，则卖方应严格履行约定的部分发运条款，只要其中任何一批没有按时、按量装运，就可作为违反合同论处。

③《跟单信用证统一惯例》规定："运输单据表面上注明货物是使用同一运输工具装运并经同一路线运输的，即使每套运输单据注明的装运日期不同或装运港、接受监管地不同，只要运输单据注明的目的地相同，也不视为部分发运。"也就是说运输单据表明同一运输工具、同一路线、同一目的地，即使其表面上注明不同的装运日期及不同的装运港，也不视作部分发运。

小案例：

我国出口 2000 公吨大米至新加坡，国外开来信用证规定：不允许部分发运。结果我们在规定的期限内分别在烟台、连云港各装 1000 公吨于同一航次的同一船上，提单也注明了不同的装运地和不同的装船日期。请问这是否违约？银行能否议付？

分析：不属于部分发运，不违约。

规定部分发运的方法主要有两种：

①只是原则规定允许部分发运，对分批的具体时间、批次和数量均不作规定。

②具体订明每批的装运时间、批次或数量。

（2）转船

如货物没有直达船或一时无合适的船舶运输，而需通过中途港转运的称为转船。《跟单信用证统一惯例》规定：未明确规定禁止转船的，视为可以。买卖双方可以在合同中商订"允许转船"条款。

部分发运和转船条款，直接关系到买卖双方的权益，因此，能否部分发运和转船，应在买卖合同中订明。一般来说，允许部分发运和转船，对卖方来说比较主动。

5.3.4　装运通知

装运通知是在采用租船运输大宗进出口货物的情况下，在合同中加以约定的条款。装运通知是装运条款的一项重要内容。买卖双方按 CFR 或 CPT 条件成交时，卖方交货后，及时向买方发出装运通知，具有更为重要的意义。规定这个条款的目的在于明确买卖双方的责任，促使买卖双方互相配合，共同做好船货衔接工作。

按照国际贸易的一般做法，在按 FOB 条件成交时，一般是不迟于装船前发出装船通知，以便买方及时派船接货。买方接到卖方发出的备货通知后，应按约定的时间，将船名、船舶到港受载日期等通知卖方,以便卖方及时安排货物出运和准备装船。此外,在货物装船后,卖方应在约定时间,将合同号、货物的品名、件数、重量、发票金额、船名及装船日期等项内容,电告买方,以便买方办理保险并做好接卸货物的准备,及时办理进口报关手续。

5.3.5 装卸时间、装卸率和滞期、速遣条款

(1)装卸时间

装卸时间是指允许完成装卸任务所约定的时间,它一般以天数或小时数来表示。装卸时间的规定方法很多,其中主要有下列几种:

①按日或连续日计。日是指午夜至午夜连续 24 小时的时间,也就是日历日数,以"日"表示装卸时间时,从装货或卸货开始,到装货或卸货结束,整个经过的日数,就是总的装货或卸货时间。在此期间内,不论是实际不可能进行装卸作业的时间(如雨天、施工、或其他不可抗力),还是星期日或节假日,都应计为装卸时间。这种规定对租船人很不利。

②按工作日计算,即按港口习惯工作时间计算装卸时间。星期日和节假日不计入工作时间。至于多少小时算一个工作日,各国港口规定不一。

③按好天气工作日计算。即既是晴天又是工作日,星期日和节假日以及因刮风下雨不能进行装卸作业,虽是工作日也不计算在工作日之内。

④累计 24 小时好天气工作日。这是指在好天气情况下,不论港口习惯作业为几小时,均以累计 24 小时作为一个工作日。如果港口规定每天作业 8 小时,则一个工作日便跨及几天的时间。这种规定对租船人有利,而对船方不利。

⑤连续 24 小时好天气工作日。这是指在好天气情况下,连续作业 24 小时算一个工作日,如中间因坏天气影响而不能作业的时间应予扣除。这种方法一般适用于昼夜作业的港口。当前,国际上采用这种规定的较为普遍,我国一般都采用此种规定办法。

(2)装卸率

装卸率是指每日装卸货物的数量。装卸率的具体确定,一般应按照港口习惯的正常装卸速度,掌握实事求是的原则。装卸率的高低,关系到完成装卸任务的时间和运费水平,装卸率规定过高或过低都不合适。规定过高,完不成装卸任务,要承担滞期费的损失;反之,规定过低,虽能提前完成装卸任务,可得到船方的速遣费,但船方会因装卸率低,船舶在港时间长而增加运费,致使租船人得不偿失。因此,装卸率的规定应当适当。

(3)滞期费和速遣费

需要特别注意的是只有在定程租船的运输方式下,才存在滞期费和速遣费问题。

滞期费(Demurrage)是指负责装卸货物的一方,如未按约定的装卸时间和装卸率完成装卸任务,需要向船方交纳延误船期的罚款。

速遣费(Despatch)是指负责装卸货物的一方,在约定装卸时间内提前完成装卸任务,使船方节省了船舶在港的费用开支,则可以从船方取得奖金,此项奖金成为速遣费。按惯例,速遣费通常为滞期费的一半。

滞期费和速遣费通常约定为每天若干金额,不足一天者,按比例计算。

5.3.6　其他条款

装运条款涉及的面很广，除上述条款外，有时，根据需要还订有其他与装运有关的条款，例如 OCP 条款就是其中的一种。在同美国进行贸易时，为了取得运费上的优待，可以采用 OCP 条款。

"OCP"是"Overland Common Points"的缩写，意为"内陆地区"。所谓"内陆地区"，是根据美国运费率规定，以美国西部 9 个州为界，也就是以落基山脉为界，其以东地区，均为内陆地区范围。

注意问题：

①货物最终目的地必须属于 OCP 地区范围。

②货物必须经由美国西海岸港口中转。因此，签订 CFR 和 CIF 出口合同时，目的港必须是美国西海岸港口。

③提单上必须标明 OCP 字样，并且在提单目的港一栏中除填明美国西部海岸港口名称外，还要加注内陆地区的城市名称。

篇末点述

本章主要讲述国际货物运输采用的几种运输方式，合同中的装运条款如何拟订，以及如何运用好有关装运单据，重点讲述海洋运输方式中的相关问题。

案例分析

[案例一]　某出口公司出口货物对外报价 FOB 新港，每公吨 500 港元。外商要求改报 CIF 香港价。业务人员在查阅运价表时见该商品每运费吨为 50 港元，并匡算保险费为 6 港元，便以 CIF 每公吨 56 港元对外报价，结果成交 150 公吨。到装运时发现运价表上运费吨 50 港元是指尺码吨，不是重量吨，因商品积载系数为 2.5/1（立方米/公吨），给国家造成 11400 港元的损失。

分析：这是一个典型的错误理解运费吨案例。

[案例二]　我国外贸公司以 FOB 中国港口条件与新加坡商人达成一笔出口交易，新商开来信用证金额和单价均按 FOB 中国港口计，要求货运日本横滨港，并在提单上表明"运费已付"（Freight Prepaid）字样，试分析新商这样做的原因。我方应如何处理？

分析：原因是新加坡商人为了简化向日商交货的手续或企图将运费转嫁给出口方。

我方处理的方法有：

（1）新商将运费汇交我公司。

（2）信用证中加列允许受益人超支运费条款。

（3）由新商将运费径付船公司，得到船公司确认后。

[案例三]　我国某出口公司按 CFR 条件向日本出口红小豆 250 吨，合同规定，卸货港为日本口岸。发货时，正好有一船驶向大阪，我公司打算租用该船。但装运前我方主动去电，询问日方在哪个口岸卸货，时值货价下跌，日方故意让我方在日本东北部的一个小港卸货，我方则坚持要在大阪、神户卸货，双方争执不下，日方就此撤销合同。试问我方做

法是否合适？日本商人是否违约？

分析：我方做法不合适。选择港的使用：合同中规定的卸货港为日本口岸，按照惯例，进口商在装运前应通知出口商，否则出口商可自行决定，可在日本的任何一个港口卸货；我方去电询问纯属多此一举，这种做法不妥当；日方撤销合同没有正常理由，违约的原因是价格下跌，属正常商业风险，不能作为撤约的理由。

思考题

1. 国际货物运输主要有哪些方式？
2. 班轮运费的计收标准有哪些？其含义是什么？
3. 海运单与海运提单的区别是什么？
4. 买卖合同中装运时间有哪几种规定方法？
5. 规定装运期和目的港的方法及注意事项是什么？

技能实训

1. 某公司出口商品 200 件，每件毛重 80 千克，体积 100cm×40cm×25cm，经查轮船公司的"货物分级表"，该货物运费计算标准为 W/M，等级为 5 级，又查中国至目的港费率为 5 级运费率，每吨运费为 80 美元，另收港口附加费 10%，直航附加费 15%，轮船公司对该批货物共收取多少运费？

2. 某公司出口箱装货物一批，报价为 CFR 利物浦每箱 35 美元，英国商人要求改报 FOB 价。该批货物的体积为 45cm×40cm×25cm，每箱毛重为 35 公斤，商品计费标准为 W/M，基本运费为 120 美元/运费吨，并加收燃油附加费 20%，货币贬值附加费 10%。问：该公司应如何报价？

（资料来源：http://www.hubce.edu.cn/jpkc/2008gjmy/jxlr - sw32.html）

第 6 章　国际货物运输保险

开篇导读　在国际贸易中货物在一国运往另一国的长时间、长距离的运输过程中要进行装卸、搬运和存储等多个环节，存在难以预料的风险，导致货物发生损坏或灭失。买卖双方为了保护自己的利益，往往通过货物运输保险的方式，在向保险人交纳了一定的保险费用后，将这种风险转嫁给保险人。在国际货物买卖过程中，有关交易双方责任、风险和费用的划分，是一个十分重要的问题，同时这直接会影响到进出口商品所报价格的高低。

本章关键术语

Risk 风险

Loss 损失

Charge 费用

Marine Cargo Insurance 海上货物保险

PICC Ocean Marine Cargo Clause 中国人民财产保险公司海上货物运输保险条款

6.1　国际货物运输保险概述

货物运输保险是同自然灾害和意外事故作斗争的一种经济措施。通过投保货物运输险，可以将不定的损失变为固定的费用，如果货物一旦发生承保范围内的风险损失，就可从保险公司取得经济上的补偿。

6.1.1　保险的概念和基本原则

保险是一种精神补偿的手段，以概率论和大数定律为依据收取保险费，集中具有同一危险的多数单位的资金，建立保险金，利用"分散危险，分摊损失"的办法，对少数参加者（被保险人）由于特定灾害事故所造成的损失进行经济补偿，或对人身伤害给付保险金。

保险业务按保险标的的不同一般可分为四类：

财产保险：是以各种财产以及与其相关的利益作为保险标的的保险，如国际货物运输保险。

责任保险：责任保险是承保制造、销售或修理商因其制造、销售或修理的产品有缺陷，致使用户或消费者遭受人身伤害或财产损失依法应由制造、销售或修理商承担的经济赔偿责任，如产品责任保险。

保证保险：是一种建立在信用基础上的担保业务，债权人或债务人以保护债权为目的的保险，如出口信用保险。

人身保险：是以人的生命和身体作为保险对象的一种保险，如寿险。

保险的基本原则是投保人（被保险人）和保险人签订保险合同、履行各自义务，以及办理索赔和理赔工作所必须遵守的原则。保险的基本原则主要有以下几条：

（1）可保利益（Insurable Interest）原则

投保人对保险标的具有保险利益。国际货运保险仅要求在保险标的发生损失时必须具有保险利益。就货物保险而言，反映在运输货物上的利益，主要是货物本身的价值，但也包括与此相关联的费用(运费、保险费、关税、预期利润等)。但它不像其他保险那样，只要求在保险标的发生损失时必须具有保险利益即可。

(2)最大诚信(Utmost Good Faith)原则

投保人和保险人在签订保险合同以及在合同有效期内，必须保持最大限度的诚意，双方都应恪守信用，互不欺骗隐瞒，保险人应当向投保人说明保险合同的条款内容，并可以就保险标的或者被保险人的有关情况提出询问，投保人应当如实告知。

(3)补偿(Indemnity)原则，又称损害赔偿原则

全部赔偿原则：以所造成的实际损害为限，损失多少，赔偿多少。

财产赔偿原则：无论是财产、人身还是精神损害，均以财产赔偿作为唯一办法。

损益相抵原则：赔偿权利人基于发生损害的同一原因受有利益，则应由损害额中扣除利益。

过失相抵原则：在损害赔偿之债中，基于与有过错的成立，而减轻加害人赔偿责任。

(4)近因(Proximate Cause)原则

近因是指导致损失发生的最直接、最有效的、起决定性作用的原因，而不是指时间上或空间上最接近的原因。尽管导致标的损失的原因有多种多样，但只有近因的影响一直持续着，并造成最终损失。例如，雷击折断大树，大树压坏房屋，房屋倒塌致使家用电器损毁，则家用电器损毁的近因就是雷击。

近因原则是指保险人只对保险风险直接引起的损失负责赔偿，而对不是由于承保风险直接引起的损失不负责任。近因原则是对保险标的物所受损失是否进行赔偿的一项重要依据。

海上保险中致损原因多种多样，有的比较单一，有的则相当复杂，如何区分其中哪个为近因，对于确定承保双方责任至关重要，综观各国保险实务，对近因适用大致可有以下几类：

①致损原因只有一个。这种情况较为简单，也是实务中较常见的一种。这时这个唯一的原因即为致损原因。如果它属于承保范围，保险人应付赔偿责任；如果它不是承保范围，保险人不负赔偿责任。

②致损原因多个，它们同时发生或相继发生，但彼此间相互独立。这种情况下，可能存在多个近因。事实上，它们中的每一个都可被视作是造成损失的近因。因此，如果这几个致损原因均为承保范围，则保险人应予赔偿；如果都不属于承保范围，保险人就不予赔偿。如果多种原因中既有投保的风险，又有未投保的风险，则存在以下几种情况：

◆ 如果各个致损原因造成的损失是可区分的，则保险人仅对属于承保责任的那部分损失负责赔偿。

◆ 如果损失不可分，应比照善意保险原则处理，按投保风险与未投保风险对损害造成的原因力的比例确定责任，此亦体现法之公平、正义，且有利于受害人原则。

◆ 如果造成损害原因中的未投保风险属于保险法和当事人在保险合同中注明的除外责任，则保险人不承担任何赔偿责任。

小思考：分析保险赔偿责任

（1）船舶发生碰撞，海水涌入船舱，油罐破裂，装载的货物既遭水损，又受油污损：

如果被保险人只投保了水渍险，则保险人只负水渍损失的赔偿责任。

如果被保险人在水渍险的基础上加保了混杂玷污险或投保了一切险，则保险人负全部赔偿责任。

（2）船舶在航行中遇到暴风雨，船上的货物被暴雨淋湿，然后甲板遭受海浪浸泡，由此产生了货物水渍损失和雨淋损失：

如果被保险人只投保了平安险，则保险人不负赔偿责任。

如果被保险人在水渍险的基础上，加保淡水雨淋险，或投保了一切险，则保险人负全部赔偿责任。

如果被保险人只投保了水渍险，且货物水渍损失和雨淋损失能够区分开来，则保险人只负水渍损失的赔偿责任。

如果货物水渍损失和雨淋损失不能区分开来，水渍损失非常小，则保险人不负任何赔偿责任。

（3）货物在运输途中遭受淡水雨淋和钩损：

如果被保险人投保的是一切险或在水渍险的基础上，加保了淡水雨淋险和钩损险，保险人负全部赔偿责任。

如果被保险人只投保了水渍险，保险人不负任何赔偿责任。

（资料来源：http://bm.gduf.edu.cn/kcpt/hsbxylysw/hsbxylysw/hsbxylysw16.htm）

③致损原因多个，彼此连续发生，但彼此间互为因果关系，或后因是前因的直接的必然结果、合理连续。这种情况下，由于前一个损因导致后一个损因发生，后一个损因是前一个损因的必然结果，因此，前一个损因应认为是致损的近因；如果前一个致损原因属于承保范围，则保险人应予赔偿；如果不属于承保范围，保险人就不予赔偿。

小思考：一艘货轮将皮革和烟草从加尔各答运往汉堡，在途经地中海时遇到了暴风雨，使大量海水打入货舱，皮革被海水浸泡致腐烂，同时产生大量气味使烟草串味，造成损失。

造成烟草损失的近因是什么？（造成烟草损失的近因是海上的恶劣气候及暴风雨，根据保险合同规定，保险人应予赔偿。）

④致损原因多个，它们间断发生，但对损失的形成都是不可缺少的条件。这种情况较为复杂，应分别对待：

◆ 如果一系列原因由一次新的原因介入而被打断，但中断前的原因对致损结果的产生存在着一种可能性，那么，即使这个介入原因不是直接和自然导致危险事件通常原因的可能结果，而只是一个独立原因，保险法中仍认为此介入原因为致损近因；

小思考：一个由于火车事故而致伤的人在横穿马路时又被汽车撞倒（由于他被火车事故所致的身体虚弱），那么他的死亡近因是马路上的交通事故所致还是火车事故？（死亡近因是外来原因——马路上的交通事故。)

政府命令实施灯火管制以防空袭,一辆汽车关灯停驶,导致与另一辆车冲撞,那么造成损失的近因是冲撞还是战争行为?(造成损失的近因是冲撞。)

◆ 如果一系列原因由一个新的原因介入而被打断,但中断前的原因对致损结果的产生存在着一种必然性,即使没有后来原因介入,最终致损结果也将合乎规律的必然发生,那么,保险法中视前一致损原因为近因。

小思考:船舶遭受鱼雷攻击,严重受损,沉没只是时间问题,随后大风暴又使船舶最终沉没,请分析造成这里船舶致损的近因。

(造成这里船舶致损的近因是鱼雷攻击,而不是海上风险。因为船舶被鱼雷击中后始终未脱离危险状态,即鱼雷击中这个原因一直起着支配作用。)

6.1.2 国际货物运输保险定义

国际货物运输保险属于财产保险的范畴,它是以运输过程中的各种货物作为保险标的,被保险人(买方或卖方)向保险人(保险公司)按一定金额投保一定的险别,并交纳保险费。保险人承保以后,如果保险标的在运输过程中发生约定范围内的损失,应按照规定给予被保险人经济上的补偿。国际货物买卖每笔交易都应办理货物运输保险。

国际货物运输保险的种类很多,其中包括海上货物运输保险、陆上货物运输保险、航空货物运输保险和邮包运输保险,其中以海上货物运输保险起源最早,历史最久。陆上、航空等货物运输保险都是在海上货物运输保险的基础上发展起来的。尽管各种不同货物运输保险的具体责任有所不同,但它们的基本原则、保险公司保障的范围等基本一致。

6.2 海上货物运输保险承保范围

海上货物运输保险承保的范围如图 6-1 所示,包括海上风险、海上损失与费用以及海上风险以外的其他外来原因所造成的风险与损失。正确理解海上货物运输保险的范围,对于我们了解保险条款,选择投保险别,以及一旦货物发生损坏和灭失,如何正确处理索赔等方面,都具有十分重要的意义。

6.2.1 风险

承保的风险是指保险人(保险公司)承保哪些风险。海洋运输货物承保的风险可以归结为海上风险和外来风险两大类。

(1)海上风险。海上风险主要包括以下两大类:自然灾害和意外事故。

①自然灾害(Natural Calamity)。自然灾害是指不以人们意志为转移的自然界力量所引起的灾害。但在海上保险业务中,它并不是泛指一切由于自然力量所造成的灾害,而是仅指恶劣气候、雷电、海啸、地震、或火山爆发等人力不可抗拒的灾害。具体内容详见表6-1。

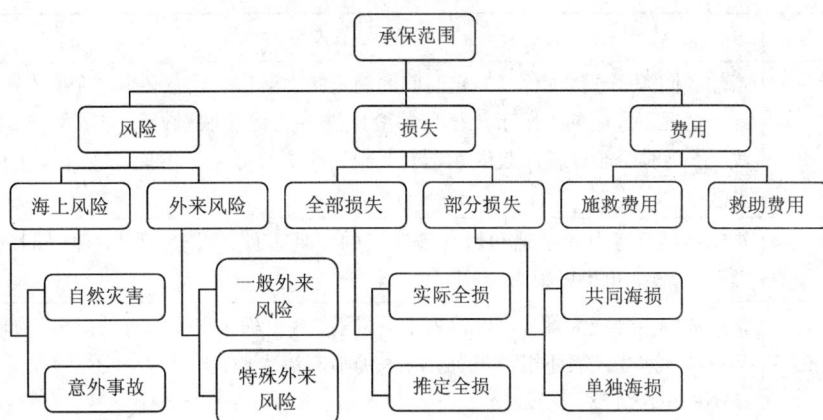

图 6 - 1　海运货物保险承保范围图

表 6 - 1　海上风险自然灾害含义表

序号	自然灾害	含义
1	恶劣气候	一般指海上飓风、大浪引起船舶颠簸、倾斜造成船舶的船体、机器设备的损坏或由此而引起的船上所载货物相互挤压、碰撞所导致的破碎、渗漏、凹瘪等损失
2	雷电	指被保险货物在海上或陆上运输过程中，由雷电所直接造成的、或由于雷电引起火灾所造成的损害
3	海啸	指由于海底地壳发生变异引起剧烈振荡而产生巨大波浪，致使被保险货物遭受损害或灭失
4	地震	指直接或归因于陆上的地震所引起的被保险货物的损失
5	火山爆发	指直接或归因于火山爆发所引起的被保险货物的损失
6	洪水	指山洪爆发、江河泛滥、潮水上岸及倒灌使被保险货物被浸泡、冲散、冲毁的损失
7	浪击落海	指舱面货物受海浪冲击落海而造成的损失，但不包括在恶劣气候下船身晃动而造成货物落海的损失
8	海水、湖水、河水进入船舶、驳船、运输工具、集装箱、大型海运箱或贮存处所	指海水、湖水、河水进入船舶等运输工具或储存处所造成的损失。另外，储存处所可以理解为包括陆上一切永久性的或临时性的、有顶篷或露天的贮存处所

②意外事故。意外事故一般是指由于偶然的非意料中的原因所造成的事故，但在海上保险业务中，所谓意外事故并不是泛指海上意外事故。而是仅指运输工具遭受搁浅、触礁、沉没、船舶与流冰或其他物体碰撞以及失踪、失火、爆炸等。具体内容详见表 6 - 2。

表 6-2 海上风险意外事故含义表

序号	意外事故	含义
1	搁浅	指船底同海底或浅滩保持一定时间的固定状态。这一状态必须是在事先预料不到的意外情况下发生的。至于规律性的潮汐涨落造成船底触及浅滩或滩床，退潮时搁浅、涨潮时船舶重新浮起继续航行，则属于必然现象，不能作为保险上的"搁浅"事故
2	触礁	指船体触及海中的险礁和岩石等造成的意外事件，叫"触礁"。船只同沉船的"残骸"相接触，也可以视为"触礁"
3	沉没	指船体的全部或大部分已经没入水面以下，并已失去继续航行的能力。如船体的一部分浸入水中或者不继续下沉，海水仍不断渗入舱内，但船只还具有航行能力的，则不能视作沉没
4	碰撞	指船舶与他船或其他固定的，流动的固体物猛力接触。例如同码头、桥梁、浮筒、灯标等相撞。船只同海水的接触以及船只停泊在港口内与他船并排停靠码头旁边，因为波动相互挤擦，均不能作为碰撞
5	失踪	指船舶在航运中失去联络，音讯全无，达到一定时间，仍无消息，可以按"失踪"论处。这"一定"时间，并无统一的规定，有些国家规定为 6 个月，也有定为 4 个月的。船舶的失踪，大部分是由于海上灾害引起的，但也有人为因素造成的，如敌方的扣押，海盗的掳掠等
6	失火	又叫火灾，它既包括船只本身、船上设备和机器的着火，也包括货物自身的燃烧等。引起火灾的原因很多，有自然灾害的因素，如闪电、雷击等；有的是货物本身的特性受到外界气候、温度等影响而自燃，如黄麻、煤块等在一定高温下自己燃烧起来；有的是人为因素，如船上人员或修船人员的疏忽所引起，如烟蒂未熄灭，使用电焊器火花溅及物体等引起的燃烧
7	爆炸	是指船上锅炉或其他机器设备发生爆炸和船上货物因气候条件（如温度）影响产生化学反应引起的爆炸

（2）外来风险

外来风险一般是指海上风险以外的其他外来原因所造成的风险。外来风险可分为一般外来风险和特殊外来风险。

①一般外来风险。一般外来风险是指被保险货物在运输途中由于偷窃、短量、雨淋、玷污、渗漏、破碎，受热受潮、串味等外来原因所造成的风险。其主要风险含义分述详见表 6-3。

表 6-3 主要的一般外来风险表

序号	风险名称	风险含义
1	偷窃	指暗中的窃取，不包括公开的攻击性的劫夺
2	短量	指货物在运输过程中发生重量短少
3	淡水雨淋	指由于淡水、雨水或融雪而导致货物水残的损失
4	玷污	指货物在运输途中受到其他物质的污染所造成的损失

续表 6 - 3

序号	风险名称	风险含义
5	渗漏	指流质或者半流质的物质因为容器的破漏引起的损失
6	破碎	指易碎物品遭受碰压造成破裂、碎块的损失
7	受热受潮	指由于气温的骤然变化或者船上的通风设备失灵，使船舱内的水汽凝结，引起发潮发热导致货物的损失
8	串味	指货物受到其他异味物品的影响而引起串味导致的损失
9	生锈	指货物在运输过程中发生锈损现象
10	钩损	指货物在装卸搬运的操作过程中，由于挂钩或手钩使用不当而导致货物的损失
11	短少和提货不着	指货物在运输途中被遗失而未能运到目的地，或运抵目的地发现整件短少，未能交给收货人
12	碰损	指金属及其制品在运输途中因受震动、受挤压而造成变形等损失

②特殊外来风险。特殊外来风险是指由于军事、政治，国家政策法令以及行政措施等特殊外来原因所造成的风险与损失。例如战争、罢工、因船舶中途被扣而导致交货不到，以及货物被有关当局拒绝进口或没收而导致的损失等。

6.2.2　海上损失

这里的损失是指保险人承保哪些损失。损失分海上损失（海损）和外来损失。

外来损失分为一般外来风险造成的损失和特殊外来风险造成的损失。

海上损失（Maritime Loss）是指被保险货物在海洋运输中由于发生海上风险所造成的损坏或灭失，又称为海损（Average）。按货物损失的程度，海损可分为全部损失与部分损失；按货物损失的性质，海损又可分为共同海损和单独海损，二者在保险业务中均属于部分损失的范畴。

（1）全部损失（Total Loss）

简称"全损"，是指运输中的整批货物或不可分割的一批货物的全部损失。全部损失又可分为实际全损和推定全损两种

①实际全损（Actual Total Loss）。一般是指被保险货物全部灭失，或全部变质或全部不能归还货主所有等情形而言，具体包括以下几种情况：

A. 保险标的物完全灭失。如载货船舶遭遇海难后沉入海底，保险标的物实体完全灭失。

B. 保险标的物的物权完全丧失已无法挽回。例如，载货船舶被海盗抢劫，或船货被敌对国扣押等，虽然标的物仍然存在，但被保险人已失去标的物的物权。

C. 被保险货物遭受严重损害，已丧失形体、用途和价值。如水泥受海水浸泡后变硬；烟叶受潮发霉后已失去原有价值，如茶叶经水泡后，虽没有灭失，仍旧是茶叶，但已不能饮用，失去商业价值。

D. 载货船舶失踪达到一定时期仍无音信。在国际贸易实务中，一般根据航程的远近和

航行的区域来决定时间的长短。

②推定全损(Constructive Total Loss)一般是指保险标的物受损后并未全部灭失,但若进行施救、整理、修复所需的费用或者这些费用再加上续运至目的地的费用的总和,估计要超过货物在目的地完好状态的价值。

A. 保险标的实际全损已经无法避免,或者是为了避免实际全损,需要花费的施救费用,将超过获救后标的的价值。

B. 保险标的发生保险事故后,使被保险人失去标的的所有权,而收回这一所有权所需花费的费用,将超过收回后的价值。

C. 保险标的受损后,整理和续运到目的地的费用,超过货物到达目的地的价值。

D. 保险标的受损后,修理费用已超过货物修复后的价值。

实际全损和推定全损的区别见表6-4:

表6-4 实际全损和推定全损表

区别	实际全损	推定全损
强调内容不同	实际全损强调全损已出现,无法补救	推定全损强调全损是将来的/可以补救的
手续不同	实际全损,被保险人无须办理任何法律手续	推定全损下,被保险人要求保险人按全损赔偿前,必须先发出委付通知

(2)部分损失(Partial Loss)

是指被保险货物的一部分毁损或灭失,没有达到全部损失的程度。部分损失可以分为共同海损和单独海损:

①共同海损(General Average):是指载货船舶在海上遇到灾害、事故,威胁到船货等各方面的共同安全,为了解除这种威胁,维护船货安全,使航程得以继续完成,船方有意识地、合理地采取措施,造成某些特殊损失或者支出特殊额外费用。

构成共同海损必须具备以下条件:

A. 共同海损的危险必须是实际存在的,或者是不可避免而产生的,不是主观臆测的。因为不是所有的海上灾害、事故都会引起共同海损危险的。只有危险是实际存在的或者是不可避免地产生时,才构成共同海损。

B. 消除船、货共同危险而采取的措施,必须是有意识的和合理的。采取共同海损的措施,必须是以维护船只和所有载运物资的共同安全为目的。如只是为了船舶或货物单方面的利益而造成的损失,则不能作为共同海损。

C. 必须是在非常性质下,以脱险为目的作出的牺牲或引起的特殊费用。如船只搁浅之后,为使船只脱浅,非正常地使用船上轮机,因而使轮机遭受到损坏,即属于非常性质的损失。

D. 牺牲或费用,最终必须是有效的。

小思考: 某一货船从上海驶往马赛途中,遭遇暴风雨,船身严重斜倾,即将倾覆,船长为了避免船只覆没,命令船员抛弃船舱内的一部分货物以保持船身平衡。这种抛弃是共同海损吗?

常见的共同海损案件一般有以下几种类型或范围：

A. 为船货共同安全，减轻船重，防止船舶沉没，将部分货物或船舶设备抛入海中；

B. 为急于抛弃货物，在船边或舱面开凿洞口，使船身、甲板等遭受损失；

C. 为扑灭船上火灾，灌浇海水、淡水或化学灭火剂造成船或货的损失；

D. 采取紧急的人为搁浅措施造成船或货的损失；

E. 为使船舶搁浅后能重新起浮，过度开动船上机器造成机器损坏；

F. 船舶遇到意外事故后支付其他船的救助报酬。

共同海损的分摊（GA Contribution）：由于共同海损的牺牲和费用均为使船舶、货物和运费免于遭受损失而支出的，因而不论损失与费用有多大，都应由船方、货主和付运费方按最后获救价值共同按比例分摊。这种分摊称为共同海损的分摊。

共同海损造成的损失，国际上统一的规定是由得到好处的三家共同分摊。其三家包括船方、货方、运货方。至于这三方如何分摊，国际上对"共同海损"有个理算规则，叫"安特卫普规则"，我国也有一个"北京理算规则"，可以根据相关的规则进行理算。

小知识：

共同海损理算（General Average Adjustment）过程

①确定共同海损损失金额。船舶、货物和运费的共同海损损失金额，按以下标准计算：船舶的损失金额，按照损失部分实际支付的合理修理费用计算，尚未进行修理，则按必要修理的合理估计费用计算。燃料、物料等损失按实际价值计算。货物的损失金额，按照损失部分的到岸价格，减除由于损失无须支付的运费。运费的损失，按照货物遭受损失而引起的运费损失金额，减除由于损失无须支付的营运费用计算。

②确定共同海损分摊价值。共同海损损失应由各受益方按各自的分摊价值比例分摊。分摊价值是指由于共同海损措施而受益的财产（包括船舶、货物、运费等）以及遭受共同海损损失而获得补偿的财产金额。

关于船舶分摊价值，按照船舶在航程终止时的当地完好价值减除不属于共同海损的损失金额计算；或者按照船舶在航程终止时的当地实际价值加上共同海损的损失金额计算。

关于货物的分摊价值，按照货物的到岸价格，减除不属于共同海损的损失金额和承运人承担风险的运费计算。未经申报的货物或谎报的货物，应按实际价值参加分摊；如果这些货物遭受损失，不得列入共同海损。旅客行李和个人物品，除特殊情况下，不参加共同海损分摊。

关于运费分摊价值，按照承运人承担风险并于事后收得的运费，根据共同海损事故发生时尚未完成的航程，作相应比例的扣减，加上列入共同海损的运费损失金额计算。

③最后，确定共同海损分摊金额。共同海损分摊金额，又称"摊水费"，指由于共同海损措施而受益的船舶、货物和运费等应分摊共同海损的数额。确定各受益方的分摊金额，实践中一般按下列步骤计算各受益方分摊的共同海损金额：先将共同海损总金额除以共同海损分摊价值总额，计算出共同海损损失率。然后用各受益方的分摊价值分别乘以共同海损损失率，得到各受益方应分摊的共同海损金额。为保证分摊共同海损，经有关方的要求，各分摊方应提供共同海损担保。

（资料来源：http：//www. ndcnc. gov. cn/datalib/2003/NewItem/DL/DL – 458973 及 http：//pdf. sznews. com/gb/content/2001 – 08/09/content_87052. htm）

②单独海损(Particular Average)：是指保险标的在海上遭受承保范围内的风险所造成的部分灭失或损害，即指除共同海损以外的部分损失。

小思考：

①某公司出口核桃仁100公吨，在海运途中遭受暴风雨，海水浸入舱内，核桃仁受水泡变质，这种损失是共同海损吗？

②船舶搁浅时，为了使船舶脱险，雇用拖驳强行脱浅的费用是共同海损吗？

共同海损和单独海损均属部分损失，单独海损的事故往往先于共同海损的行为而发生，两者经常是有联系的。但二者的性质、起因和补偿方法有较大的区别，具体区别见表6－5：

表6－5　共同海损和单独海损的区别表

区别	共同海损	单独海损
致损原因不同	共同海损是人为的，为了解除或者减轻风险人为造成的一种损失（即船方采取措施）	单独海损是风险直接导致的损失
损失的承担者不同	共同海损费用由获救后各方的利益大小按比例分摊	单独海损的费用由受损方自己（或保险公司）承担
损失的内容不同	共同海损造成的损失除货物之外还包括支付的费用	单独海损是保险的货物

例6－1　维多利亚号2009年从荷兰的鹿特丹港开出驶向中国，船上装有轮胎、钢铁、棉花、木材，当船航至上海海面时突然着火，经救助造成以下损失：

A. 抛弃全部轮胎 USD10000，其中 20% 已着火。

B. 扔掉未着火的木材及其他易燃物质价值 USD2000。

C. 烧掉棉花 USD6000。

D. 船甲板被烧 100 平方厘米，修理费用 USD500。

E. 检查费用 USD100。

求：共同海损与单独海损各为多少？

解答：

GA = 10000 × 80% + 2000 + 100 = 10100（美元）

PA = 10000 × 20% + 6000 + 500 = 8500（美元）

例6－2　有一货轮在航行中与流冰相撞。船身一侧裂口，舱内部分乙方货物遭浸泡。船长不得不将船就近驶入浅滩进行排水，修补裂口。而后为了浮起又将部分甲方笨重的货物抛入海中。乙方部分货物遭受浸泡损失了3万美元，将船舶驶上浅滩以及产生的一连串损失共为8万美元，请问如何分摊损失？（该船舶价值为100万美元，船上载有甲乙丙三家的货物,分别为50万、33万、8万美元,待收运费为2万美元。)请问共同海损如何分担?

解答:

①分析共同海损和单独海损,乙方部分货物遭受浸泡损失了3万美元属于单独海损,抛入海中的部分甲方笨重的货物属于共同海损,船舶驶上浅滩以及产生的一连串损失共为八万美元均为共同海损。因此需要分摊的共同海损共计8万美元。

②确定分摊价值,船方船舶价值100万美元,甲方分摊价值50万,乙方由于损失了3万美元,所以分摊价值为33万减去3万元即30万美元。丙方分摊价值8万美元,代收运费2万美元。共计100+50+30+8+2=190万美元。

③计算分摊比率。共同海损8万美元,分摊价值190万美元,分摊比率为8/190=0.0421

④具体分摊金额计算见表6-6:

表6-6

各有关方	标的物价值(万美元)	分摊金额(万美元)
船方	100	4.210
货方甲	50	2.104
货方乙	33-3=30	1.263
货方丙	8	0.337
运费方	2	0.086
合计	190	8

6.2.3 海上费用

海上费用是指保险人即保险公司承保的费用。承保的费用是指保险人(保险公司)在保险标的物因遭遇保险责任范围内的事故而产生的费用方面的损失给予的赔偿。保险货物遭遇保险责任范围内的事故,除了能使货物本身受到损毁导致经济损失外,还会产生费用方面的损失。这种费用,保险人也给予赔偿,主要有:

(1)施救费用(Sue and Labor Expenses)

施救费用是指当保险标的遭遇保险责任范围内的灾害事故时被保险人或者他的代理人、雇佣人员和受让人等为防止损失的扩大而采取抢救措施所支出的费用,由保险人支付。这种费用常与单独海损费用相联系,无论有无效果保险人都予以赔偿。

(2)救助费用(Salvage Charge)

救助费用是指保险标的遭遇保险责任范围内的灾害事故时,由保险人和被保险人以外的第三者采取救助行动,对于此种救助行为,按照国际法的规定:获救方应向救助方支付相应的报酬,所支付的该项费用被称为救助费用,由保险人支付。这种费用常与共同海损费用相联系,若无效果,保险人将不予以赔偿。

(3)合理费用

合理费用主要包括合理的法律抗辩费用和船舱搁浅后检验舱底的费用。法律费用指由于碰撞事故或第三方过失使保险船舶受损，被保险人向第三方索赔、起诉或仲裁所引起的法律、仲裁费用。船舶搁浅后检查船底如未发现船底损坏，保险人仍应赔付这笔检查费用。

6.3　我国海洋货物运输保险险别

保险险别是保险人对风险和损失的承保责任范围，它是保险人与被保险人履行权利与义务的基础，也是保险人承保责任大小和被保险人缴付保险费多少的依据。海洋运输货物保险的险别很多，概括起来分为基本险别和附加险别两大类。

6.3.1　基本险

中国人民财产保险公司为适应我国对外经贸发展需要，根据我国保险业务实际情况，参照国际保险市场做法，制定了《中国保险条款》（China Insurance Clauses CIC）。其中包括海洋货物运输保险条款等内容，中国人民财产保险公司 1981 年 1 月 1 日修订了海洋货物运输保险条款、海洋货物运输战争险条款等内容。根据我国现行的《海洋货物运输保险条款》的规定，在基本险当中包括平安险、水渍险和一切险三种。

（1）平安险（Free From Particular Average F. P. A）

平安险这一名称在我国保险行业中沿用甚久。从其英文原意是指单独海损不负责赔偿。当前平安险的承保责任范围包括：

①被保险货物在运输途中由于恶劣气候、雷电、海啸、地震、洪水等自然灾害造成的实际全损或推定全损。

②由于运输工具遭遇搁浅、触礁、沉没、互撞、与流冰或其他物体碰撞以及失火、爆炸等意外事故造成被保险货物的全部或部分损失。

③只要运输工具曾经发生搁浅、触礁、沉没、焚毁等意外事故，不论这意外事故发生之前或者之后曾在海上遭遇恶劣气候、雷电、海啸等自然灾害造成的被保险货物的部分损失。

④在装卸或转船时，一件或数件整件货物落海造成的全损或部分损失。

⑤被保险人对遭风险的货物采取抢救、以防止或减少损失所支付的合理费用，但以不超过保险金额为限。

⑥运输工具遭海难后，在避难港产生的特别费用（如卸、存、运等）。

⑦共同海损的牺牲、分摊和救助费用。

⑧"船舶互撞条款"中规定由货方偿还船方的损失。

小思考：判断下列各题若投平安险是否赔偿？

①运输货物的船舶在运输途中触礁，海水涌进船舱，将甲商人的 5000 公吨货物浸泡 2000 公吨。（赔偿 2000 公吨）

②货物在运输途中遭遇恶劣天气，海水涌进船舱，将乙商人 6000 公吨货物浸泡 3000 公吨。（不予赔偿）

③货物运输途中遭遇恶劣天气，海水涌进船舱，将丙商人 6000 公吨货物全部浸泡。（赔偿）

④货物运输途中，自来水管破裂，将戊商人的 8000 公吨货物浸泡 3000 公吨。（不予赔偿）

（2）水渍险（With Particular Average W. A 或 W. P. A）

水渍险的责任范围，除包括上列"平安险"的各项责任外，还负责被保险货物由于恶劣气候、雷电、海啸，地震、洪水等自然灾害所造成的部分损失。

（3）一切险（All Risks A. R）

一切险的责任范围除包括"平安险"和"水渍险"的所有责任外，还包括货物在运输过程中，因一般外来原因所造成的被保险货物的全损或部分损失。一切险的承保责任范围是各种基本险中最广泛的一种，因而，比较适宜于价值较高，可能遭受损失因素较多的货物投保。

上述三种险别都是货物运输的基本险别，被保险人可以从中选择一种投保。此外，保险人可以要求扩展保险期，例如对某些内陆国家出口货物，如在港口卸货转运内陆，无法按保险条款规定的保险期内到达目的地，即可申请扩展。经保险公司出立凭证予以延长，每日加收一定保险费。

不过在上述三种基本险别中，明确规定了除外责任。所谓除外责任（Exclusion）是指保险公司明确规定不予承保的损失或费用。基本险除外责任主要有：

①被保险人的故意行为或过失所造成的损失。

②属于发货人的责任所引起的损失。

③在保险责任开始承担前，被保险货物已存在品质不良或数量短差所造成的损失。

④被保险货物的自然损耗、本质缺陷、特性及市价跌落、运输延迟所引起的损失或费用。

⑤战争险条款和罢工险条款所规定的责任及除外责任。

小思考：保险责任范围比较。

（一切险 > 水渍险 > 平安险）

6.3.2　附加险

《中国保险条款》中的附加险有一般附加险和特殊附加险两大类。

（1）一般附加险

一般附加险所承保的是由于一般外来风险所造成的货物损失，共有 11 个险别。具体内容如表 6 -7 所示：

表 6 - 7　一般附加险险别表

序号	险别	含义
1	偷窃提货不着险（Theft, Pilferage and non-Delivery, 简称 t. p. n. d.)	保险有效期内，保险货物被偷走或窃走，以及货物运抵目的地以后，整件未交的损失由保险公司负责赔偿
2	淡水雨淋险（Fresh Water and/or Rain Damage，简称 f. w. r. d.)：	对直接遭受雨水、淡水以及雪融水浸淋所致的损失保险公司负责赔偿。淡水是与海水相对而言，包括船上淡水管漏水、舱汗等
3	短量险（Risk of Shortage in Weight）	对因外包装破裂或散装货物发生数量损失和实际重量短缺的损失保险公司负责赔偿，但不包括正常运输途中的损耗
4	混杂、玷污险（Risk of Intermixture & Contamination）	对在运输过程中因混进杂质或被玷污所致的损失保险公司负责赔偿
5	渗漏险（Risk of Leakage）	流质、半流质的液体物质和油类物质，在运输过程中因为容器损坏而引起的渗漏损失均由保险公司负责赔偿
6	碰损、破碎险（Risk of Clash & Breakage）	对金属、木质等货物因震动、颠簸、挤压所造成的碰损和对易碎性货物运输途中由于装卸野蛮、粗鲁、运输工具的颠震所造成的破碎损失
7	串味险（Risk of Odor）	对于被保险的食用物品、中药材、化妆品原料等因受其他物品的影响而引起的气味损失，保险公司负责赔偿
8	受热、受潮险（Damage Caused by Heating & Sweating）	对因气温突然变化或由于船上通风设备失灵导致船舱内水汽凝结、受潮或受热所造成的损失保险公司负责赔偿
9	钩损险（Hook Damage Risk）	对在装卸过程中使用手钩、吊钩所造成的损失保险公司负责赔偿
10	包装破裂险（Loss for Damage by Breakage of Packing）	对因运输或装卸不慎，包装破裂所造成的损失。以及为继续运输安全的需要对包装进行修补或调换所支付的费用，保险公司均负责赔偿
11	锈损险（Risk of Rust）	保险公司负责保险货物在运输过程中因为生锈造成的损失。不过这种生锈必须在保险期内发生，如原装时就已生锈，保险公司不负责任

上述 11 种附加险不能独立投保，它必须附属于主要险别下。只有在投保了主要险别以后，投保人才允许加保附加险。当投保险别为平安险或者水渍险时，可以根据货物的特性和运输的条件加保其中一种或者数种险别。但是如果已经投保了一切险，就不需要再加保任何一般附加险的险别，因为保险公司对于各个一般附加险别的责任已经包含在一切险的责任范围内。

（2）特殊附加险（Special Additional Risks）

目前中国人民财产保险公司承保的特殊附加险别有交货不到险（Failure to Delivery Risks）、进口关税险（Import Duty Risk）、黄曲霉素险（Aflatoxin Risk）和出口货物到香港（包括九龙在内）或澳门存储仓火险责任扩展条款（Fire risk extention Clause for Storage of Cargo at destination Hongkong, including Kowloon or Macao）。此外，还包括战争险（War Risk）和罢工险（Strike Risk）等。

海上货物运输罢工险是保险人承保被保险货物因罢工等人为活动造成损失的特殊附加险。我国保险人对罢工险的保险责任范围包括：

①罢工者、被迫停工工人或参加工潮暴动、民众斗争的人员的行动所造成的直接损失；

②任何人的敌意行动所造成的直接损失；

③因上述行动或行为引起的共同海损的牺牲、分摊和救助费用。

海洋运输货物罢工险以罢工引起的间接损失为除外责任，即在罢工期间由于劳动力短缺或不能运输所致被保险货物的损失，或因罢工引起动力或燃料缺乏使冷藏机停止工作所致冷藏货物的损失。

海上货物运输战争险是保险人承保战争或类似战争行为导致的货物损失的特殊附加险。被保险人必须投保货运基本险之后，才能经特别约定投保战争险。

战争险的保险责任包括：

①直接由于战争、类似战争行为和敌对行为、武装冲突或海盗行为所致的损失。

②由于上述原因所引起的捕获、拘留、扣留、禁制、扣押所造成的损失。

③各种常规武器，包括水雷、鱼雷、炸弹所致的损失。

④由于上述原因所引起的共同海损的牺牲、分摊和救助费用。

海上货物运输战争险的除外责任包括：

①由于敌对行为使用原子或热核制造的武器（如原子弹、氢弹等）所致的损失和费用；

②根据执政者、当权者，或其他武装集团的扣押、拘留引起的承保航程的丧失和挫折而提出的任何索赔

6.3.3　仓到仓条款

根据国际保险市场的习惯做法，中国人民财产保险公司的海洋运输货物保险条款规定的基本险保险责任起讫期限为仓到仓条款（Warehouse to Warehouse Clause，W/W Clause）即保险公司的保险责任自被保险货物运抵保险单所载明的启运地仓库或者储存处所开始运输时生效，包括正常运输过程中的海上、陆上、内河和驳船运输在内，直至该项货物到达保险单所载明目的地收货人的最后仓库或者储存处所位置。如未抵达上述仓库或者储存处所，则以被保险货物在最后卸载港全部卸离海轮后满 60 天为止。如在上述 60 天内被保险货物需要转运至非保险单所载明的目的地时，则于该项货物开始转运时终止。罢工险的保险责任期间是"仓至仓"；已投保战争险又加保罢工险时，一般不另行收费。

战争险的责任起讫与"平安险"、"水渍险"及"一切险"的责任起讫不同，它不采用仓至仓条款。战争险的负责期限仅限于水上危险或运输工具上的危险。例如，海运战争险规定自保险单所载明的起运港装上海轮或驳船时开始，直到保险单所载明的目的港卸离海轮或驳船时为止，如果货物不卸离海轮或驳船，则保险责任最长延至货物到目的港之当日午夜起算 15 天为止。如在中途港转船，则不论货物在当地卸载与否，保险责任以海轮到达该港或卸货地点的当日午夜起算满 15 天为止，待再装上续运的海轮时，保险人仍继续负责。

此外，保险人可以要求扩展保险期，例如，对某些内陆国家出口货物，如在港口卸货转运内陆，无法按保险条款规定的保险期限内到达目的地，即可申请扩展。经保险公司出立凭证予以延长，每日加收一定保险费。

6.4　伦敦保险协会海运货物保险条款

目前，在国际保险市场上，具有较大影响的是英国伦敦保险协会所制定的《协会货物保险条款》(Institute Cargo Clause，缩写为 ICC)。

伦敦保险协会修订的海运货物保险条款规定了 A 险、B 险、C 险、战争险、罢工险和恶意损害险 6 种险别，前三者是主险，可单独投保，后三者是附加险，一般不能单独投保。在需要时，战争险、罢工险可独立投保。6 种新的险别条款中，除恶意损害险之外，其他都按条文性质统一划分为八个部分，即承保范围、除外责任、保险期限、索赔期限、保险利益、减少损失、防止延迟和法律惯例。

6.4.1　协会货物保险主要险别的承保风险与除外责任

在险别条款中，承保风险和除外责任是最关键的内容。

（1）ICC(A)险承保风险和除外责任

①ICC(A)险的承保风险，根据伦敦保险协会对新条款的规定方法，对 ICC(A)险是采用"一切风险减除外责任"的办法，即除了"除外责任"项下所列风险保险人不予负责外，其他风险均予负责。

②ICC(A)险的除外责任：

◆一般除外责任。如归因于被保险人故意的不法行为造成的损失或费用；自然渗漏、自然损耗、自然磨损、包装不足或不当所造成的损失或费用；保险标的内在缺陷或特性所造成的损失或费用；直接由于延迟所引起的损失或费用；由于船舶所有人、租船人经营破产或不履行债务所造成的损失或费用；由于使用任何原子或热核武器所造成的损失或费用。

◆不适航、不适货除外责任。所谓不适航、不适货除外责任是指保险标的在装船时，如被保险人或其受雇人已经知道船舶不适航，以及船舶、装运工具、集装箱等不适货，保险人不负赔偿责任。

◆战争除外责任。如由于战争、内战、敌对行为等造成的损失或费用；由于捕获、拘留、扣留等(海盗除外)所造成的损失或费用；由于漂流水雷、鱼雷等造成的损失或费用。

◆罢工除外责任。罢工者、被迫停工工人造成的损失或费用以及由于罢工、被迫停工所造成的损失或费用等。

（2）ICC(B)险的承保风险和除外责任

①ICC(B)险的承保风险。根据伦敦保险协会对 ICC(B)险和 ICC(C)险规定，其承保风险的做法是采用"列明风险"的方法，即在条款的首部开宗明义地把保险人所承保的风险一一列出。

②ICC(B)险的除外责任，与 ICC(A)险的除外责任基本相同，但有下列两点区别：

◆ICC(A)险只对被保险人的故意不法行为所造成的损失、费用不负赔偿责任外，对于被保险人之外的任何个人或数人故意损害和破坏标的物或其他任何部分的损害要负赔偿责任。但在 ICC(B)险下,保险人对此也不负赔偿责任。

◆ ICC(A)险对海盗行为列入保险范围,而 ICC(B)险不对海盗行为负保险责任。

(3)ICC(C)险的承保风险和除外责任

①ICC(C)险承保风险比 ICC(A)险、ICC(B)险要小得多,它只承保"重大意外事故",而不承保"自然灾害及非重大意外事故"。

②ICC(C)险的除外责任。其除外责任与 ICC(B)险完全相同。

综上所述,如表 6-8 所示,ICC(A)险条款其承保风险类似我国的"一切险",ICC(B)险条款类似"水渍险",ICC(C)险条款类似"平安险",但比"平安险"的责任范围要小一些。

表 6-8　伦敦保险协会和中国人民财产保险公司货物保险对比表

伦敦保险协会货物保险	中国人民财产保险公司
ICC(A)条款	类似"一切险"
ICC(B)条款	类似"水渍险"
ICC(C)条款	类似"平安险",但比"平安险"的责任范围要小一些

6.4.2　协会货物保险主要险别的保险期限

保险期限亦称保险有效期,是指保险人承担保险责任的起止期限。英国伦敦保险协会海运货物条款(A)、(B)、(C)条款与上节所述我国海运货物保险期限的规定大体相同,也是"仓至仓",但比我国条款规定更为详细。

在我国进出口业务中,特别是以 CIF 条件出口时,有些国外商人如要求我国出口公司按伦敦保险协会货物条款投保,我国出口企业和中国人民财产保险公司也可通融接受。

6.5　其他运输方式下的货物运输保险

其他运输方式下的货物运输保险主要包括陆运货物险,空运货物险和邮包运输险等。下面主要对这三种常用的保险进行介绍。

6.5.1　陆运货物险

陆运货物险险别分为陆运险、陆运一切险和陆运战争险,其承保的责任范围如下:

(1)陆运险的责任范围

本保险负责赔偿:

①被保险货物在运输途中遭受暴风、雷电、洪水、地震自然灾害,或由于运输工具遭受碰撞、倾覆、出轨,或在驳运过程中因驳运工具遭受搁浅、触礁、沉没、碰撞,或由于遭受隧道坍塌、崖崩,或失火、爆炸意外事故所造成的全部或部分损失。

②被保险人对遭受承保责任内危险的货物采取抢救,防止或减少货损的措施而支付的合理费用,但以不超过该批被救货物的保险金额为限。

（2）陆运一切险的责任范围

除包括上述陆运险的责任外，保险公司对被保险货物在运输途中由于一般外来原因造成的短少、短量、偷窃、渗漏、碰损、破碎、钩损、雨淋、生锈、受潮、受热、发霉、串味、玷污等全部或部分损失，也负赔偿责任。

（3）陆上运输货物保险的除外责任

①被保险人的故意行为或过失所造成的损失。

②属于发货人责任所引起的损失。

③在保险责任开始前，被保险货物已存在的品质不良或数量短差所造成的损失。

④被保险货物的自然损耗、本质缺陷、特性以及市价跌落、运输延迟所引起的损失或费用。

⑤陆上运输货物战争险条款和货物运输罢工险条款规定的责任范围和除外责任。

（4）保险责任的起讫期限

陆运"仓至仓"条款保险责任的起讫期限与海洋运输货物保险的仓至仓条款基本相同，是从被保险货物运离保险单所载明的启运地发货人的仓库或储存处所开始运输时生效。包括正常陆运和有关水上驳运在内，直到该项货物送交保险单所载明的目的地收货人仓库或储存处所，或被保险人用作分配、分派或非正常运输的其他储存处所为止。但如未运抵上述仓库或储存处所，则以被保险货物到达最后卸载的车站后，保险责任以60天为限。

（5）陆运战争险

陆运战争险与海运战争险，就战争险的共同责任范围来说，基本上是一致的。即对直接由于战争、类似战争行为以及武装冲突所导致的损失，如货物由于捕获、扣留、拘留、禁制和扣押等行为引起的损失应负责赔偿。陆运战争险与海运战争险由于运输工具有其本身的特点，具体责任有一些差别，但就战争险的共同负责范围来说，基本上是一致的。即对直接由于战争、类似战争行为以及武装冲突所导致的人，如货物由于捕获、扣留、禁制和扣押等行为引起的损失应负责赔偿。

6.5.2 空运货物险

它包括航空运输险、航空运输一切险和航空运输战争险。

（1）航空运输险

被保险货物在运输途中遭受雷电、火灾、爆炸或由于飞机遭受恶劣气候或其他危难事故而被抛弃，或由于飞机遭受碰损、倾覆、坠落或失踪等意外事故所造成的全部或部分损失。包括为此采取的抢救、防止或减少货损的措施而支付的合理费用也负责赔偿，但以不超过被救货物的保险金额为限。与海运险中的"水渍险"大致相同。

（2）航空一切险

除航空险的责任范围外，还对被保险货物在运输途中由于外来原因造成的，包括被偷窃、短少等全部或部分损失，也负赔偿责任。

（3）航空运输战争险

属于附加险，包括运输途中由于战争、类似战争行为、敌对行为或武装冲突以及各种常规武器和炸弹所造成的货物损失。原子武器或热核武器造成的损失除外。

（4）空运货物险的责任起讫

采用"仓至仓"条款。如保险货物未到达上述仓库或储存处所,则以被保险货物在最后卸货地卸离飞机后满 30 天为止。

航空运输货物战争险的起讫责任,是自货物装上飞机时开始,到卸离飞机为止,但最长以飞机到达目的地当天午夜起满 15 天为限。

6.5.3　邮包运输险

邮包运输险承保通过邮政局邮包邮递的货物在邮递过程中发生保险事故所致的损失。不论邮包采用何种运输工具,保险公司对海陆空的邮包都负责,三种联运亦负责。邮包运输险按其保险责任分为邮包险(Parcel Post Risks)和邮包一切险(Parcel Post all Risks)两种。前者与海洋运输货物保险水渍险的责任相似,后者与海洋运输货物保险一切险的责任基本相同。在投保这两种基本险别之一的基础上,还可酌情加保一种或若干种附加险。

(1)邮包险

责任范围:

①包括被保险邮包在运输途中由于恶劣气候、雷电、海啸、地震、洪水自然灾害或由于运输工具遭受搁浅、触礁、沉没、碰撞、倾覆、出轨、坠落、失踪,或由于失火、爆炸意外事故所造成的全部或部分损失。

②被保险人对遭受承保责任内危险的货物采取抢救、防止或减少货损的措施而支付的合理费用,但以不超过该批被救货物保险金额为限。

(2)邮包一切险

责任范围:除包括上述邮包险的范围外,还负责赔偿被保险邮包在运输途中由于外来原因造成的(包括被偷窃、短少在内)的全部或部分损失。

(3)邮包战争险

它是一种附加险,承保邮运途中发生战争等行为造成货物的损失。

(4)邮包运输险的责任起讫

邮包险和邮包一切险的保险责任,是自被保险邮包离开保险单所载起运地点寄件人的处所运往邮局时开始生效,直至该项邮包运达保险单所载明的目的地邮局,自邮局发出到货通知给收件人的当日午夜起算,满 15 天为止。但在此期限内,邮包一经递交至收件人处所,保险责任即告终止。

6.6　合同中的保险条款

保险条款所涉及的内容有保险金额、投保险别、保险费、保险单证和保险适用条款等。因为保险条款与价格条款有着必然的联系,所以采用不同的价格条款,投保人不同,保险条款的订立方法亦不相同,以哪一个保险公司的保险条款为准也不同。目前,我国通常采用中国人民财产保险公司 1981 年 1 月 1 日生效的货物运输保险条款为依据。但有时国外客户要求按照英国伦敦保险业协会货物保险条款为准,我方也可以通融接受。

保险条款的表示形式:"由卖方按发票金额的 110% 投保 ××险、××险,按 PICC 1981 年 1 月 1 日的有关海洋运输保险条款为准。"

采用 FOB、CFR 或 FCA、CPT 贸易术语成交的合同,买方办理投保、支付保险费,合同中只需规定" To be effected by the buyers"。

采用 CIF 或 CIP 成交的合同保险条款可订为：to be covered by the seller for ××% of total invoice value against ×× and ×× as per ocean marine cargo clauses of the people's insurance company of China dated 1/1/1981.

6.6.1 保险投保人的规定

在国际货物买卖过程中，由哪一方负责办理投保，应根据买卖双方商订的价格条件来确定。

①在以 EXW、FAS、FOB、FCA、CFR、CPT 贸易术语签订合同时，保险条款可作如下规定："保险由买方办理。"(insurance is to be covered by the buyer.)

②在以 CIF 或 CIP 贸易术语签订合同时，保险条款须明确规定投保人、投保险别以及确定保险金额的方法和保险适用条款，并注明该条款的生效时间。

6.6.2 保险公司的规定

在 CIF 和 CIP 条件成交时，保险公司信誉的好坏与卖方关系不大，但与买方却有着重大的利害关系，因为货物运输途中的风险由买方承担。因此，买方一般要求在合同中规定保险公司，将保险公司的名称及其所使用的保险条款具体订明，以便日后的索赔工作顺利进行。在保险公司的规定中，可按中国人民财产保险公司的条款办理，也可按伦敦保险协会的协会货物保险条款办理，并在合同中订明。

6.6.3 保险险别和保险费的约定

(1)投保险别的选择

在投保时，进出口公司首先要对自己所面临的风险做出评估，甄别哪种风险最大、最可能发生，并结合不同险种的保险费率来加以权衡。通常要对以下几个因素进行综合考虑：

①货物的种类、性质和特点。

②货物的包装情况。

③货物的运输情况(包括运输方式、运输工具、运输路线)。

④发生在港口和装卸过程中的损耗情况等。

⑤目的地的政治局势。

按 CIF 和 CIP 条件成交时，运输途中的风险本应由买方承担，但保险费却约定由卖方负担。买卖双方约定的保险险别通常为：平安险、水渍险和一切险(或规定为 A 险、B 险、C 险)3 种基本险别中的一种，但有时也可以根据货物特性和实际需要加保一种或若干种附加险。鉴于买卖双方在保险方面的利害关系不一，因此，按 CIF 和 CIP 条件成交时，买卖双方应在合同中具体订明保险险别。由于 CIF 和 CIP 货价中，一般不包括保战争险等特殊附加险的费用，因此，如买方要求加保战争险等特殊附加险时，其费用应由买方负担。

(2)保险费

投保人交付保险费是保险合同生效的前提条件。保险费是保险公司经营保险业务的基本收入，也是保险公司所掌握的保险基金，即损失赔偿基金的主要来源。计收保险费的公式是：

　　保险费＝保险金额 ×保险费率

　　如按 CIF 或 CIP 价加成投保，则上述公式应改为：

　　保险费＝CIF（或 CIP）价×（1＋投保加成率）×保险费率

　　保险费率为计算保险费的依据，是保险公司在货物损失率和赔付率基础上制定的。保险费率是按照不同货物、不同目的地、不同运输工具和投保险别，由保险公司根据货物损失率和赔付率，并在此基础上，参照国际保险费水平，结合我国国情而制定的。

　　我国出口货物保险费率分为"一般货物费率"和"指明货物加费费率"两大类。凡是未列入后者列表的货物，统属于前者的范围。凡属后者列表中的货物，如果投保一切险，计算保险费时，应先查出"一般货物费率"，然后再加上"指明货物加费费率"。

6.6.4　保险金额

　　保险金额（Amount Insured）是指保险公司可能赔偿的最高金额，习惯上按发票金额加10%预期利润和业务费用。也可根据国外客户要求提高加成数。各国市场情况不尽相同，对进出口贸易的管理办法也各有异。向中国人民财产保险公司办理进出口货物运输保险，可按两种办法进行：一种是逐笔投保，另一种是按签订的预约保险总合同办理。

　　保险金额的加成、保险险别的选择和适用的保险条款，都需在合同中作相应规定。在CIF、CIP 合同中，保险条款可作如下规定：

　　"由卖方按发票金额的 110% 投保一切险和战争险，按 1981 年 1 月 1 日中国人民财产保险公司海洋运输货物保险条款投保。"（Insurance is to be covered by the Seller for 110% of the invoice value against All Risks and War Risk as per Ocean Marine Cargo Clauses of the People's Insurance Company of China dated Jan. 1, 1981）。

　　保险金额计算公式是：

　　保险金额＝CIF 价格×（1＋投保加成率）

$$=\frac{\text{FOB 价}\times（1＋\text{平均运费率}）}{（1－\text{平均保费率}）}=\frac{\text{CFR 价}}{1－\text{平均保费率}}$$

　　例 6－3　我国出口一批货物 CIF 发票总金额为 USD12000，设加一成投保一切险和战争险，费率分别为 0.6% 、0.4%，问该笔货物的投保金额和保险费各为多少？

　　解：保险金额＝12000×110%＝13200

　　保险费＝13200×（0.6%＋0.4%）＝132（美元）

　　例 6－4　某商品出口报价 CFR1200 美元，保险费率 0.63%，客户要求加一成保险，求CIF 价、保险金额、保险费。

　　解：CIF 价＝CFR÷[1－保险费率×（1＋投保加成率）]

　　　　　　 ＝1200÷（1－0.63%×110%）＝1208.37（美元）

　　保险金额＝1208.37×（1＋10%）＝1329.21（美元）

　　保险费＝1329.21×0.63%＝8.37 美元

例 6 - 5　中国 A 公司对外出售货物一批,合同规定:数量 100 公吨,单价每公吨 1000 英镑 CIF 伦敦,卖方按发票金额加 10% 投保水渍险和短量险,保险费率分别为 0.3% 和 0.2% 。试计算 A 公司的投保金额,应付多少保险费?

解:保险金额 = CIF 价 × (1 + 投保加成率)

$$= 1000 × 100 × (1 + 10\%) = 11000(英镑)$$

保险费 = 保险金额 × 保险费率 = 11000 × (0.3% + 0.2%) = 55(英镑)

6.7　进出口货物运输保险实务

在国际货物买卖过程中,由哪一方负责办理投保,应根据买卖双方商订的价格条件来确定。例如按 FOB 条件和 CFR 条件成交,保险即应由买方办理;如按 CIF 条件成交保险就应由卖方办理。

6.7.1　我国进出口货物保险的做法

(1) 出口货物运输保险

按 CIF 或 CIP 条件订立的出口合同,由我方负责投保。按我国保险公司的有关规定,出口货物的投保一般需逐笔填写投保单。我方出口企业在向当地保险公司办理投保手续时,应根据出口合同或信用证规定,在备妥货物、确定运输工具和装运日期后按规定格式填写投保单,送交保险公司,交付保险费并取得保险单。投保人交付保险费是保险合同生效的前提条件。投保单经保险公司接受后由保险公司签发保险单。

(2) 进口货物运输保险

凡按 FCA、FOB、CPT、CFR 条件订立的进口货物,由进口方负责投保。我国外贸企业为了防止漏保和延误投保,也为了简化手续,我国进口货物一般采取预约保险的做法,即由我外贸企业与保险公司事先签订各种不同运输方式的进口预约保险合同(Open Cover),又称预约保单(Open Policy)。按照预约保险合同规定,外贸企业无须逐笔填送投保单。在进口货物时,只需将国外客户的装运通知送交保险公司,即为办理了投保手续,保险公司对该批货物自动承担承保责任。对于不经常有货物进口的单位,也可逐笔办理投保。

(3) 保险单据

保险单据是保险人与被保险人之间权利、义务的契约,是被保险人或受让人索赔和保险人理赔的依据,是进出口贸易结算的主要单据之一。在国际货物贸易中,保险单据可以背书转让。保险单的转让和海运提单一样,货运保险单和保险凭证可以经背书进行转让,而且无须取得保险人的同意,也无须通知保险人。即使保险标的发生损失后,保险单据仍可有效转让。我国常用的保险单证主要有保险单、保险凭证、预约保单等。下附一张中国平安财产保险股份有限公司的空白投保单。

中国平安财产保险股份有限公司
PING AN PROPERTY & CASUALTY INSURANCE COMPANY OF CHINA. LTD

进出口货物运输险投保单
APPLICATION FOR INLAND TRANSPORTATION INSURANCE

被保险人
Insured： _____

兹拟向中国平安财产保险股份有限公司投保下列货物运输保险： Herein apply to the Company for Transportation Insurance of following cargo： 请将保险货物项目、标记、数量及包装注明此上。 Please state items, marks, quantity and packing of cargo insured hereabove.	请将投保的险别及条件注明如下： Please state risks insured against and conditions：

装载运输工具(船名/车号)： 集装箱运输：是☐ 否☐ Per Conveyance S. S. Container Load　Yes　No	船龄： 整船运输：是☐ 否☐ Age of Vessel Full Vessel Charter　Yes　No

发票或提单号 Invoice No. or B/L No.	开 航 日 期：　　年　　月　　日 Slg. On or abt.　Year　Month　Day

自：　　国　　港/地 经： From：　Country　Port Via：	港/地 至：　　国　　港/地 Port To：　Country　Port

发票金额 Invoice Value：	保险金额 Amount Insured：

费率 Rate：	保险费 Premium：

备注 Remarks：

投保人兹声明上述所填内容属实，同意以本投保单作为订立保险合同的依据；对贵公司就货物运输保险条款及附加险条款(包括责任免除和投保人及被保险人义务部分)的内容及说明已经了解。
I declare that above is true to the best of my knowledge and belief, and hereby agree that the application be incorporated into the policy. I have read and understand the Company's cargo transportation insurance clauses and extensions(including the Exclusions and the applicant's or insured's Obligations).
投保人签章：
Name/Seal of Proposer：

日期：　　年　　月　　日
Date：　Year　Month　Day

①保险单。保险单(Insurance Policy)也叫大保单,是投保人与保险人之间订立的一种正规保险合同。是保险公司对被保险人将要装运的属于约定范围内的一切货物自动承保的总合同。在承保范围内的被保险货物一经启运,保险公司即自动承保。目前我国国内的保险公司大都出具这种保险单。

保险公司在出立保险单后,被保险人如需要补充、更改保险内容,保险公司可应被保险人的申请,出具修改保险内容的凭证——批单,该批单必须粘贴在原保险单上,并加盖骑缝章。

保险单的出单日期不得迟于运输单据的出单日期。

②预约保险单。预约保险单(Open Policy),是指保险公司与被保险人双方签订的预约保险合同,它规定了总的保险范围、保险期限、保险种类、总保险金额、航程区域、运输工具、保险条件、保险费率和保险结算办法等。在这个范围内的被保险货物一经起运,保险公司即自动承保。但被保险人在获悉每批货物装运时,应及时将装运通知书送交保险公司,并缴纳保险费,即完成了投保手续。

③保险凭证。保险凭证(Insurance Certificate),也叫小保单,是在预约保险单项下签订的一种保险单据,是保险人发给被保险人的用以证明保险合同业已生效的文件。保险凭证的内容,除背面未印有详细条款外,正面内容与保险单相同,在法律上与保险单具有同等法律效力。在信用证保险条款中,一般都规定保险单与保险凭证均可接受,但信用证如规定提交保险单,则议付行不接受保险凭证。

6.7.2　保险索赔程序

当被保险的货物发生属于保险责任范围内的损失时,投保人可以向保险人提出赔偿要求。被保险货物运抵目的地后,收货人如发现整件短少或有明显残损,应立即向承运人或有关方面索取货损或货差证明,并联系保险公司指定的检验理赔代理人申请检验,提出检验报告,确定损失程度;同时向承运人或有关责任方提出索赔。索赔应当在保险有效期内提出并办理,否则保险公司可以不予办理。中国人民财产保险公司《海洋运输货物保险条款》规定索赔期限为二年,自被保险货物运抵目的港全部卸离海轮之日起计算。

被保险人在索赔时应做好下列工作:

(1)向保险公司发损失通知。

收到通知后,保险公司即可采取相应措施,如检验损失,提出施救意见,确定保险责任和查验发货人或承运人的责任等。

(2)向承运人等有关方面提出索赔。

要索取货损货差证明,及时向有关责任方提出索赔,并保留追偿的权利,有时还要延长索赔时效。

(3)采取合理的施救、整理措施。

要防止扩大损失,其施救等的合理费用可由保险公司负责,但以不超过该批被救货物的保险金额为限。

(4)备妥索赔单证。

①保险单或保险凭证正本。

②运输合同(海运提单、陆运、空运单、邮包收据、联运单据等)。

③发票。

④装箱单、重量单。

⑤向承运人等第三者责任方请求赔偿的函电或其他凭证和文件。

⑥检验报告。

⑦海事报告摘录。

⑧货损、货差证明。

⑨索赔清单。

篇末点述

本章主要讲述海运货物保险承保的范围，我国海运货物保险的险别与条款及进出口货物运输保险实务等内容。

案例分析

[**案例一**]　有批玻璃制品出口，由甲乙两轮分别载运，货主投保了平安险，甲轮在航行途中与他船发生碰撞事故，致使玻璃制品部分损失，而乙轮却在航途中遇到暴风雨天气而使玻璃制品相互撞击而发生部分损失，事后，货主向保险人提出索赔。

（案例来源：http://news.sol.com.cn/news/20050727/27080.html）

分析：在第一种情况下，由于造成玻璃制品部分损失的原因是船舶在航行途中与他船相撞，这一碰撞意外事故导致的部分损失属于平安险的承保责任范围，保险人应当赔偿货主。

而在第二种情况下，由于造成玻璃制品部分损失的原因不是船舶发生意外事故而是暴风雨袭击船舶，使之颠簸的结果，而暴风雨属于自然灾害，由自然灾害造成的部分损失不属平安险的承保范围，故而保险人也就无须承担赔偿责任。当然，如果船舶在遭遇暴风雨前后发生了碰撞、搁浅、沉没、触礁或焚毁意外事故，由此造成的玻璃制品的损失，货主还是能够从保险人那儿获得赔偿的。

[**案例二**]　某货轮在某港装货后，航行途中不慎发生触礁事故，船舶搁浅，不能继续航行。事后船方反复开倒车强行浮起，但船底划破，致使海水渗入货舱，造成船货部分损失。为使货轮继续航行，船长发出求救信号，船被拖至就近港的船坞修理，暂时卸下大部分货物。前后花了 10 天，共支出修理费 5000 美元，增加各项费用支出（包括员工工资）共 3000 美元。当船修复后继续装上原货起航。次日，忽遇恶劣气候，使船上装载的某货主的一部分货物被海水浸湿。

①从货运保险义务方面分析，以上所属的各项损失，各属于什么性质的损失？

②在投保了平安险的情况下，被保险人有权向保险公司提出哪些赔偿要求？为什么？

（资料来源：http://www.expbook.cn/archives/1343.html）

分析：

①海水渗入船舱造成的货物损失属于单独海损，修理费等费用支出属共同海损，遇恶劣气候被海水浸湿的货物属于单独海损。

②只能对触礁引起海水入舱造成的货物的部分损失提出赔偿要求。

[案例三] 某货轮在航行途中因电线走火，第三舱内发生火灾，经灌水灭火后统计损失，被火烧毁货物价值5000美元，因灌水救火被水浸坏货物损失6000美元。船方宣布该轮共同海损。

试根据上述案例分析回答下列问题：

①该轮船长宣布共同海损是否合理？

②被火烧毁的货物损失5000美元船方是否应负责赔偿？理由是什么？

③被水浸的货物损失6000美元属什么性质的损失？应由谁负责？

（资料来源：http://www.expbook.cn/archives/1343.html）

分析：

①合理。

②被火烧毁的货物损失属于单独海损。

③属于共同海损，应由获救方（船方、货方、运费收入方）负责分摊。

思考题

1. 简述共同海损与单独海损的区别。

2. 什么是仓至仓条款？贸易术语如何影响仓至仓的起讫点？

3. 我国海运基本险有哪些？它们的责任范围有什么关系？

4. 如何进行投保险别的选择？

5. 保险金额如何确定？

技能实训

1. 请分析下列损失是共同海损还是单独海损。

（1）出口核桃仁在海运中遭受暴风雨：①核桃仁遇水变质；②核桃仁被抛入海中。

（2）船体与流冰相撞受到损伤，海水浸泡货物，实施拖救和修补费用。

（3）在运输途中船舶某货舱起火，大火如果蔓延可能会引起相邻货舱某爆炸物爆炸，船长为船货的共同安全下令用水灭火，最终大火被扑灭，但造成以下损失：①被火烧毁货物价值2万美元；②被水浇湿货物价值3万美元；③船舱及部分设施被烧坏；④因抢救增加额外费用若干。

2. 某货轮从天津新港驶往新加坡，航行途中船舶货舱起火，大火蔓延到机舱，船长为了船货的共同安全，决定采取紧急措施，往舱中灌水灭火。火虽被扑灭，但由于主机受损无法继续航行，于是船长决定雇用拖轮拖回新港修理，检修后重新驶往新加坡。事后调查，这次事故造成的损失为：

（1）1000箱货物被火烧毁。

（2）600箱货物由于灌水灭火而受损。

（3）主机和部分甲板被烧坏。

（4）拖轮费用和额外增加的燃料及船长、船员工资。

试分析以上损失分别属于什么性质的损失。

（资料来源：http://www.hunaneu.com/8100988/HTML/200606/1149124759031200606010919165_5.html）

3. 某公司出口货物一批，成交价格为 CIF，总金额为 12000 美元，与买方约定按发票金额的 110% 投保海运一切险和战争险，费率分别为 0.8% 和 0.38%，问该批货物应付的保险费是多少美元？

4. 出口工具一批至日本东京，货价 1000 港元，运费 70 港元，加一成投保一切险和战争险，一切险费率为 0.25%，战争险费率为 0.03%。试计算投保额和保险费。

第7章　国际贸易货款结算

开篇导读　签订合同之后，很重要的一个环节是贸易货款的支付。支付环节包括结算工具的使用，不同结算方式的采纳，以及贸易项下的融资和担保，本章将重点介绍结算工具及结算方式。合理采用不同的结算方式，以及将不同结算方式与融资担保业务相结合，可以在不同程度上降低贸易结算的风险，或是解决进出口方的资金短缺问题，使贸易得以正常进行。

本章关键术语

Draft 汇票

Promissory Note 本票

Cheque 支票

T/T 电汇

Collection 托收

D/P 付款交单

D/A 承兑交单

L/C（Letter of Credit）信用证

7.1　结算工具——票据

7.1.1　票据概述

（1）票据的定义

票据（Negotiable Instruments），是指以支付金钱为目的的短期商业权利凭证。根据《美国统一商法典》的定义，票据是一方当事人承诺自己或委托他人在指定时间向第三方无条件支付确定金额的书面文件。也就是通常所指的狭义上的票据，包括汇票、本票和支票3种。在国际货款的结算中，汇票的使用最为广泛。

（2）票据的性质

①设权性。票据一旦开出，就创设了相应的票据权利：付款请求权和追索权。对票据的各方当事人来说，这两项权利不是原来存在的，而是随着票据的做成并交付才产生的，持有票据的人获得这两项权利，开出票据的人将保证其获得清偿。票据创设的付款请求权和追索权依附于票据的存在而存在，也将随着票据的流通转让而转让，一直到票据款项最终被清偿、票据退出流通才得以终结。

②无因性。票据一旦做成并交付，就与原来依赖的基础法律关系相分离，形成票据上的权利、责任关系，所有的票据当事人将不必理会原来的基础法律关系是什么，只需依据票据规定的权利、责任去完成各自的票据行为。基础法律关系即票据签发的原因，票据权利责任的形成当然是有原因的，所谓的原因有两种：一是资金关系，出票人为什么要求付

款人付款，也许是因为出票人在付款人处有存款或是付款人同意给出票人贷款。二是对价关系。所谓对价，即"双方当事人认可的相对应的代价"，出票人为什么愿意开出票据给收款人，也许是因为出票人获得了收款人支付的代价。票据的无因性即指票据当事人无须理会票据权利责任形成的基础原因，只依据票据规定的权利责任行事即可。

③流通性。不需要通知债务人，票据经过交付或背书交付，就可以继续流通转让下去。

④要式性。票据的形式和内容必须符合法律规定，只有必要的记载项目齐全且符合要求，票据才成立并受法律保护。

（3）票据的基本功能

①汇兑功能。如图 7 - 1 所示，商人将钱交于兑换商处换取票据，再到异地的兑换商分支机构持票据换回现金。汇兑功能是票据最基本的功能之一。

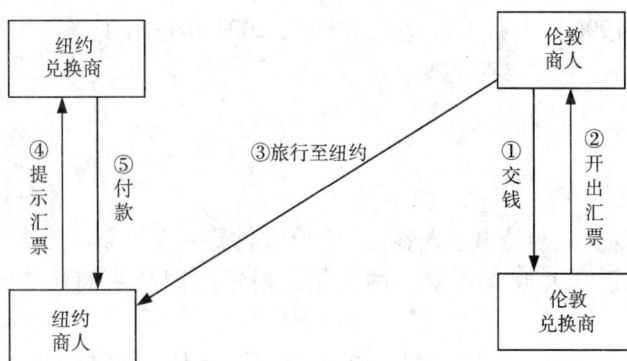

图 7 - 1　票据的汇兑功能

②结算功能。现代社会是非现金结算社会，绝大部分贸易使用票据作为支付工具，进行商品交易结算。正是票据的出现和使用，解决了现金结算运费高、风险大、资金占用时间长的问题，结束了现金结算的历史，这在贸易史上是一大进步。结算功能如图 7 - 2 所示。

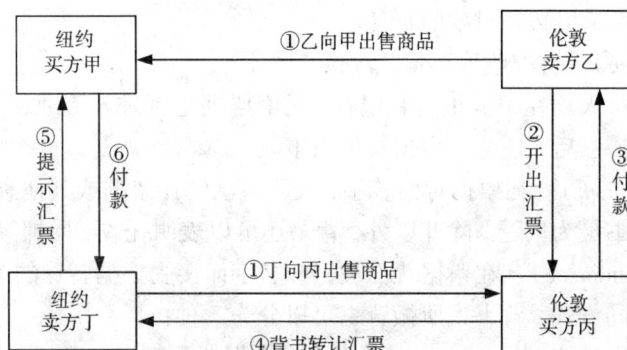

图 7 - 2　票据的结算功能

③信用功能。票据既不是商品也不是货币，其使用是建立在各方当事人信用的基础上。收款人是因为相信出票人信用才接受票据，票据的后手持票人是因为相信前手持票人关于票据能够得到清偿的保证才会接受其背书转让。

④融资功能。一是可以在当事人之间使用远期票据清偿债务。二是当事人可以持票据向银行办理贴现融资。三是可以在无贸易背景的情况下直接发行票据进行融资。

（4）票据法体系及我国票据法

为解决各国适用法律不同造成的票据使用中的矛盾与冲突，国际联盟于 1930 和 1931 年在日内瓦召开了统一票据法国际会议，德、法、意、日等国签署并批准了《统一汇票本票法公约》《统一支票法公约》等会议上拟定的六大公约，这六大公约统称为"日内瓦统一票据法"，德、法、意、日等国依据该统一法修改了各自的国内票据法，因此被称为"日内瓦法系"或"欧洲大陆法系"。英美等国虽参加了会议，却因为法律渊源与日内瓦统一法不同而拒绝签字，因此形成了"英美法系"。两大法系至今尚未得到有效融合。

我国票据法于 1996 年 1 月 1 日起正式实施，2004 年进行了修订。其结构上接近欧洲大陆法系，实质内容上主要参照英美法系。

7.1.2　汇票

（1）汇票的定义

根据我国票据法，汇票是出票人签发的，要求付款人在见票时或者在指定日期无条件支付确定的金额给收款人或者持票人的票据。根据美国统一商法典，汇票指一项付款命令。

因此，汇票是一个出票人对付款人的无条件支付命令，命令付款人在特定日期支付确定的金额给收款人。

（2）汇票的当事人

汇票的基本当事人有三个：

①出票人（Drawer）。即做成票据，在其上签字并交付票据的人。出票人是票据的主债务人，保证票据一定会得到清偿，当付款人拒付时，出票人将会被追索。当付款人承兑汇票后，承兑人成为主债务人，出票人退居次要位置。

②付款人（Drawee）。也称为受票人，即被出票人命令作出付款行为的人。付款人不是票据的债务人，并不承担必须付款的责任。

③收款人（Payee）。有权收取票据款项的人。

这三个基本当事人均在票据正面有记载，无论票据是否进入流通，这三个基本当事人均存在。票据进入流通后，还会派生出其他当事人。

④背书人（Endorser）。在票据背面签字，表明自己转让票据或其他意图的人。实务中，表明转让意图的背书最为广泛，除此以外，背书还可以表明托收、质押等不同意图。

⑤被背书人（Endorsee）。在票据背面被记载名字而接受票据转让的人。

依据背书的不同方式，背书人所做背书可以分为 3 种：

A. 空白背书（Blank Endorsement）。背书人在票据背面签上自己的名字，未对被背书人做出任何记载。此类背书之后，票据仅凭交付即可完成流通，任何持有票据的人即为接受票据流通转让的人。

B. 记名背书(Special Endorsement)。此类背书既包括被背书人名字,也包括背书人签字。如:

Pay to Jane Porter

John Smith

被背书人 Jane Porter 可以继续通过背书将票据流通转让下去。

C. 限制性背书(Restrictive Endorsement)。此类背书在写明被背书人名字并由背书人签字之外,还表明了限制票据继续流通和转让的意图。如:

Pay to Jane Porter only

John Smith

此类背书依据不同票据法有不同的法律效力,英国票据法规定被背书人无权继续转让票据,美国票据法认为限制性背书不妨碍票据的再度转让或流通,我国票据法允许票据继续流通转让,但表明限制性意图的原背书人对后手的被背书人不再承担保证责任。

⑥持票人(holder)。持有票据,有权行使票据权利的人。在英美法系中有正当持票人(holder in due course)的概念,如果持票人善意取得票据,该票据完整合格、未过期,持票人未发现票据曾被拒付、未发现其任何前手权利有缺陷,且取得票据时本人付过对价,那么这个持票人就是一个正当持票人。日内瓦法系只有善意持票人(bona fide holder)概念,与正当持票人的要求基本一致,但不要求持票人本人支付过对价。

⑦承兑人(acceptor)。在票据正面写上"承兑"字样、承兑日期并签字,承诺自己在到期日付款的人。英美票据法及日内瓦统一法均认为付款人签字即构成承兑。承兑人是票据的主债务人,必须承担到期付款责任。

除上述当事人外,还有可能出现保证人、参加承兑人、参加付款人、预备付款人、担当付款人等不同当事人,在此不再一一介绍。

(3)汇票的法定必要记载事项

根据我国票据法,必须包括下述七个必要记载事项汇票才成立:

①"汇票"字样。如"Bill of Exchange"或"Draft"。

②出票日期。即汇票签发的具体日期。

③确定的金额。"确定"意指无论何人依文义计算出的金额都一致、无歧义。例如票据如附带有利息记载,该利息记载必须明确。"Pay to … the sum of one thousand US dollars plus interest"这样的记载就是一个不确定的金额,因为不明确利息按何种利率来计算。此外,汇票金额应大小写表示且大小写一致,如大小写不一致,我国票据法认为该票据无效,但是英美票据法和日内瓦统一法均认为其成立,以大写金额为准。

④无条件书面支付命令。"无条件"指命令不能带有附加条件,在英文里用祈使句"pay to"表示。例如:"pay to A Co. providing the goods arrived at destination before 21, October"等类似的句子,付款是有条件的,这样的汇票无效。

⑤收款人名称。也称为汇票的"抬头",可以有三种不同类型:

A. 限制性抬头(Restrictive Order)。这类汇票表明了限制转让的意图,对收款人限定为某一个人或机构,如"Pay to C Co. only …","Pay to C Co. not transferable/not negotiable …"等等。这类汇票不能流通转让。

B. 指示性抬头(Instructive Order)。这类汇票没有表明限制转让的意图,可以由收款人或其指定人收款，也可以通过背书转让，在国际贸易中使用最为广泛。例如："Pay to C Co. or order"，"Pay to the order of C Co. "，"Pay to C Co. "。

C. 来人抬头（Pay to Bearer）。这类汇票无论谁持有，转让时都无须背书，只要简单交付就可以实现。由于风险极大，此类抬头仅为英国票据法独有，日内瓦统一法和我国票据法都不允许使用。例如："Pay to Bearer"，"Pay to C Co. or Bearer"。

⑥付款人名称。付款人也称为受票人。

⑦出票人签字。在票据上签字意味着认可自己的债务，票据上未显示其签字的人，不对票据承担责任，即使被他人伪造签字，被伪造的人也不用承担票据责任。因此出票人签字是票据必不可少的要项之一。

英国票据法只要求五大必要记载事项，不要求"汇票"字样与"出票日期"。该法认为当票据出票人和付款人为同一人，或付款人为虚拟人，或是无缔约行为能力人时，持票人可以自行决定该票据是汇票还是本票。无出票日期时，任何持票人可以按实际签发日补填，如出于善意而错填日期，该日期对所有当事人均有效。

（4）汇票的其他记载事项

除了法律规定的必要记载事项外，汇票还常常出现其他记载事项：

①出票地点。如出票人未注明出票地，以出票人名称中所附地址作为出票地，或是以出票人的营业场所、住所或经常居住地为出票地。

②付款地点。即持票人提示汇票请求付款的地点，如汇票未记载，以付款人的营业场所、住所或经常居住地为付款地。

③付款期限。即汇票记载的付款到期日，可以分为即期和远期两种。即期汇票即见票即付汇票，持票人向付款人提示汇票，付款人当即付款。如汇票未注明付款期限，该汇票为见票即付汇票。远期汇票是在未来某个确定日期到期的汇票，持票人必须先向付款人提示汇票要求承兑，以确定付款人的付款责任和付款日期。付款人承兑后，持票人取回汇票，在付款到期日时再次提示，付款人于当日付款。远期汇票可以分为以下几种：

A. 见票后定期付款（at…days after sight）。此类汇票规定了一个见票后若干天付款的期限，持票人向付款人提示汇票后，付款人承兑并将以承兑日后第二天为起点计算到期日。如 at 30 days after sight，承兑日为 12 月 1 日，则从 12 月 2 日起算 30 天，付款到期日是 12 月 31 日。

B. 出票后定期付款（at…days after date）。此类汇票规定了一个出票后若干天付款的期限，持票人向付款人提示汇票后，付款人承兑并将以汇票载明的出票日期后第二天为起点计算到期日。如 at 30 days after date，出票日为 12 月 1 日，则付款到期日是 12 月 31 日。

C. 定日付款（on fixed date）。汇票载明了一个固定的付款日期，所有当事人无须计算即可确定到期日。如 on fixed Jun 28, 2011，即付款到期日为 2011 年 6 月 28 日。

D. 某特定日期后定期付款。此类汇票会规定一个特定日期，以此之后的第一天作为起点计算付款到期日。如"at 30 days after B/L date"，提单上的装船日期是 2010 年 12 月 1 日，则到期日为 2010 年 12 月 31 日。

根据国际惯例，远期汇票付款到期日的算法有以下几个规则：第一，算尾不算头；第二，整月付款，按对日处理，无对日者，以到期月末日为到期日；第三，半月按 15 天计算；第四，先算整月，再算半月；第五，节假日顺延；第六，from 与 after 一样，不包括所述日期。

④出票条款。表明汇票出票原因的文句，即"Drawn under …"。在托收方式下出票条款常常注明合同号或发票号；在信用证方式下出票条款通常注明信用证号、开证行及开证日期，如："Drawn under CITI Bank L/C NO.123 dated Dec.12, 2010"。

⑤付一不付二，付二不付一[pay this First/Second exchange (Second/ First of the same tenor and date being unpaid)]。为避免邮寄途中遗失，汇票可以做成一式两份分开邮寄。两张汇票效力一样，但其代表的债权只有一笔，所以当付款人支付第一张汇票后，第二张汇票自行失效；如付款人付了第二张汇票，第一张汇票自行失效。

除上述常常出现的记载事项外，汇票上还可能出现其他记载，在此不再赘述。

(5)汇票的分类

①根据是否附带商业单据，可以分为光票(Clean Bill)和跟单汇票(Documentary Bill)。光票为不附带任何商业单据(如发票、提单、保单等)的汇票，跟单汇票则附带商业单据。在国际贸易中通常使用跟单汇票结算。

②根据付款期限不同，可以分为即期汇票(Sight Draft/Demand Draft)和远期汇票(Time Draft/Usance Draft/Term Draft)。两者的区别如前述。

③根据出票人不同，可以分为银行汇票(banker's draft)和商业汇票(trade bill)。以银行为出票人的汇票是银行汇票，以公司或个人为出票人的汇票是商业汇票。

④根据承兑人不同，可以分为银行承兑汇票(banker's acceptance draft)和商业承兑汇票(trader's acceptance draft)。无论汇票由何人出具，只要是银行为付款人并承兑，则该汇票为银行承兑汇票；如汇票是以公司或个人为付款人并承兑，则该汇票是商业承兑汇票。

7.1.3　本票和支票

(1)本票

①本票的定义。根据我国票据法，本票是出票人签发的，承诺自己在见票时无条件支付确定的金额给收款人或者持票人的票据。

根据英国票据法，本票是由出票人做出并签字的书面无条件支付承诺，承诺在见票时或在将来某固定的或是某可确定的日期付给另一人或某人的指定人或来人确定的金额。

②本票的基本当事人。由于本票是出票人的付款承诺，因此本票的基本当事人只有两个：出票人(Maker)和收款人(Payee)。本票的付款人即为出票人自己。

③本票的法定必要记载事项。根据我国票据法，本票有六大法定必要记载事项：

◆ "本票"字样，即 "Promissory Note"。

◆ 出票日期。

◆ 确定的金额。

◆ 无条件书面支付承诺，即"I/We promises to pay……"。

◆ 收款人名称。

◆ 出票人签字。

④本票的类型。

◆ 按照付款期限不同，本票可分为即期本票和远期本票。如本票为远期本票，持票人无须提示承兑，所有情况下出票人都是主债务人，承担付款责任。

◆ 按照出票人不同，本票可分为银行本票和商业本票。银行本票是由银行作为出票人的本票，通常由申请人将款项交存银行，由银行签发给申请人凭以办理转账结算或支取现金。商业本票是由公司或个人作为出票人的本票，常用来作为出票人借款的还款承诺。银行本票中的来人抬头本票因为类似于发行货币而被许多国家禁止开出。

我国票据法只认可银行见票即付本票，英美票据法和日内瓦统一法里本票可以是上述任一类型。

（2）支票

①支票的定义。根据我国票据法，支票是出票人签发的，委托办理支票存款业务的银行或者其他金融机构在见票时无条件支付确定的金额给收款人或者持票人的票据。

根据美国票据法，支票指受票人为银行的即期付款汇票。

②支票的基本当事人。与汇票相同，支票的基本当事人分为出票人、付款人和收款人。但是支票的付款人限定为银行，出票人必须在银行开有账户且有足够存款，并使用银行统一印制的支票才能签发。

③支票的法定必要记载事项。根据我国票据法，支票有六大法定必要记载事项：

◆ "支票"字样，即"Cheque"或"Check"。

◆ 出票日期。

◆ 确定的金额。

◆ 无条件书面支付命令。

◆ 付款人名称。

◆ 出票人签字。

④支票的类型。

◆ 按照是否明确收款人，可分为记名支票和不记名支票。前者的收款人栏有明确的收款人名字，后者的收款人栏为空白或是来人抬头。前者只要未表明限制转让意图，可以继续背书转让，后者无须背书，仅凭交付即可转让。

◆ 按照是否画线，可分为画线本票（Crossed Cheque）和未画线本票（Uncrossed Cheque）。画线支票类似我国的转账支票，只要支票票面加注有两条平行线，该支票即为画线支票，只能转账，不能提现。画线支票又可分为普通画线支票和特殊画线支票，前者票面未加注银行名称，可将支票存入任一开有收款人账户的银行，由银行代为收款并入账。后者票面加注了银行名称，必须将支票存入指定银行，由指定银行代为收款并入账。未画线支票是表面未加注两条平行线的支票，类似我国的现金支票。该类支票既可在银行柜台取现，也可办理转账。

除上述支票外，还存在其他类型支票，在此不再赘述。

（3）汇票、本票和支票的异同。

综上所述，三大票据在性质和内容上的异同如表7-1所示。

表 7 – 1　三大票据的异同

	汇票	本票	支票
无条件支付	命令	承诺	命令
基本当事人	出票人、付款人、收款人	出票人、收款人	出票人、付款人、收款人
主债务人	承兑前：出票人 承兑后：承兑人	出票人	出票人
出票人的责任	担保付款人承兑和付款	自负付款责任	担保付款人付款
期限	即期、远期	即期、远期	即期
出票份数	一套(一般一式两份)	一张	一张
付款人	任何人	自己	银行

7.2　结算方式

7.2.1　汇款

(1)汇款的含义

汇款(Remittance)，是付款人将款项交付给银行，委托银行将款项调拨到国外，通过国外的某家银行将款项付给收款人的一种结算方式。

(2)汇款的基本当事人

汇款的基本当事人有四个：

①汇款人(Remitter)，即主动将款项交付给银行，委托银行办理汇款业务的人。

②汇出行(Remitting Bank)，即接受汇款人的委托，为汇款人办理汇款业务的银行。

③汇入行(Paying Bank)，汇入行也称解付行，即应国外银行的委托，将收到款项解付给收款人的银行。

④收款人(Beneficiary or Payee)，即收到款项的人。

在国际贸易中，汇款人通常为进口商，汇出行为进口商所在地银行，汇入行为出口商所在地银行，通常是汇出行的联行(银行的分支机构)或代理行(签订了代理协议，互委业务的银行)，收款人通常为出口商。

(3)汇款当事人的责任

①汇款人：填好汇款申请书，明确各项委托事项，将申请书与所汇款项交付给银行并按照要求支付费用。

②汇出行：审核汇款申请书是否完善，在申请书上签章并退回其中一联作为汇款回执；按照汇款申请书选择汇款方式，向汇入行发出付款指示。

③汇入行：审核汇出行付款指示的真实性，按该指示及时将款项解付给收款人。

④收款人责任：检查所到款项是否应为自己所收，是否足额。

在汇款的四个当事人中，汇款人与汇出行之间、汇出行与汇入行之间均为委托与被委托的关系，因此严格按照委托方的指示行事就显得尤为重要。

（4）汇款的不同类型及业务流程

汇出行要委托国外汇入行向收款人解付款项必须通过向其发出付款指示来实现，根据汇出行发送付款指示（Payment Order）的不同方式，汇款可分为电汇、信汇及票汇。电汇在贸易汇款中使用较多，票汇在因私汇款中使用较多，而信汇则因为速度慢、容易遗失等缺点基本退出了结算舞台。

①电汇（Telegraphic Transfer，T/T）。

◆ 电汇的含义。电汇即汇出行应汇款人的要求，使用加押电报、电传、SWIFT 等电讯方式委托汇入行将一定款项解付给收款人的汇款方式。其中以 SWIFT 方式发送付款指示最为普及。

SWIFT 即环球银行金融电讯协会的简称，该协会是一个国际银行间非营利性合作组织，成立于 1973 年，总部设在比利时的布鲁塞尔，在荷兰和美国设有运行中心。SWIFT 为银行和其他金融机构提供交换电文服务，从而完成金融交易，由于其具有安全快捷24 小时服务的功能，被各国银行所接受，已成为全球性的金融电讯网络。

◆ 电汇的业务流程。电汇的业务流程如图 7 - 3 所示：

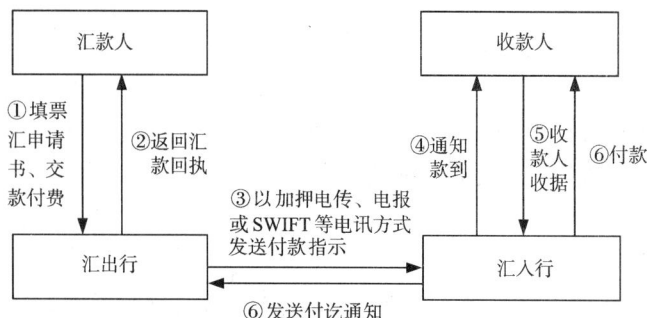

图 7 - 3 电汇业务流程

◆ 电汇的特点。

第一，速度快。最快当天可到账，最迟两三天内可到账，银行占用资金时间最短。

第二，安全可靠。SWIFT 可自动加押、自动核押的功能极大地增强了银行间通讯的安全保密性，其标准电文格式也使银行间的信息传递更为准确。

第三，费用稍高。与信汇及票汇相比，使用电汇时，除同样要对汇出金额按比例收取手续费外，银行还要额外收取电讯费用，所以费用相对稍高。

◆ 电汇的适用性。由于额外收取的电讯费用通常以 SWIFT 发报笔数计费，金额越大，相对成本越低，因此大额款项或是急用款项采用电汇更合适。然而，对于多数企业客户，资金及时到位产生的收益往往大于采用电汇的成本，因此电汇已成为首选。

②信汇（Mail Transfer，M/T）。信汇即汇行应汇款人的要求，使用航空邮寄方式将付款指示发给汇入行，委托汇入行将一定款项解付给收款人的汇款方式。

信汇与电汇的区别仅在于发送付款指示的方式不是电讯，而是航空邮寄。

信汇的优点是费用低，缺点是速度慢，资金在途时间长，航空邮件还可能在途中遗失，安全性较差。采用信汇的出口商及提供信汇服务的银行都已相当少见。

③票汇(Remittance by Banker's Demand Draft, D/D)。

◆ 票汇的含义。票汇是汇出行应汇款人的请求,开出银行即期汇票交给汇款人,汇款人自带或邮寄汇票给收款人,收款人向付款行提示汇票请求付款的汇款方式。

◆ 票汇的业务流程。票汇的业务流程如图7-4所示:

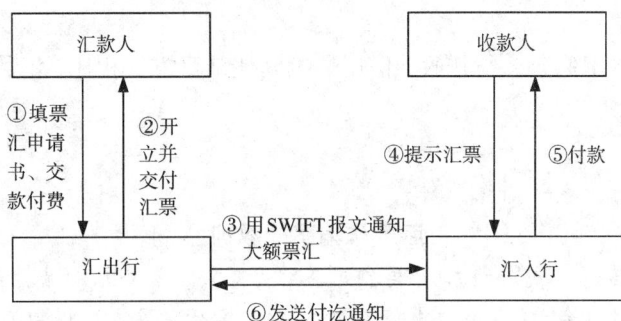

图7-4　票汇业务流程

◆ 票汇的特点。

第一,可以流通转让。票汇中使用的工具是银行即期汇票,收款人可以将汇票继续背书转让,流通性强,使用灵活方便。

第二,与电汇相比,费用较低。

第三,速度慢,资金占用时间长。从汇款人拿到汇票到收款人获得付款需要较长时间,结算速度慢,资金被银行占用时间长。

第四,安全性稍差。汇票在邮寄或携带过程中,有丢失或毁损的风险,不如电汇安全可靠。

◆ 票汇的适用性。在国际贸易中,企业客户更多考虑汇款速度及安全性问题,只有在汇款金额较小或不急于用款时票汇才会被采纳,如支付各种贸易从属费用。因私业务中使用票汇方式更为多见。

(5)汇款的退汇

退汇指汇款解付之前,汇款人或收款人要求撤销该笔汇款的行为,实务中以汇款人申请退汇最为常见。在电汇和信汇的情况下,汇款人可凭汇款回执到汇出行申请退汇。汇入行在收到汇出行的退汇通知后,如款项未解付,答复汇出行同意退汇并退回款项,汇出行为汇款人办理退汇手续;如款项已解付,汇出行将不办理退汇。在票汇情况下,汇款人可将汇票退回给汇出行,申请办理退汇手续。

(6)汇款结算特点

国际贸易中大部分货款的支付无法实现一手交钱一手交货的理想状况,因此产生了两种形式的汇款方式,一个是预付货款,一个是货到付款。前者进口商先付款,出口商收到款项后再发货,后者出口商先发货,进口商收到货物后再付款。无论采用哪种方式,都体现汇款结算的特点。

①依赖的是商业信用。汇款方式下,出口商是否获得付款完全依赖于进口商自身的资信,体现的是商业信用,风险较大。

②风险大小不平衡。如采用预付货款，进口商承担较大风险，出口商收到款项后有可能不发货、迟发货或货物质量不符合合同要求。如采用货到付款，出口商承担较大风险，进口商收到货物后有可能少付款、迟付款或不付款。

③资金负担不平衡。如采用预付货款，进口商资金负担较重，先付款项可以被出口商无偿占用。如采用货到付款，出口商资金负担较重，货物已发出却无法立刻获得资金回笼。

④手续简便、费用低廉。与托收、信用证等其他结算方式相比，汇款方式手续最简便，费用最低。

小案例：

汇款诈骗案的教训

我国某公司以传真方式与新加坡某公司签订了 25.9 万美元的柴油销售合同，双方约定：买方于某日前将订金 10 万美元电汇至卖方指定银行，买方在提单日起计 15 天内用电汇方式将剩余货款汇至卖方指定的银行账户。在收到新加坡公司的 10 万美元订金后，我国公司立即按合同发货。然而接下来五个月无论我国公司如何催款，新加坡公司始终不付剩余货款及利息。

分析   以汇款方式结算虽然速度快，费用较低，但风险较大。本案例中买方只预付了不到一半的订金，又无其他保障措施，卖方不得不承担余款迟付、不付的风险。可见，如果买卖双方缺乏足够了解，不应采用汇款方式结算。因此在订立合同之前，必须做好对对方的资信调查，如信誉不佳，可采用信用证等风险更小的结算方式，或要求对方提供银行保函，由银行担保其履约。

从上述汇款业务的特点可以看出，如果进出口双方互不了解，采用汇款方式结算就要承担很大风险，与新客户交易时应尽量选择其他结算方式，避免钱货两空的风险。不过，随着对外贸易的发展，我国企业在全球不少地区已建立起了贸易合作网络，对合作伙伴的了解日益加深，针对合作伙伴的信用记录不断完善，风险随之降低，因此汇款方式由于快捷方便、手续简单、费用低廉而被广泛采用。据某商业银行统计，近几年来该行贸易结算量中汇款方式占比均在 80% 以上。汇款方式已成为我国国际结算的主流。

7.2.2   托收

（1）托收的含义

根据国际商会第 522 号出版物《托收统一规则》（Uniform Rules for Collections, ICC Publication No. 522，简称 URC522），托收（Collection）是指银行依据所收到的指示处理金融单据和/或商业单据，以便于 A. 取得付款和/或承兑；或 B. 凭以付款或承兑交单；或 C. 按照其他条款和条件交单。

在国际贸易中，托收是出口商发货后向出口地银行提交相应单据，由其委托进口地银行向进口商提示，凭进口商付款或承兑向进口商释放单据的结算方式。这里所说的单据既可以是金融单据，例如汇票，也可以是商业单据，例如发票、保险单据、运输单据，等等。

（2）托收的当事人及其权利和义务

托收的实质是银行根据出口商的委托凭出口商交来的单据向进口商收款,因此托收业务的基本当事人有四个:

①委托人(Principal),即向银行提交单据委托银行办理托收业务的人,通常是出口商。其权利和义务是:填制出口托收委托书,明确指示各项托收事宜,提交与合同相符的单据,支付托收费用。如果因为委托人提供的信息或发出的指示不明确或不正确造成损失,该损失由委托人自负。

②托收行(Remitting Bank),即接受委托人的委托办理托收业务的银行,通常位于出口商所在地。其权利和义务是:审核委托人提交的单据种类和份数是否和出口托收委托书上一致(无须审核单据内容),按照出口托收委托书缮制托收指示,向委托人指定的代收行发出委托。如委托人未指定代收行,托收行可自行选择代收行。及时解付托收款项或通知托收情况。如有过失,承担过失损失。

小案例:
托收行的过失责任

C 公司在 2004 年向美国 A 公司出口竹木工艺品 8000 箱,并委托××银行通过芝加哥 JP Morgan 银行向 A 公司收取货款,交单方式 D/P at 15days after sight。但××银行错误地指示 JP Morgan 银行交单方式为 D/A,致使 A 公司在未付款的情况下,从 JP Morgan 银行取得了全套货运单据,A 公司事后没有向 C 公司付款。C 公司向法院起诉,要求××银行和 JP Morgan 银行共同承担赔偿责任。法院审理后判决××银行向 C 公司偿付相应损失。

③代收行(Collecting Bank),即接受托收行的委托向付款人收取款项的银行,通常是托收行的联行或代理行,位于进口商所在地。其权利和义务是:决定是否受理托收行的委托。如不受理,必须立即以电讯方式通知托收行;如受理,必须依照托收指示行事。确认收到的单据与托收指示一致,如不一致立即以电讯方式通知托收行;在托收行指示下可代制单据;及时通知代收情况,保管好单据。无义务处理货物,但如为保护货物而采取了行动,必须及时通知托收行,对货物采取行动的费用由委托人承担。

④付款人(Drawee),即按照代收行的要求付款的人。其权利和义务是:按照合同审核单据,单据无误按要求付款。

在上述四个基本当事人中,托收行受委托人委托处理托收业务,只对委托人负责,依据出口托收委托书行事;代收行受托收行委托处理代收事宜,只对托收行负责,依据托收指示行事。除委托方外,受托方将不理会来自该方以外的任何有关人或银行的指令。

除上述当事人外,托收业务中还可能出现提示行、需要时的代理等当事人,在此不再赘述。

(3)托收的不同类型及业务流程

①按照是否附带商业单据,可分为光票托收和跟单托收。

◆ 光票托收(Clean Collection)是指不附带商业单据的金融单据项下的托收。委托人申请办理托收时提交的单据只有金融单据,通常在非贸易结算或贸易从属费用的结算中才会出现。

◆ 跟单托收(Documentary Collection)是指附带商业单据的金融单据项下的托收或是不

附带金融单据的商业单据项下的托收。亦即委托人向托收行提交的单据中一定包括商业单据，但是不一定包括金融单据。国际贸易结算通常使用跟单托收方式。

②在跟单托收方式下，按照不同的交单条件，又可分为付款交单和承兑交单。

◆ 付款交单(Documents against Payment，简称 D/P)是指在代收行提示单据后，付款人只有支付托收款项，代收行才会向其提交单据的托收方式。在这种交单方式下，代收行释放单据的前提是付款人付款，单据中通常包括代表物权的运输单据，因此出口商在不获付款前能够始终掌握货物，不至于钱货两空，相对而言风险较小。

按照付款期限不同，付款交单又可分为即期付款交单和远期付款交单。

即期付款交单(D/P at sight)是指代收行提示单据时，只要单据合格，付款人就必须立即付款赎单。即期付款交单的业务流程如图 7-5 所示。

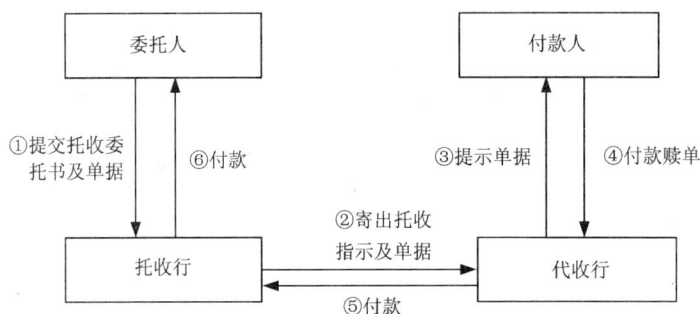

图 7-5 即期付款交单业务流程

远期付款交单(D/P at … days after sight)是指代收行提示单据时，只要单据合格，付款人承诺到期付款，然后在到期日当天向代收行付款赎单。远期付款交单的业务流程如图 7-6所示。

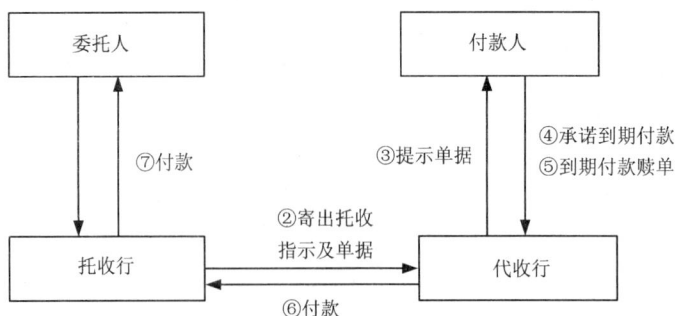

图 7-6 远期付款交单业务流程

远期付款交单的出现源于远洋贸易。在远洋贸易中，货物运输时间较长，单据往往已寄至代收行，而货物尚未抵港。因此，为避免即期付款交单方式下付款人必须在代收行提示时即付款赎单，在拿到单据后却无法提货的问题，远期付款交单方式产生。在这种方式下，委托人会根据船期考虑一个合理的付款期限指示银行办理托收，付款人就无须在代收行提示时立即付款，避免了资金占用。

　　URC522 认为，付款交单方式不应包含远期汇票，当有远期汇票时，应使用承兑交单方式，而不是付款交单，否则单据只能凭付款才能交付，代收行对于由于交单的任何延误所产生的任何结果将不承担责任。实务中，很多国家的银行对于使用远期汇票的付款交单托收处理与承兑交单一样，付款人只要承兑即可从代收行获得单据，从而提取货物。在这种情况下，作出远期付款交单指示的委托人仍认为只要付款人未付款，货权就在自己手上，放松了警惕，结果最终代收行凭付款人承兑放单，付款人提货后不付款，委托人遭受极大损失。因此，使用远期汇票的付款交单面临较大不确定性，不推荐使用远期付款交单方式。

　　◆ 承兑交单(Documents against Acceptance，简称 D/A)是指在代收行提示单据后，付款人只要在远期汇票上承兑即可从代收行获得单据，在汇票到期日再行付款的托收方式。承兑是票据行为，因此承兑交单方式下，委托人提交的单据中一定包括远期汇票。代收行凭付款人承兑放单，付款人可马上取得运输单据提取货物，获得资金融通的便利。然而委托人风险增加，汇票到期日能否获得付款完全依赖于付款人的商业信用，有可能出现钱货两空的风险。承兑交单的业务流程如图 7 - 7 所示。

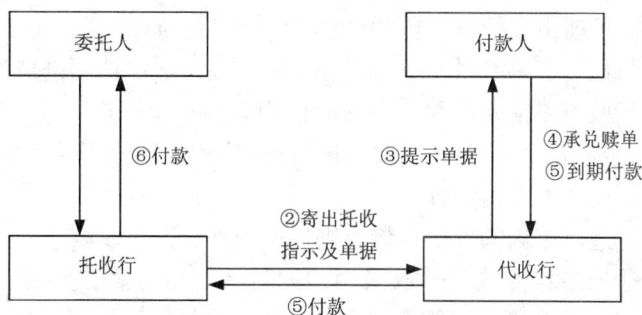

图 7 - 7　承兑交单业务流程

　　◆ 不同交单条件对进出口商的影响。即期付款交单：对出口商的不利影响最小，物权控制在自己手中，货款收回较快，不存在钱货两空的风险。对进口商最不利，进口商无法获得任何融资便利。

　　远期付款交单：如前所述，由于不同国家对于远期付款交单的处理不同，进出口商之间容易产生矛盾，因此不提倡使用。

　　承兑交单：对出口商最不利，对进口商最有利。进口商可以凭承兑取单，既占用出口商资金，又掌握付款主动权，财务上更灵活便利。出口商则面临进口商承兑却不付款从而钱货两空的风险。

　　因此，如必须使用托收方式结算，出口商应尽量采取即期付款交单，只有与资信状况较好、合作时间较长的老客户合作时，才适当采用承兑交单，但应尽量缩短付款期限，降低自身风险。进口商则应尽量采用承兑交单，最后选择即期付款交单。

　　(5)托收方式下的融资

　　①出口托收押汇。是对出口商的贸易融资，出口商向托收行交单后，由托收行凭其所

交单据作质押向其提供短期资金融通。

②进口托收押汇。是对进口商的贸易融资，在单据已到代收行但进口商未付款前，进口商凭信托收据（Trust Receipt，T/R），即进口商向代收行出具的书面担保文件，向代收行借出货运单据，提取并出售货物之后，在约定到期日将款项付给代收行赎回信托收据。

（6）托收方式特点

①托收是商业信用。虽然与汇款相比，托收方式下风险有所降低，但出口商是否获得付款仍然依赖于进口商自身信用。

②出口商承担较大风险。付款主动权始终掌握在进口商手里，付款交单方式下，出口商承担发货后市场价格下跌进口商拒付或要求降价的风险，承兑交单方式下，出口商承担进口商提货后不付款的风险。

③出口商的资金负担较重。出口商必须先发货才能交单，资金回笼时间长。

④融资手段已较汇款丰富。双方均可采用押汇进行融资。

⑤费用与手续烦琐程度介于汇款与信用证之间。托收涉及单据传递，手续比汇款烦琐，但比信用证简单；费用比汇款高，比信用证低。

（7）托收的风险防范

托收方式下出口商承担了较大风险，因此风险防范主要是针对出口商的风险防范。

对出口商而言，可能出现的风险包括：发货后进口地价格下跌，进口商拒付或要求降价的市场风险；进口国有贸易和外汇管制政策，进口商未能申请到进口许可证或付汇未被批准的国家风险；代收行不能正确执行委托的信用风险；以及进口商因财务状况恶化或破产而无力支付货款的财务风险。因此，防范风险可以从以下几方面着手：

第一，做好对进口商的资信调查。

第二，及时把握进口市场的价格趋势及进口国的外汇贸易政策。

第三，选择合适的结算方式。争取采用即期付款交单方式，少用或不用承兑交单方式。也可采用托收与其他结算方式结合的方法：部分预付货款与部分托收结合，或部分信用证结算与部分托收结合，从而降低风险。

第四，使用代表物权的运输单据，选择对卖方较保险的贸易条件。保证进口商无正本运输单据则无法提货，不至于钱货两空。采用 CIF、CIP 等价格条款，出口商负责保险与运输，可以选择与自身合作良好、信誉卓著的船公司合作，降低船方无单放货的风险。

第五，选择与我方合作良好的代收行。

对进口商而言，最大的风险是出口商所发货物与合同不符以及出口商伪造单据的风险，因此最重要的风险防范措施是在签订合同前做好对出口商的前期调查工作。

（8）《托收统一规则》

1995 年出版的《托收统一规则》（URC522）是国际商会颁布的一套针对托收业务的国际规则，该规则对其适用性、托收定义、托收当事人及其责任和义务、托收的方式和结构、交单类型和提示方法以及其他一些条款进行了规定。URC522 在国际上被普遍采用和遵守，在减少托收业务中的争议和纠纷方面起到了重要作用。但是，该规则仅仅是国际惯例，不是法律，只有在当事人事先约定的情况下才适用。因此进出口商应事先协商，在办理托收业务时表明该笔业务受 URC522 约束。

7.3　信用证

7.3.1　信用证概述

（1）信用证的含义

根据国际商会第 600 号出版物《跟单信用证统一惯例》（The Uniform Customs and Practice for Documentary Credits, 2007 Revision, ICC Publication no. 600，简称 UCP600）的定义：信用证指一项不可撤销的安排，无论其名称或描述如何，该项安排构成开证行对相符交单予以承付的确定承诺。

根据上述定义，信用证（Letter of Credit, L/C）可以理解为是银行应进口商要求开出的有条件付款承诺，承诺付给出口商确定的金额，条件是出口商提交符合要求的单据。因此，信用证代表的是银行信用。

对于信用证定义中几个关键词的理解：

①"相符交单（Complying Presentation）"中的"单"指信用证所要求提交的单据，如发票、运输单据、保险单据、产地证等等。

②"相符交单"中的"相符"指单据必须与信用证条款、UCP600 相关适用条款以及国际标准银行实务（International Standard Banking Practice for the Examination of Documents under Documentary Credits subject to UCP 600，简称 ISBP）一致。但是相符的标准不是"镜像原则"，不需要完全等同，而是不能相互"矛盾"。

③承付（Honour）指开证行在即期付款信用证下做即期付款，或在延期付款信用证下承诺延期付款并于到期日付款，或在承兑信用证下承兑受益人开出的汇票并于到期日付款。

小思考：单据是否存在不符？

信用证规定的货物描述为"Clock movement 'O. K.' brand quartz clock movement with switch"，而后来提交的发票及其他单据上的货物描述只显示了"'O. K.' brand quartz clock movement with switch"，把前半部分"Clock movement"省去了。

分析　国际商会意见如下：这不构成不符。信用证的描述中"Clock movement"出现了两次，推定为一次是概述，另一次是对货物进行更为详细的描述。尽管发票及其他单据省去了作为概述的"Clock movement"，但包含该措辞的详细的货物描述已经满足了信用证的要求。因此，只要单据上的货物描述与信用证上的货物描述并无矛盾之处，单据就不存在不符。

（2）信用证的特点

①开证银行承担第一性的独立的付款责任。信用证是开证银行以其自身信用向出口商作出一个付款承诺，这个承诺一经作出，银行就处于第一性付款人地位，只要受益人提交了相符单据，银行就必须付款，而无须考虑进口商是否同意。如果进口商在开出信用证后倒闭，也并不影响银行在相符交单下的付款责任。

②信用证独立于买卖合同。信用证开立的基础虽然是贸易合同，但是一经开出，就成

为独立于贸易合同的自足(独立、完整)文件,信用证下有关当事人不再受贸易合同的约束,仅按信用证自身规定行事。

③信用证处理的是单据而不是货物。UCP600规定:"银行处理的是单据,而不是单据所涉及的货物、服务或其他行为。"因此,信用证业务是纯粹的单据业务,银行是否付款取决于单据是否相符,而不论单据与货物是否相符。只要出口商提交了相符单据,即使货物有问题,银行也必须付款;反之,如果单据不符,即使货物与合同要求一致,银行仍然拒付。因此,在信用证业务里,为获得开证行付款,出口商必须保证提交的单据在表面上与信用证条款一致,与UCP600的相关适用条款一致,与ISBP规定一致,以及单据之间互不矛盾。

小思考:开证行拒付是否合理?为什么?

大陆某公司收到由香港某银行开立的不可撤销信用证,申请人为香港某公司。信用证中关于货物的包装条款为"每箱净重10公斤,两箱一捆"。销售合同则要求"每箱净重10公斤,两箱一捆,外套麻袋"。信用证与销售合同不符,出口商按信用证要求进行包装,没有外套麻袋。单据提交后,开证行拒付,理由是进口商发现货物包装与销售合同不符。

分析　首先,开证行的付款责任是第一性的,独立的,是否付款应由开证行根据单据情况自行判断,不能以进口商的判断为标准。其次,信用证与销售合同是相互独立的交易,开证行判断是否付款的依据应是信用证,而不是销售合同。此案中出口商完全按照信用证的规定行事,单据相符,应该得到开证行付款,而无须考虑销售合同的规定。

(3)信用证的当事人及其权利与义务

信用证业务的基本当事人有三个:

①开证申请人(Applicant)。开证申请人即根据进出口合同向其所在地的一家银行申请开立信用证的人,通常为进口商。开证申请人的权利和义务包括:

◆ 合理指示开证。根据合同填写开证申请书,对开证行开立信用证作出明确指示。开证申请书是开立信用证的基础,因此必须保证申请书与合同一致。

◆ 提供开证担保。信用证是开证行以自身信用对出口商作出的付款承诺,承担了较大风险。因此,开证行通常要求申请人提供一定形式的担保,可以是缴纳一定比例的保证金或全额保证金,也可以是占用授信额度,或是提供财产抵押等其他担保形式,担保开证行付款后能够及时获得申请人的偿还。

◆ 及时付款赎单。在受益人提交相符单据后,开证申请人应及时偿付开证行代付的款项,从而获得相符单据。如受益人提交的单据不符,有权拒付。

②开证行(Issuing Bank)。开证行即根据开证申请人的要求开立信用证的银行,通常是进口商所在地的银行。开证行是联结进出口方最重要的关系人,在信用证业务中其实力、信誉及业务经验是决定进出口商是否获得较大安全保障的重要因素。开证行的权利和义务包括:

◆ 遵照申请人指示开立和修改信用证。开证申请书是开证行与申请人之间的契约,开证行必须严格按照开证申请书的指示开出信用证。如果信用证条款与开证申请书不符,开证行必须承担相应的过失责任。

◆ 审核单据是否表面相符。开证行必须基于单据本身进行表面审核，根据信用证条款、UCP600 和 ISBP 相关条款规定，对单据是否相符作出独立判断，如果相符必须承担承付责任，如果不符有权拒付。在拒付后必须保管好单据，无权向申请人释放单据，除非申请人接受不符单据同意付款。此外，根据 UCP600 规定，银行对任何单据的形式、充分性、准确性、内容真实性、虚假性或法律效力概不负责，对任何单据所代表的货物、服务或其他履约行为也概不负责。

◆ 承担第一性的承付责任。只要受益人将相符单据提交到指定银行或开证行，开证行的承付责任就已确立，开证行必须向受益人付款，而不论进口商是否同意或倒闭，单据是否在从指定银行向开证行邮寄的途中遗失。指定银行（Nominated Bank）指信用证可在其处兑用的银行，亦即接受开证行的指定，在相符交单情况下向受益人作出议付或承付行为的银行。在指定银行承付或议付相符交单并将单据转给开证行之后，开证行必须承担偿付该指定银行的责任。

③受益人（Beneficiary）。受益人是接受信用证并享受其利益的一方，通常是出口商。受益人的权利和义务包括：

◆ 审核信用证条款。受益人收到信用证后应审核信用证条款是否与合同相符，是否存在"软条款"。如信用证与合同不符，或存在受益人无法掌控，开证行或申请人可以掌握主动权从而导致受益人无法提交相符单据的软条款，如"信用证必须在开证行另行通知后才生效"或是"单据如检验证书等须经开证申请人或其指定人签字，且签字与开证行的预留签字相符"等条款，受益人有权决定是否接受该证，或是要求申请人修改该证。

◆ 提交相符单据。受益人应及时发货，按照信用证的要求缮制单据，保证单据符合信用证条款、UCP600 和 ISBP 的规定。必须在信用证交单期和有效期内向银行交单，交单后如被拒付，有权在交单期和有效期截止前更改单据。

◆ 有权要求开证行承付。只要提交了相符单据，受益人有权要求开证行付款，如开证行倒闭或无力付款，有权要求进口商付款。如开证行无理拒付，受益人有权向开证行提出质疑，与之据理交涉。

在上述三个基本当事人的关系中存在三个契约：一是申请人与受益人签订的贸易合同；二是开证申请人与开证行之间的开证申请书；三是开证行与受益人之间的信用证。这三个契约相互独立，即使当事人同时受两个契约的约束，一个合同下的当事人也不能引用另一个合同的规定来取得不应取得的权利或作为违约的理由。

小案例：

受益人的抗辩是否合理？

合同规定货物为 MP4，信用证开立为 MP3，规定"details as per contract 1234"。受益人未修改信用证，仍装运 MP4，并按 MP4 制单。开证行以单证不符拒付。受益人认为产品与所述合同相符，对开证行拒付提出抗辩。

分析　根据 UCP600，信用证与所基于的合同无关，即使信用证对基础合同有所援引。信用证约束的是开证行与受益人，受益人不能以合同规定来反对开证行的拒付。

除上述三个基本当事人外，信用证业务中还可能存在其他当事人。

④通知行(Advising Bank)。通知行是应开证行的要求将信用证通知给受益人的银行。如开证行直接开立信用证给受益人，由于双方通常位于不同国家，受益人很难判断信用证真伪。因此开证行可通过一家在受益人所在地的银行来帮助通知信用证，而这家银行通常是开证行的联行或代理行。联行或签订了代理协议的银行间会互留印鉴样本及密押，因此通知行可以凭此审核信用证真伪，从而为受益人避免信用证伪造的风险。通知行的权利和义务包括：

◆ 有权决定是否通知信用证。如决定不接受开证行通知信用证的要求，应不延误地告知开证行，使其能够另找一家通知行。

◆ 鉴别来证真伪。如来证表面真实则通知该证。如信用证真伪无法确定，通知行应不延误地与开证行联系，此时也可通知该证，但须告知受益人信用证的真伪待核。

⑤议付行(Negotiating Bank)。议付是指定银行在相符交单下，在其应获偿付的银行工作日当天或之前向受益人预付或者同意预付款项，从而购买汇票(其付款人为指定银行以外的其他银行)及/或单据的行为。因此，议付行可理解为被开证行指定的，在获得开证行付款前向受益人作出购买信用证项下相符单据行为的银行。议付行的权利和义务包括：

◆ 有权决定是否议付。如决定接受开证行指定，必须审核受益人提交的单据，在相符交单下作出议付行为。如决定不接受开证行指定，无须通知开证行，只需在受益人交单时不议付，直接将单据寄给开证行或保兑行即可。此时，该银行的角色不是议付行，而是单据处理行(Handling Bank)。

◆ 有权向开证行、保兑行或偿付行索偿。在作出议付行为后，议付行有权向开证行、保兑行或偿付行请求偿付。

◆ 对受益人有追索权。除非议付行与受益人在办理议付时双方协议为无追索权议付，或是议付行同时又是保兑行，否则当议付行议付后如开证行拒付，议付行有权从受益人处将原来议付的款项追回。

⑥付款行(Paying Bank)。付款行指受开证行指定对受益人作出即期付款行为的银行。付款行的权利和义务包括：

◆ 有权决定是否付款。如决定接受开证行指定，必须审核受益人提交的单据，在相符交单下即期付款。如决定不接受开证行指定，无须通知开证行，只需在受益人交单时不付款，直接将单据寄给开证行或保兑行即可。此时，该银行是单据处理行。

◆ 付款责任与开证行相同。付款后无追索权，只能向开证行索偿。如开证行拒付，付款款只能自己承担损失。

⑦保兑行(Confirming Bank)。保兑是指除开证行之外的另一家银行对受益人作出的承付或议付相符交单的确定承诺。保兑行即根据开证行的授权或要求对信用证加具保兑的银行。保兑行的权利和义务包括：

◆ 有权决定是否保兑。如决定不接受开证行的授权对信用证加保，必须不延误地通知开证行，使其能够另找一家保兑行。

◆ 有权对信用证修改部分不保兑。如果信用证有修改，保兑行可决定是否将将其保兑扩展至修改，如决定对修改加保，必须通知受益人该修改。如决定对修改不加保，必须不延误地告知开证行，并告知受益人。

◆ 保兑后的义务与开证行一致。在相符交单下，保兑行与开证行责任义务完全一致，付款后只能向开证行索偿。

◆ 对受益人无追索权。保兑行作出议付或承付行为之后,即使不获开证行偿付,对受益人也无追索权。

⑧偿付行(Reimbursing Bank)。偿付行是受开证行的委托,对指定银行作出偿付(偿还垫款)行为的银行。为方便结算,开证行通常会委托信用证使用货币清算中心的联行或代理行代其向指定银行进行偿付。偿付行的权利和义务包括:

◆ 按开证行授权偿付。偿付行是代开证行付款,无须审核单据,只是凭开证行授权对指定银行进行偿付。如因开证行未及时授权而延误偿付,偿付行不负责任。付款后,开证行即使审单发现不符,也不能向偿付行追索,只能要求索偿行(即指定银行)退回款项。

◆ 有权拒绝偿付。如开证行在偿付行没有存款或存款不足,又无透支协议,偿付行有权拒绝开证行的委托。

除上述当事人外,还可能存在延期付款行、承兑行、转让行等当事人,在此不再赘述。

7.3.2 信用证业务的基本流程

信用证业务的操作流程如图 7-8 所示。

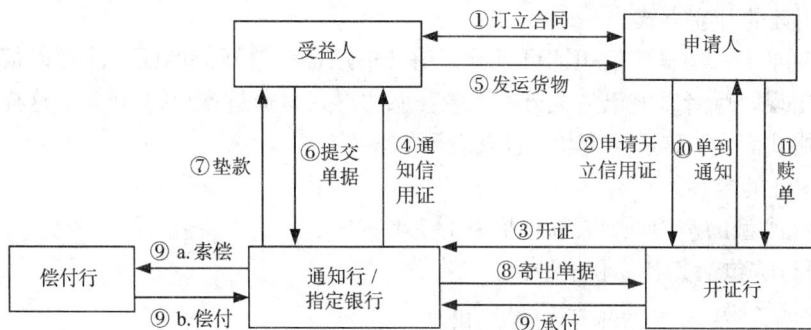

图 7-8 信用证业务流程

①进出口商订立合同。

②进口商向所在地银行申请开立信用证。

③开证行审核申请人材料后开出信用证。

④通知行核实信用证真伪后通知信用证。

⑤受益人接受信用证后发运货物备齐单据。

⑥受益人在信用证的交单期和有效期内向指定银行交单。如果信用证的截止日或最迟交单日适逢接受交单的银行非因不可抗力而歇业,可顺延至其重新开业的第一个银行工作日。

⑦指定银行审核单据,如为相符交单则向受益人垫付款项;如为不符交单必须在自交单的翌日起第五个银行工作日结束前发出拒付通知。

⑧指定银行将单据寄给开证行。不承担按指示寄单而发生的单据遗失、延误或残缺责任。

⑨开证行审核单据，如为相符交单则履行承付责任。如前所述，开证行的承付责任因信用证类型不同而不同。如信用证是即期付款信用证，开证行将即期付款；如信用证是延期付款信用证，开证行将承诺到期日付款，在到期日当天履行付款责任；如信用证是承兑信用证，开证行将承兑受益人开出的汇票，在到期日当天付款。如为不符交单必须在自交单的翌日起第五个银行工作日结束前发出拒付通知。

⑩如信用证规定有偿付行，指定银行将通过向其邮寄汇票或发送 SWIFT 索偿电等方式索偿。

⑪偿付行依据开证行的授权偿付指定银行。

⑫开证行通知进口商单据已到。

⑬开证申请人赎单。开证申请人（即进口商）审核单据相符后，依据信用证类型决定赎单方式。如信用证为即期付款信用证或即期议付信用证，申请人必须付款取得单据；如果信用证是延期付款信用证或承兑信用证或远期议付信用证，开证申请人必须承诺到期付款或承兑汇票来取得单据，在到期日付款。如申请人发现单据不符，可以拒绝赎单，开证行只能承受损失，不能要求指定银行退回款项。

7.3.3　信用证的开立方式和内容

（1）信用证的开立方式

根据不同的开立方式，信用证可以分为信开信用证和电开信用证。前者以信函方式开立，已较少出现。后者以电讯方式开立，最普遍的形式是通过 SWIFT 开立。这样的信用证内容完整，格式固定，传递速度快，较安全可靠。

（2）信用证的内容

无论什么类型的信用证，大都包括以下主要内容：

◆ 开证行。包括其名称和地址。

◆ 信用证号码（Documentary Credit Number）。

◆ 信用证类型（Form of Documentary Credit）。如不可撤销信用证、可撤销信用证等等。

◆ 开证日期（Date of Issue）。

◆ 受益人和开证申请人。

◆ 有效日和有效地（Date and Place of Expiry）。有效日是信用证规定的受益人允许交单的最后日期。有效地即交单地点，通常为指定银行所在地。

◆ 信用证金额与币种（Currency Code，Amount）。包括是否存在增减幅。

◆ 兑用银行及方式（Available With … By …）。兑用银行即信用证规定的受益人可以向其提交单据获得相应权益的银行，是受开证行指定的银行。兑用方式包括即期付款（by payment）、延期付款（by deferred payment）、承兑（by acceptance）、议付（by negotiation）。

◆ 分批装运（Partial Shipment）及转运（Transshipment）。表明信用证是否允许，如未作规定，既允许分批装运，也允许转运。

◆ 装货港或启运机场（Port of Loading/Airport of Departure）或其他。

◆ 卸货港或目的机场（Port of Discharge/Airport of Destination）或其他。

◆ 最迟装运日（Latest Date of Shipment）。信用证允许的最迟完成装运的日期。

◆ 货物或服务的描述（Description of Goods and/or Services）。通常包括货物名称、规

格、数量、单价、总金额和贸易术语。如在金额或数量或单价前有"about(约)"或"approximately(大约)",表明信用证允许金额或数量或单价有不超过 10% 的增减幅度。

◆ 单据要求(Documents Required)。即信用证要求提交的单据名称、份数和内容要求。单据包括发票、运输单据、保险单据、装箱单、产地证、检验证等等。

◆ 附加条件(Additional Conditions)。即信用证对其他要求的描述,如"所有单据必须注明信用证号码"。

◆ 交单期(Period for Presentation)。即信用证允许提交单据的期限,通常规定为装运日后若干天。如信用证未作规定,又要求提交正本运输单据,UCP600 规定必须在装运日之后的 21 个日历日内交单。交单除不能超过交单期外,也不能超过信用证有效期。

◆ 保兑指示(Confirmation Instructions)。表明是否要求收到该证的银行加具保兑。

◆ 对指定银行的指示(Instructions to the Paying/Accepting/Negotiating Bank)。包括寄单、索偿、不符单据的处理等指示。

◆ 其他事项。包括费用的承担、信用证的适用惯例等等。

7.3.4　信用证的种类

根据不同的分类方法,信用证可以分为不同类型。

(1)光票信用证和跟单信用证

根据是否要求提交商业单据,信用证可分为光票信用证(Clean Credit)和跟单信用证(Documentary Credit)。前者是仅凭汇票付款的信用证,不要求提交商业单据;后者是凭规定的商业单据付款的信用证,不一定要求提交汇票。国际贸易结算中使用的信用证通常为跟单信用证。

(2)不可撤销信用证和可撤销信用证

根据是否可撤销,信用证可分为不可撤销信用证(Irrevocable L/C)和可撤销信用证(Revocable L/C)。前者是指未征得所有当事人同意,开证行不得对信用证进行撤销或修改的信用证;后者是指不必征得所有当事人同意,开证行就可随时撤销和修改的信用证。可撤销信用证未构成开证行确定的付款承诺,对受益人并未起到保障作用,因此根据 UCP600 的规定,凡是依照 UCP600 开立的信用证都是不可撤销信用证。

(3)保兑信用证和不保兑信用证

根据是否被保兑,信用证可分为保兑信用证(Confirmed Credit)和不保兑信用证(Unconfirmed Credit)。前者是有开证行以外的另一家银行受开证行指定作出确定付款承诺的信用证;后者是没有另一家银行加具保兑的信用证。通常,在开证行实力不够雄厚,或是进口国外汇不足、政局动荡或属于高风险地区的情况下,受益人会要求开证行指定某家国际性大银行对信用证加保,从而避免收汇风险。

(4)即期付款、延期付款、承兑和议付信用证

根据不同的兑用方式,信用证可分为即期付款信用证(Sight Payment L/C)、延期付款信用证(Deferred Payment L/C)、承兑信用证(Acceptance L/C)和议付信用证(Negotiation L/C)。

◆ 即期付款信用证是开证行或指定银行凭受益人提交的相符单据立即付款的信用证。此类信用证可能要求汇票也可能不要求汇票。

◆ 延期付款信用证是开证行或指定银行对提交相符单据的受益人作出到期付款承诺

并于到期日付款的信用证。此类信用证是远期信用证，但不要求提交汇票。

◆ 承兑信用证是开证行或指定银行在相符交单下承兑受益人的远期汇票并于到期日付款的信用证。由于承兑是票据行为，因此此类信用证必定要求提交远期汇票。

◆ 议付信用证是在相符交单下指定银行买入受益人汇票及/或单据的信用证。根据是否限制指定银行，议付信用证又可分为限制议付信用证和自由议付信用证，前者开证行预先指定具体的某一家银行或几家银行办理议付，后者开证行授权任何一家银行皆可议付。

（5）其他类型信用证

除上述较常见的信用证外，还有一些相对特殊的信用证类型存在。

◆ 买方远期信用证（Usance L/C Payable at Sight）。即开证行在承兑信用证里规定远期汇票可以即期支付的信用证。买卖双方在贸易合同中规定即期付款，但买方有融资需求，因此开立的信用证要求受益人提交远期汇票，开证行或指定银行对远期汇票作出即期付款，承兑费、贴现利息等由申请人（买方）承担。实际上这是开证行对进口商的融资，在到期日时，进口商向开证行偿还的将是汇票款项和融资利息。由于买方远期信用证下，出口商仍然即期获得付款，因此也称为假远期信用证。

◆ 可转让信用证（Transferable Credit）。可转让信用证适用于转口贸易，中间商为切断买卖双方的联系，要求买方开立以自己为受益人的可以转让的信用证，中间商可凭此证向信用证的指定银行申请将交付货物、凭单取款的权利转让给供货商。中间商为第一受益人，实际供货商为第二受益人。只有专门注明"可转让（transferable）"字样的信用证才是可转让信用证。

可转让信用证转让时允许变更的条款为：金额、单价、保险比例、到期日、最后交单期、装运期、可把申请人的名称改成第一受益人的名称。可转让信用证可以全部或部分转让给第二受益人，但只能转让一次，当信用证允许分批装运或部分支款时，信用证可以分部分地转让给数名第二受益人，第二受益人不得再继续转让下去，但允许转回给第一受益人。当第二受益人交单至转让行时，第一受益人有权替换汇票和发票以获取差价。

可转让信用证对中间商有利，对供货方不利。由于此类信用证只有一个开证行，中间商不需另交开证费、保证金，由供货方承担了开证行拒付、倒闭的风险。

◆ 背对背信用证（Back to Back Credit）。中间商凭进口商开立的信用证作抵押，要求自己所在地的一家银行在该证的基础上开立一张以实际供货商为受益人的新证，此张新证即为背对背信用证。背对背信用证对中间商不利，对供货方有利。由于需要新开立一个信用证，中间商需提供开证担保，支付开证费用，同时既要承担新证申请人的付款责任，又要承担原证受益人可能面对的开证行拒付风险。供货方则得到充分的背对背信用证开证行的付款保证。

除上述较特殊的信用证类型外，还有循环信用证、对开信用证、预支信用证等其他类型信用证，在此不再一一赘述。

7.3.5 信用证项下的贸易融资

（1）出口融资

出口融资即出口地银行对受益人的融资。包括：

◆ 打包放款。也称打包贷款，是出口地银行以出口商提供的信用证正本作抵押向其发放贷款的融资方式。

◆ 出口押汇。是出口地银行凭出口商提交的相符单据做抵押，向其发放贷款的融资方式。出口押汇与议付不同，议付是指定银行买入相符单据，出口押汇是出口商将单据质押给银行，银行垫款。议付只能在议付类型信用证下由被指定银行叙做，出口押汇可在任何类型的信用证下由任何银行叙做。

◆ 汇票贴现。是出口商凭开证行承兑的未到期汇票向银行申请贴现，银行扣除贴现利息将票面净额提前支付给出口商的融资方式。

（2）进口融资

即进口地银行对开证申请人的融资。包括：

◆ 开证授信额度。是开证行对于在本行开户且资信良好的进口商在申请开立信用证时提供的免收保证金或不要求其办理担保或抵押的最高资金限额。

◆ 进口押汇。是开证行凭收到的受益人所交单据替进口商垫付货款，并给予进口商凭信托收据借单提货的权利，为后者融通资金的一种方式。

◆ 提货担保。是在货权单据（提单）未到的情况下，进口商为提取货物，向开证行申请，由开证行向船公司出具书面担保，请求船公司凭担保先行放货，保证日后补交提单的融资方式。

◆ 买方远期信用证融资。是开证行应进口商要求开出买方远期信用证为进口商融通资金的方式。

7.3.6　信用证的作用及风险防范

（1）作用

①信用证为进出口双方提供了同等程度的安全保障。对于进口商，可以通过在信用证中规定相应条款和单据来满足进口商的要求，例如规定最迟装船期来保证出口商按期交货，要求提交质量检验证明来保证货物的质量符合要求。只有提交的单据显示其行为符合信用证规定，出口商才能得到付款，从而保障了进口商利益。对于出口商，信用证以银行信用取代了商业信用，只要出口商提交的单据相符，开证行保证付款，从而保障了出口商利益。

②信用证可以减少收汇风险。在有贸易和外汇管制的国家，信用证的开出要经过贸易和外汇管理当局批准，因此只要能开出信用证，就可以保证不会出现到期不允许进口不允许付汇的问题。

③信用证有资金融通的功能。进出口双方都有了多种基于信用证的贸易融资方式。

（2）风险防范

从信用证的作用可以看出，相比汇款与托收，信用证在平衡买卖双方风险、提供安全保障方面前进了一大步，然而并不意味着它是一个非常完善的结算方式，风险仍然存在。

◆ 开证行风险。信用证是开证行的付款承诺，因此开证行自身的实力和信誉决定了信用证的风险。不少开证行借口单据不符而无理拒付，据统计，信用证项下单据的首次拒付率高达60%以上。还有的开证行在开出信用证后倒闭，无法付款。因此选择实力雄厚信誉卓著的开证行是避免此类风险的最佳方法。

◆ 出口商风险。进口商与开证行可能面临出口商欺诈风险，由于信用证项下银行处理的只是单据，出口商有可能以次充好或干脆把不能用货物发出，或是伪造单据进行诈骗。因此对出口商的前期调查尤其重要，还可以在信用证中加列相关的单据或条款要求来避免风险，如要求提交商品检验证明以避免货不对板，要求受益人传真提单以便进口商查询其真伪。

◆ 进口商风险。在信用证中，进口商可加列一些出口商不易察觉或较难满足的"软条款"，使出口商在没有进口商配合的情况下无法提交相符单据，或是造成条款之间彼此矛盾，出口商无法满足所有条款要求，从而造成不符交单，被开证行拒付。因此，出口商应在签约之前仔细审核合同，拒绝接受不合理条款，从信用证开立的基础和源头处就避免软条款出现。另外，还可投保短期出口信用险，由保险公司承保出口商的收汇风险。

7.3.7　信用证结算方式及UCP600

如前所述，与汇款和托收相比，信用证结算的优点明显，进出口商获得了同等保障，出口商收汇风险较小，双方融资都较便利。缺点在于，贸易风险依然存在，进口商资金占用时间长，结算速度慢，手续烦琐，费用高。然而，即使信用证仍然存在一定风险，与汇款和托收相比，采用信用证结算毕竟是以银行信用取代了商业信用，对进出口商来说依然利大于弊。因此，信用证结算适用于进口商资信欠佳或进出口商互不了解或是进口国存在严格外汇管制的情况。

《跟单信用证统一惯例》(UCP600)是国际商会制定的关于跟单信用证的国际使用规则，该惯例对其适用范围、相关术语的定义、信用证的独立性等进行了规定，明确了信用证的开立、修改、各当事人的关系与责任等问题，对单据的审核标准、单证相符或不符的处理作出了规定，也明确了一些重要单据的相关内容，规定了款项支取、银行免责、可转让信用证、款项让渡等条款。

UCP600为使用跟单信用证的各方当事人提供了指南，促进了国际贸易的发展。但是作为国际惯例，UCP600只有在信用证规定的情况下才适用，因此在开立信用证时必须明确适用UCP600。

7.4　贸易项下的融资担保方式

7.4.1　福费廷

福费廷(Forfaiting)，也称包买票据，是无追索权的应收账款买断业务。包买商向出口商无追索权地买断由开证行承兑的远期汇票或确定的远期债权(信用证项下)或进口商所在地银行担保或保证的由出口商出具的远期汇票或由进口商出具的远期本票，从而向出口商融资。

福费廷业务有四个基本当事人：出口商、进口商、包买商(Forfaitor)和担保人。包买商是提供福费廷融资业务的商业银行或其他金融机构。担保人是为进口商按期支付提供担保的银行，多为进口地银行。

福费廷业务主要有以下特点：一是包买商对出口商无追索权，包买商承担了一切风险。二是可以对所有商品类型进行融资，包括资本性商品及普通商品。三是利率固定，融资期较长，融资金额较大。四是可融资币种为主要交易货币，如美元和欧元。五是必须由进口地银行担保。

福费廷业务里可办理融资的单据包括远期信用证、由进口商签发的本票以及经出口商签发、进口商承兑的汇票。业务流程主要包括出口商向包买商询价、包买商报价、出口商与包买商签约、出口商提交福费廷业务项下单据、包买商审单付款以及包买商到期日向担保行索偿等步骤。

7.4.2　保理

根据国际保理商联合会（FCI）制定的《国际保理通则》（General Principles of International），保理（Factoring）意指一项契约，据此，供应商可能或将要将应收账款转让给保理商，其目的可能为获取融资，或为获得保理商提供的下述服务中的至少一种：账款分户账管理、账款催收、坏账担保。因此，保理是保理商提供的一项综合性金融服务

保理业务的当事人包括：供应商，即出口商；债务人，即进口商；出口保理商，即根据保理协议接受供应商转让账款的一方，位于出口商所在国；进口保理商，即接受出口保理商转让账款的一方，位于进口商所在国。

较常见的保理业务流程如下：

①出口商向出口保理商申请办理保理，出口保理商联系进口保理商对进口商进行信用评估。

②进口保理商核准进口商额度，出口保理商与出口商签订保理协议，出口商同意将其应收账款转让给出口保理商，并由出口保理商进一步转让给进口保理商。

③出口商发货后，将附有转让条款的发票交进口商，并将发票副本交出口保理商。

④出口保理商通知进口保理商有关发票详情；如出口商有融资需求，出口保理商对已核准的应收账款为出口商办理不超过发票金额 80% 的融资。

⑤进口保理商于发票到期日前若干天或发票到期日向进口商催收。

⑥如进口商于发票到期日向进口保理商付款，进口保理商将款项付出口保理商；如进口商在发票到期日后 90 天内仍未付款，亦未发生争议，进口保理商在第 90 天做担保付款。

⑦出口保理商扣除融资本息（如有）及费用，将余额付出口商。采用保理业务可以为贸易双方增加营业额，提供风险保障，节约成本和简化手续，但也存在出口商和保理商的履约风险。因此，只有在信用系统建立较完善的国家和地区，才比较适用保理业务。

7.4.3　银行保函与备用证

（1）银行保函

银行保函（Letter of guarantee，L/G）是银行根据申请人的请求，向受益人开立的担保申请人正常履行合同义务的书面证明，保证当申请人未能履行其承诺的义务时，由银行在一定金额、一定期限内承担经济赔偿责任。

银行保函可分为从属性保函和独立性保函（见索即付保函），前者是基础合同的附属性契约，其法律效力随合同的存在而存在，银行承担第二性的付款责任。后者根据基础合同开出，但一经开出即与基础合同分离，银行承担第一性的付款责任，凭受益人提交的书面索赔要求赔付。国际结算中的银行保函通常使用见索即付保函，适用的国际惯例是国际商

会制定的《见索即付保函统一规则》(Uniform Rules for Demand Guarantee, Publication 758, 简称 URDG758)。

银行保函的基本当事人包括：申请人，即向银行提出开立保函申请的人；担保行，为申请人提供担保的银行；受益人，接受保函享受其利益的人。除此之外，还存在通知行、保兑行、反担保行和转开行等角色。

在国际贸易中，银行保函通常有两大类：一是出口类保函，即以出口商为申请人的保函，包括投标保函、履约保函、预付款保函、质量保函(维修保函)等等。担保行为出口商的各项行为作出担保，如出口商未能履行其义务，担保行负责赔付。二是进口类保函，即以进口商为申请人的保函，包括付款保函、留置金保函、补偿贸易保函、加工装配保函和租赁保函等。担保行为进口商的各项行为作出担保，如进口商未能履行其义务，担保行负责赔付。

(2)备用证

备用证(Standby)，亦即备用信用证(Standby Letter of Credit)，是一种跟单信用证或安排，不论其如何命名或描述，它代表了开证人对受益人的以下责任：偿还开证申请人的借款，或支付由开证申请人承担的任何债务，或支付由开证申请人违约所造成的任何损失。因此，备用证是银行以跟单信用证形式开立的书面担保文件，与跟单信用证一样具有不可撤销性、独立性、跟单性和对开证行的约束性。

备用证是美国银行在 19 世纪中叶为避开该国禁止银行为客户提供担保的法律规定而创设，因此形式上是跟单信用证的特殊类型，实质上是银行见索即付保函的性质，与见索即付保函在商业用途上一样。因此银行保函具有的类型备用证也都具备，在此不再介绍。

备用证原遵循 UCP600，但是因其特殊性和单据的要求不同，UCP600 很多条款并不适用。国际商会因此专门制定了《国际备用证惯例》(International Standby Practices, 简称 ISP98)，作为备用证各方可使用的规则。备用证可同时注明适用 ISP98 和 UCP600，但以前者为主。

7.5　各种结算和担保方式的综合运用

在国际贸易中，选择合适的结算方式可以降低不同风险，然而在一些比较复杂的情况下，单一使用某种方式仍不能满足买卖双方的需求。因此，综合运用各种结算和融资担保方式就为买卖双方进一步降低风险，满足其融资担保需求提供了可能。

7.5.1　不同结算方式的综合运用

(1)汇款与托收方式结合

汇款分为预付货款和货到付款，前者对出口商较有利，后者对进口商较有利，然而现在的国际市场更多的是买方市场，采用全额预付货款的情况较少，因此对于出口商而言，收汇仍然需要进一步的保障。在托收方式下，出口商可委托银行凭单据向进口商收款，因此降低了风险。同时，对进口商而言，使用托收结算对其有利，也乐于接受。因此，出口商可以采用汇款与托收结合的方式，要求进口商在发货前使用电汇支付部分货款，例如 30%，余款由出口商持单据向银行申请办理即期付款托收。进口商如拒付，出口商仍掌握物权,可以将货物运回或在当地继续寻找买家,预收的款项完全可以弥补出口商的损失。

（2）汇款与信用证方式结合

由于汇款是商业信用,相对风险较大,因此买卖双方都可以选择以银行信用来弥补商业信用。因此在贸易中可以采用部分货款凭汇款支付,部分货款凭信用证支付的方式。单据随信用证提交银行,凭此获得开证行付款,汇款可采用预付货款方式,也可采用货到付款方式,比例由买卖双方协商。

（3）托收与信用证结合

与汇款类似,作为商业信用结算方式,托收依然可以与代表银行信用的结算方式信用证结合。进出口商可通过协商确定托收和信用证结算的各自比例,由进口商依比例金额向开证行申请开立光票信用证,由出口商发货后凭汇票向开证行支款。全套货运单据由出口商委托出口地银行(通常是信用证的通知行)办理付款交单托收,由代收行(同时也是信用证的开证行)待进口商付清全部款项后向其释放单据。在这样的结算方式下,进口商可以申请开出较低金额的信用证,少付保证金及开证费用;出口商通过信用证获得部分货款的收汇保障,即使最终进口商拒付托收项下款项,也可以凭此继续处理货物寻找买方。

7.5.2　结算方式与担保方式的综合运用

（1）汇款与银行保函或备用证结合使用

无论采用预付货款还是货到付款,汇款业务中都可以采用银行保函或备用证来降低双方风险,由银行担保对方履约。

（2）托收与银行保函或备用证结合使用

在托收业务中,买卖双方也可以要求对方开出银行保函或备用证,保证出口商货物质量或进口商付款,否则由担保行赔付。

（3）赊销(O/A)、承兑交单托收(D/A)与保理的结合使用

如商品为买方市场,为争取客户,出口商可采用赊销或承兑交单托收方式结算,为进口商提供远期付款融资。同时,为降低风险,出口商可以向保理商申请办理保理业务,为进口商核准额度,在进口商不付款的情况下,由保理商担保付款。

篇末点述

本章主要讲述了国际贸易中结算工具的使用、结算方式的采纳以及贸易项下的担保和融资,对汇款、托收和信用证业务进行了重点介绍。学习本章后,应能根据不同的贸易情况选择合适的结算方式或结算组合,以及采用不同担保方式降低贸易风险,在需要时选择合适的方法进行融资。

案例分析

我某公司向国外 A 商出口货物一批。A 商按时开来不可撤销即期议付信用证,该证由设在我国境内的外资 B 银行通知并加具保兑。我公司在货物装运后,将全套合格单据送交 B 银行议付,并收妥货款。但 B 银行向开证行索偿时,得到开证行因经营不善已经宣布破产的消息。于是,B 银行要求我公司将议付的货款退还,并建议我方可委托其向 A 商直接

索取货款。对此我公司应如何处理？为什么？

分析：我公司应拒绝接受 B 银行的要求。根据 UCP600 规定，保兑行自对信用证加具保兑之时起即不可撤销地承担承付或议付的责任，该责任与开证行一样为第一性的独立的。本案中，B 银行既是议付行，又是保兑行，因此无论开证行是否破产，其议付后均无追索权。我公司可以对 B 银行的要求不予理会。

思考题

1. 票据具有哪些基本性质和功能？
2. 什么是电汇、信汇和票汇？简述其各自的业务流程。
3. 什么是即期 D/P 托收、远期 D/P 托收和 D/A 托收？简述其各自的业务流程。
4. 信用证业务都有哪些当事人？他们各有哪些权利和义务？

技能实训

请指出下列信用证条款中错误的地方、我方做不到或应注意的地方。

ADVISING BANK：BANK OF CHINA TIANJIN, CHINA

DATE AND PLACE OF EXPIRY：1ST SEPT. 2005 IN HAMBURG

AMOUNT：USD9000(SAY USD EIGHT THOUSAND)

SHIPMENT FROM CHINA TO HAMBURG NOT LATER THAN 20TH SEPT. 2005

DRAFT AT SIGHT DRAWN ON BENEFICIARY ACCOMPANIED BY THE FOLLOWING DOCUMENTS：

(1)SIGNED INVOICE COUNTER SIGNED BY APPLICANT.

(2)FULL SET OF CLEAN ON BOARD OCEAN B/L, MADE OUT TO ORDER, BLANK ENDORSED, MARKED "FREIGHT PREPAID" AND NOTIFY BENEFICIARY.

(3)INSURANCE POLICY COVERING MARINE ICC(A) FOR 150% INVOICE VALUE.

附：汇票

BILL OF EXCHANGE

No. _____

For USD538000.00_____   2010/01/01，NEW YORK_____

　　（amount in figure）　　　　　（place and date of issue）

At 30 DAYS AFTER　　　　　　sight of this FIRST Bill of exchange（SECOND

being _____ unpaid）

pay to _____PHILIP MORRIS COMPANIES INC._____ or order the sum of

U. S. DOLLARSFIVE HUNDRED AND THIRTY EIGHT THOUSAND ONLY

（amount in words）

Value received for _____ of _____

　　　　　　　　（quantity）　　　　　　（name of commodity）

Drawn under　　BANK OF CHINA SHANGHAI BRANCH

　　　　_____

L/C No.　　100880000979　　dated　　2009－11－07

To：BKCHCNBJ300　　　　　For and on behalf of

　　BANK OF CHINA　　　　PHILIP MORRIS COMPANIES INC.

　　SHANGHAI

　　（SHANGHAI BRANCH）　　（Signature）

本票：

Promissory Note

　　I, Jane Monroe, do promise to pay City Finance Co. the sum of $50,000. Repayment is to be made in the form of 300 equal payments at 6% interest, or $322.15 payable on the 1st of each month, beginning 8/1/2005 until the total debt is satisfied.

　　　　　　Signed,

　　　　　　Jane Monroe

　　　　　　7/1/2005

FIG. 152. PROMISSORY NOTE

第8章 进出口商品检验

开篇导读   在国际货物买卖中，由于交易双方分处两个国家(地区)，一般不是当面交接货物，且进出口货物需要经过长途运输，多次装卸，如到货出现品质缺陷、数量短缺等，容易引起有关方面的争议。因此，需要在国际货物买卖合同中订立商品检验条款，对检验权、检验及复验时间与地点、检验机构、检验证书等内容进行规定，以保证交易的顺利进行。

本章关键术语

Legal Inspection 法定检验

Inspection Terms 检验条款

Inspection Standard 检验标准

Inspection Certificate 检验证书

进出口商品检验又称商检，是指在国际货物买卖中，对卖方所交付的商品质量、数量和包装进行检验，以确定所交付的商品是否符合买卖合同的规定；有时还对装运技术条件或货物在装卸运输过程中发生的残损、短缺进行检验或鉴定，以明确事故的起因和责任的归属；货物的检验还包括根据一国的法律或行政法规对某些进出口货物实施强制性检验或检疫。

8.1   商品检验的作用

商品检验是进出口贸易中不可或缺的重要环节。它主要是由国际贸易特性、国家法定检验和国际贸易惯例与规则等决定的。合同中检验条款制定得合理与否将关系到当事人的经济利益是否得以正常实现。

8.1.1   国际贸易特点决定进出口商品需要检验

在国际货物买卖中，由于交易双方分处两个国家(地区)，一般不是当面交接货物，且进出口货物需要经过长途运输，多次装卸，如到货出现品质缺陷、数量短缺等，容易引起有关方面的争议。为了保障交易双方的利益，避免争议的发生，以及发生争议后便于分清责任和进行处理，就需要由一个有资格、有权威的、独立于交易双方以外的公正的第三者，即专业的检验机构负责对卖方交付的货物的质量、数量、包装进行检验，或对装运技术、货物残损短缺等情况进行检验或鉴定。检验机构检验或鉴定后出具相应的检验证书，作为交易双方交接货物、支付货款或进行赔偿、理赔的重要依据。因此，进出口货物检验是交易双方交接货物过程中必不可少的重要业务环节。

8.1.2　进出口商品的法定检验

进出口商品的检验主要分为法定检验和鉴定业务。鉴定业务主要是指交易双方要求对进出口商品的检验检疫，目的是交货或者提供交货的依据。

进出口商品法定检验是国家出入境检验检疫部门根据国家法律法规规定，对规定的进出口商品或有关的检验检疫事项实施强制性的检验检疫，未经检验检疫或经检验检疫不符合法律法规规定要求的，不准输入输出。

法定检验检疫的目的是为了保证进出口商品、动植物（或产品）及其运输设备的安全、卫生符合国家有关法律法规规定和国际上的有关规定；防止次劣有害商品、动植物（或产品）以及危害人类和环境的病虫害和传染病源输入或输出，保障生产建设安全和人类健康。国家出入境检验检疫部门对进出口商品实施法定检验检疫的范围包括：

①列入《出入境检验检疫机构实施检验检疫的进出境商品目录》（简称《检验检疫商品目录》）。

②《中华人民共和国食品卫生法（试行）》规定，应施卫生检验检疫的进出口食品。

③危险货物的包装容器、危险货物运输设备和工具的安全技术条件的性能和使用鉴定。

④装运易腐烂变质食品、冷冻品的船舱、货仓、车厢和集装箱等运载工具。

⑤国家其他有关法律、法规规定须经出入境检验检疫机构检验的进出口商品、物品、动植物等。

8.2　买方检验权

检验权，是指依照合同的约定，买方或卖方所享有的对进出口商品进行最终检验鉴定的权利。

一般来说，哪一方享有检验权，哪一方就有权指定检验机构检验货物，其指定检验机构所出具的检验报告就作为对货物的品质、数量、包装等是否与合同一致的最后评定。如果没有检验权，他就无权对货物提出异议，无权提出索赔。

国际货物买卖双方在交接过程中，通常要经过交付（delivery）、检验或查看（inspection or examination）、接受或拒收（acceptance or rejection）三个环节。

买方收到（received）货物并不等于他已经接受货物。为保障买方利益，合同检验条款一般规定买方检验权，即买方收到货物后有权检验。经检验，认为货物与买卖合同的规定不符时，买方可以拒收。对此，各国法律和有关的国际条约均有明确规定。

英国《货物买卖法》第 34 条第 2 款规定：“除另有约定者外，当卖方向买方交货时，根据买方的请求，卖方应向其提供一个检验货物的合理机会，以便能确定其是否符合合同的规定。”同条第 1 款又规定：“如他以前未曾对该货进行过检验，则除非等到他有一个合理的机会加以检验……不能认为他已经接受了货物。”

美国《统一商法典》第 2 - 606 条第 1 款规定，凡属下列情况表明买方接受货物：

①在有合理机会对货物进行检验之后，买方向卖方表示货物符合合同，或表示尽管货物不符合合同要求，他们将收取或保留货物。

②在买方有合理机会对货物检验之后，未做出有效的拒收。

③买方做出任何与卖方对货物的所有权相抵触的行为。

美国《统一商法典》第2－606条第2款规定，接受任何商业单位中的部分货物，构成对商业单位整体的接受；该法典第2－607条第2款规定：买方接受货物后，即无权拒收已接受的货物。

大陆法系国家的法律对此也有相应的规定。《德国民法典》第459条明文规定：因买卖标的物"含有隐蔽的瑕疵，致丧失其通常效用或减少通常效用"，如果达到买方知其情形，即不愿购买或必须减少价金方愿购买的程度时，"出卖人应负担保责任"。"出卖人即使不知标的物含有隐蔽的瑕疵，仍负担保责任。"《德国民法典》虽未明确提出对货物的检验权，但是，货物所存在的即使是卖方也不知道的隐蔽的瑕疵之所以能被买方发现，这就默示了买方在收到货物之后，有权对货物进行检验。

《联合国国际货物销售合同公约》（以下简称《公约》）第36条第（1）款则作了如下规定："卖方应按照合同和本公约的规定，对风险转移到买方时所存在的任何不符合合同的情形负有责任，即使这种不符合合同的情形在该时间后方始显现。"紧接着第38条规定："买方必须在按情况实际可行的最短时间内检验货物或由他人检验货物；如果合同涉及货物的运输，检验可推迟到货物到达目的地后进行；如果货物在运输途中改运或买方须再发运货物，没有合理机会加以检验，而卖方在订立合同时已知道或理应知道这种改运或再发运的可能性，检验可推迟到货物到达目的地后进行。"

由此可见，《公约》不仅明确规定了卖方对货物负有责任的具体界限，即凡是货物不符合合同的情形于风险转移到买方的时候就已存在的应由卖方负责，而且还明确规定了买方对货物有检验的权利。

我国《合同法》第157条规定，买方收到标的物时应当在约定的检验期间内检验，没有约定检验期间的，应当及时检验。第158条规定，当事人约定检验期间的，买方应当在检验期间内将标的物的数量或者质量不符合约定的情形通知卖方。买方怠于通知的，视为标的物的数量或者质量不符合合同约定的合理期间内通知卖方。

可见，不管是英美法系或是大陆法系国家的法律，还是《公约》或是我国的法律都认为，除双方另有约定外，买方有权对自己所购买的货物进行检验，卖方应予以配合。但是，必须指出，买方对货物的检验权并不是表示对货物接受的前提条件，买方对收到的货物可以进行检验，也可以不进行检验。假如买方没有利用合理的机会对货物进行检验，就等于放弃了检验权，他也就丧失了拒收货物的权利。

8.3　检验时间与地点

商品检验在何时何地进行，各国法律无统一规定。而货物的检验权又直接关系到买卖双方在货物交接过程中的权利和义务，因此买卖双方通常在合同中就买方如何行使检验权，包括检验的时间和地点都作出明确的规定，以明确双方的责任。对于商品检验的时间和地点的规定与合同所使用的贸易术语、商品的特性、包装方式、行业惯例以及当事人所在国的法律、行政法规的规定有密切关系。

在国际货物贸易中、贸易合同关于检验时间与地点的规定，基本做法有以下4种。

8.3.1　在出口国检验

在出口国检验又可分为产地检验或工厂检验、装船前或装船时检验。

①在产地检验。货物在离开生产地点(如工厂、农场或矿山)之前，由出口方或其委托的检验人员或进口方的验收人员对货物进行检验或验收。卖方承担离开产地之前的责任，而在运输途中出现的品质、数量等方面的风险则由买方承担。

②装运前或装运时在装运港(地)检验。又称以离岸质量、重量(或数量)为准(shipping quality, weight or quantity as final)，即出口货物在装运港(地)装运前或装运时，以双方约定的商检机构对货物进行检验后出具的质量、重量、数量和包装等检验证书，作为决定交货质量、重量或数量的最后依据。在这里，卖方取得商检机构出具的各项检验证书，就意味着其所交货物的质量、重量或数量是与合同规定相符合的，买方对此无权提出任何异议。货物运抵目的港(地)后，买方如再对货物进行复验时，即使发现问题，也无权再表示拒收或提出索赔。

根据新《商检法实施条例》第 21 条规定，我国实施装运前检验的进口商品包括两类：一类是重要进口商品；另一类是大型成套设备。

8.3.2　在进口国检验

若贸易合同规定在进口国检验，则商检应在货物运抵目的港(地)卸货后进行，或在买方营业处所或最终用户的所在地进行。

①在目的港(地)卸货后检验。又称以到岸质量、重量(或数量)为准(landing quality, weight or quantity as final)，即在贸易货物运抵目的港(地)卸货后的一定时间之内，由双方约定的目的港(地)的商检机构进行商检，并以该商检机构出具的检验证书作为决定交付货物的质量、重量或数量的最后依据。如果检验证书证明货物的质量、重量或数量与贸易合同不符系卖方责任，卖方应予负责，当买方对此提出索赔时，卖方一般不得拒绝理赔。

②在买方营业处所或最终用户所在地检验。对于不方便在目的港(地)进行检验的贸易货物，如密封包装货物或需要一定的检验条件或设备才能进行检验的货物，可以将检验延伸和推迟到货物运抵买方营业处所或最终用户所在地后的一定时间内进行，并由双方约定的该地的商检机构实施检验。该检验机构对商品检验后出具的检验证书作为买卖双方决定交货质量、重量或数量的依据。

8.3.3　在出口国检验、在进口国复验

贸易合同若规定在出口国检验、在进口国复验，则是指以装运港(地)的检验证书作为收付货款的依据，但货物运抵目的港(地)或发货地的检验机构进行检验，该商检机构出具的检验证书可以作为卖方议付的凭证，但不是最后依据。买方在货物运抵目的港(地)卸货后的一定时间内仍有权复验，这时双方约定的目的港(地)的商检机构对货物检验后出具的检验证书才是最后依据，如果发现由于卖方责任而造成交货的质量、重量或数量与贸易合同不符，买方有权凭该商检证书向卖方提出索赔。这种做法对于买卖双方来说都比较方便而且公平合理、重量或数量与贸易合同不符，买方仍有权凭该商检证书向卖方提出索赔。这种做法对于买卖双方来说都比较方便而且公平合理，因而已为国际贸易中绝大多数当事

人所接受，成为一条公认的原则。

8.3.4 装运地(港)检验重量/数量，目的地(港)检验品质

这是将重量和品质分别进行检验的做法，即以装运地(港)检验后所出具的重量检验证书作为卖方交货重量的最后依据，以目的地(港)检验后所出具的品质检验证书作为到货品质的最后依据。如货物到达目的地(港)后，发现品质与合同规定不符，且属卖方责任所致，买方有权向卖方提出索赔，但对重量与合同规定不符，则无权向卖方提出异议。

上述几种约定当中，在出口国检验、进口国复验的做法和装运地(港)检验重/数量、目的地(港)品质的做法使用得较多。

8.4　商品检验机构与检验证书

8.4.1 商品检验机构

在国际货物贸易中，除买卖双方自行对货物进行必要的检验外，通常，还要委托第三方公证鉴定检验机构或其他合法的检验、鉴定和管理的检验机构予以检验。国际上的进出口商品检验机构主要有官方的、非官方的和半官方的3种类型。

(1)官方的检验机构

由国家或地方政府设置的，根据国家颁布的有关法令，对特定的进出口商品特别是有关安全、卫生、检疫、劳保、环保等方面的商品执行强制检验、检疫和监督管理。如美国粮谷检验署(FGES)、美国食品药物管理局(FDA)、法国国家实验检测中心、日本通商产业检查所等都是由国家政府设置的官司方检验机构。

(2)半官方检验机构

由政府授权、某项商品检验或某一方面检验管理工作的民间机构。例如，美国担保人实验室(Underwriter's Laboratory)这一半官方检验机构检验认证合格，并贴上该实验室的英文缩写标志"UL"，方可进入美国市场。

(3)非官方检验机构

由私人创办的、具有专业检验、鉴定技术能力的公证行或检验公司，如英国劳埃氏公证行(Lloyd's Surveyor)、瑞士日内瓦通用鉴定公司(Societies Generalede Surveillance S. A. , SGS)等。

依据2002年我国新的《商检法》，规定由国家质检验总局设在各地的出入境检验检疫局负责管理其所辖地区的进出口商品检验工作。

8.4.2 商品检验证书

商品检验机构对进出口商品进行检验检疫或鉴定后，根据不同情况、不同的检验结果或鉴定项目签发的各种检验证书、鉴定证书和其他证明书，统称为商检证书(Inspection Certificates)。在国际贸易中，商检证书起着公证证明的作用，它是买卖双方商品交接、结算货款以及进行索赔和理赔的依据之一，也是报关验放、计算关税和运费的重要凭据，还是证明装运条件、明确贸易关系人责任、处理经济诉讼和仲裁的有效凭证；在使用信用证

方式结算货款的情况下，商检证书通常也是银行议付货款和出口收汇的依据。

商检证书按其内容来分，主要有以下几种：

①品质检验证书(Inspection Certificate of Quality)，是证明进出口商品的质量、规格、等级等实际情况是否符合贸易合同或有关规定的证明文件。它可以作为国际贸易关系人交接货物、结算货款、通关验放、索赔理赔及仲裁诉讼举证的有效证件。

②重量或数量检验证书(Inspection Certificate of Weight of Quantity)，是证明进出口商品的重量或数量是否符合贸易合同规定的证明文件。它可以作为国际贸易关系人交接货物、结算货款、纳税、计算运费、进行索赔和理赔的有效证件。

③包装检验证书(Inspection Certificate of Packing)，是证明进出口商品包装情况的证明文件。

④兽医检验证书(Veterinary Inspection Certificate)，是证明进出口动物产品经过检疫合格的证明文件，适用于冻畜肉、冻禽、禽畜肉、罐头、冻兔、皮张、毛类、绒类、猪鬃、肠衣等出口商品。有时还要加上卫生检验内容，称兽医卫生检验证书(Veterinary Sanitary Inspection Certificate)。它是对外交货、银行结汇和进口通关的重要证件。

⑤卫生检验证书(Sanitary Inspection Certificate)又称健康检验证书(Inspection Certificate of Health)，是证明可供人类食用或使用的动物产品食品等经过卫生检验或检疫合格的证明文件。适用于肠衣、罐头、冻鱼、冻虾、食品、蛋品、乳制品、蜂蜜等，也是对外交货、银行结汇和通关放行的重要证件。

⑥消毒检验证书(Inspection Certificate of Disinfection)，是用于证明出口谷物、油籽、豆类、皮张、山羊毛、羽毛、人发等商品。它也是对外交货、银行结汇和进口通关的重要凭证。

⑦熏蒸检验证书(Inspection Certificate of Fumigation)，是用于证明出口谷物、油籽、豆类、皮张等商品，以及包装用木材与植物性填充物等已经过熏蒸灭虫的证书。其内容主要证明使用的药物、熏蒸的时间等情况。

⑧温度检验证书(Inspection Certificate of Temperature)，是证明出口冷冻商品温度的证书。测温结果一般列入品质检验证书中，若国外要求单独出证，可以单独出具温度检验证书。

⑨残损检验证书(Inspection Certificate on Damaged Cargo)，简称验残证书，是证明进口商品残损情况的证明文件。主要内容为确定商品的受损情况及其对使用、销售的影响，估计损失程度，判断致损的原因。它可以作为收货人向供货人或承运人或保险人等有关责任方索赔的有效证件。

⑩船舱检验证书(Inspection Certificate on Tank/Hold)，是证明承运出口商品的船舱清洁、牢固、冷藏资助能及其他装运条件是否符合保护承载商品的质量和数量完整与安全要求的证明文件。可以作为承运人履行租船契约适载义务，对外贸易关系人进行货物交接和处理货损事故的依据。

⑪货载衡量检验证书(Inspection Certificate on Cargo Weight & Measurement)，也称衡量检验证书，是证明进出口商品重量、体积吨位的证书。它是计算运费和制定配载计划的依据。

⑫产地证明书(Certificate of Origin)，包括一般产地证、限制禁运产地证、野生动物制

品产地证和普惠制产地证等。它是通关放行和减免关税的必要证明文件。

⑬价值证明书(Certificate of Value)，主要用于证明发票所列商品的价值是否真实正确。它是进口国管理外汇和征收关税的凭证。

检验检疫机构签发的检验检疫证书一般以验讫日期作为签发日期，通常只签发一份正本。检验检疫机构签发检验检疫证书后，报检人要求更改或补充内容的，应向原签发证书的检验检疫机构提出申请，经检验检疫机构核实后，按规定予以办理。任何单位或个人不得擅自更改检验检疫证书内容，伪造或变更检验检疫证书属于违法行为。

在实际业务中，买卖双方应根据成交货物的种类、性质、有关国家的法律和行政法规，政府的涉外经济贸易政策和贸易习惯等来确定卖方应提供何种检验证书，并在买卖合同中予以明确。

8.5　商品检验条款

国际货物买卖合同中，通常订有内容详尽的检验条款，主要包括以下内容：

①有关检验权的规定；

②检验或复验的时间和地点；

③检验机构；

④检验项目和检验证书；

⑤其他：如检验标准、检验费用由谁承担、索赔期限等。

例：It is mutually agreed that the Inspection Certificate of Quality and Quantity (Weight) issued by the China Import and Export Commodity Inspection Bureau at the port of shipment shall be part of the documents to be presented for negotiation under the relevant L/C. The buyer shall have the right to reinspect the quality and quantity (weight) of the cargo. The reinspection fee shall be borne by the buyers. Should the quality and/or quantity (weight) be found not in conformity with that of the contract, the buyers are entitled to lodge with the sellers a claim which should be supported by survey reports issued by a recognized Surveyor approved by the seller. The claim, if any, shall be lodged within …days after arrival of the cargo at the port of destination.

买卖双方同意以装运港中华人民共和国出入境检验检疫局签发的品质和重量(数量)检验证书作为信用证项下议付所提交的单据的一部分，买方有权对货物的品质和重量(数量)进行复验、复验费由买方负担。但若发现品质和重量(数量)与合同规定不符时，买方有权向卖方索赔，并提供经卖方同意的公证机构出具的检验报告。索赔期限为货物到达目的港后_____天内。

在国际货物买卖合同中，为了公平合理地约定检验条款，合同当事人一般应注意下列事项。

①在规定进口方有复验权时，应明确复验期限，因为复验期限也就是索赔的期限。不在规定的复验期限内检验商品，即使以后检验发现商品有问题，也无权向出口方提出索赔。如果合同中没有规定复验期限，虽然可以"合理时间"来确定复验期限，但对"合理时间"的解释可能会发生争议，因此，最好明确规定复验期限。具体期限应根据货物的性质、国内运输、检验的繁简等情况而定。例如，对较易变质何损坏的货物可以短一些；不易变

质或损坏的货物可以长一些。需安装、调试的机械设备还可长至安装调试所需的合理时间。

②合理约定成交商品的检验标准和检验方法。检验标准是指检验机构从事检验工作在实体和程序方面所遵循的尺度或准则，是评定检验对象是否符合规定要求的准则。在国际货物买卖中，即使同一商品，对其实施检验所依据的技术标准不同，检验结果也会有差异。因此，买卖双方签订合同时，应根据成交商品的种类、特性及进出口国家有关法律或行政法规的规定，合理约定检验技术标准。一般而言，凡被国际上广泛采用的标准，或有助于扩大我国产品在国际市场销路的标准，应尽量采用。对于既有我国标准，又有国际标准或国外标准的商品，在一般情况下，可酌情争取采用我国标准。

检验方法指对进出口商品的质量、数量、包装等进行检验的做法，包括抽样的数量及方法。在实践中，商品检验的方法主要有感官检验、化学检验、物理检验、微生物检验等。有些商品，用不同的检验方法可能会得出不同的检验结果。为避免事后发生争议，必要时，可在合同中对检验方法作出明确的规定。

③合理规定检验费用的负担。根据 INCOTERMS 2010 中的规定：除非另有规定，买方应承担（装运前）检验的费用，这种检验是为了他自身利益安排的，但出口国有关当局强制进行的检验除外。由此在检验条款中，还应根据检验的具体情况订明费用的承担者。

④检验条款的内容应明确具体。检验条款的内容很多，其中有关检验机构的名称，检验的时间与地点，检验的技术标准，签发何种检验证书，以及以谁的检验结果为准，都应具体订明，以利合同的履行。

篇末点述

本章主要讲述了商品检验在国际货物买卖中的重要作用以及进出口商品检验条款的具体内容，其中重点讲述了国际货物买卖合同中商品检验条款的制定，以及在拟定商品检验条款时应该注意的问题。商品检验是进出口交易中的重要环节，清晰合理的检验条款可以保障国际货物买卖的顺利进行。

案例分析

进口方委托银行开出的信用证上规定：卖方须提交"商品净重检验证书"。进口方在收到货物后，发现除质量不符外，卖方仅提供重量单。买方立即委托开证行向议付行提出拒付，但货款已经押出。事后，议付行向开证行催付货款，并解释卖方所附的重量单即为净重检验证书。

问：重量单与净重检验证书一样吗？

分析：①商品净重检验证书是由商检机构签发的关于货物重量的公证文件，而重量单为发货人所出具的货物重量说明文件，二者是不同的。

②信用证中要求卖方提供商品净重检验证书，而议付行误以为重量单即商品净重检验证书，则议付行必须为此过失承担责任。按《跟单信用证统一惯例》的规定，开证行有权对议付行拒付，而议付行可向出口商追索押汇款项。

思考题

1. 简述货物检验的含义及其在国际贸易中的作用。
2. 何谓"收到货物"和"接受货物"？为什么说买方收到货物并不意味着已经接受货物？
3. 何谓买方的检验权？各国法律对买方检验权主要有哪些规定？
4. 进出口商品检验条款主要由哪些内容组成？
5. 主要的商检证书有哪些？其作用是什么？

技能实训

请将以下检验条款译成英文：

双方同意以制造厂出具的质量和数量/重量检验证书作为有关信用证项下付款的单据之一。货到目的港（地）卸货后××天内经中国出入境检验检疫局复验，如发现质量或数量/重量与本合同不符时，除属保险公司或承运人负责者外，买方凭中国出入境检验检疫局出具的检验证书，向卖方提出退货或索赔。所有退货或索赔引起的一切费用（包括检验费）及损失，均由卖方负责。在此情况下，如抽样时可行的，买方可应卖方要求，将有关货物的样品寄交卖方。

第 9 章　国际贸易争议及处理

开篇导读　在国际贸易履约过程中，如合同当事人任何一方有违约行为，给对方造成损失，受害方有权提出索赔。如果合同签订后发生不可抗力事件，使合同不能履行，可按约定的不可抗力条款免除合同当事人的责任。如交易双方在履行合同过程中发生争议，则可按约定的仲裁方式解决。

本章关键术语

违约（Breach of Contract）

索赔（Claim）

不可抗力（Force Majeure）

仲裁（Arbitration）

9.1　争议与违约

9.1.1　争议与违约的含义

所谓争议（Disputes）是指买卖的一方认为另一方没有全部或部分履行合同规定的责任与义务所引起的纠纷。

所谓违约（Breach of Contract），是指买卖双方之中任何一方违反合同义务的行为，这就在法律上构成违约行为，应承担法律责任。

9.1.2　引起争议的原因

①卖方违约。如卖方不交货，或未按合同规定的时间、品质、数量、包装条款交货，或单证不符等。

②买方违约。如买方不开或缓开信用证，不付款或不按时付款赎单，无理拒收货物，在 FOB 条件下不按时派船接货等。

③合同规定不明确。买卖双方国家的法律或对国际贸易惯例的解释不一致，甚至对合同是否成立有不同的看法。

④在履行合同过程中遇到了买卖双方不能预见或无法控制的情况，如某种不可抗力，双方有不一致的解释等。

由上述原因引起的争议，概括起来讲就是：是否构成违约，双方对违约的事实对违约的责任及其后果的认识不一致。对此，双方应采取适当措施，妥善解决。

9.1.3　不同法律对违约行为的不同解释

国际货物买卖合同是对缔约双方具有约束力的法律文件。任何一方违就应承担违约的法律责任，受损的一方有权提出损害补偿要求。

（1）英国的法律规定

英国的《货物买卖法》将违约分为违反要件和违反担保两种。违反要件（Breach of Condition）是指违反合同中带实质性的主要约定条件，即违反与商品有关的品质、数量、交货期等要件；受损害的一方除可要求损害赔偿外，还有权解除合同。违反担保（Breach of Warranty）是指违反合同的次要条款，受损方只能提出损害赔偿，而不能解除合同。

（2）美国的法律规定

美国的法律规定违约分为重大违约和轻微违约两种。重大违约（Material breach）是一方当事人违约，致使另一方无法取得该交易的主要利益，受损害一方有权解除合同，并要求损害赔偿。轻微违约（Minor breach），是一方当事人违约，情况较为轻微，并未影响对方在该交易中取得的主要利益，受损害一方只能要求损害赔偿，而无权解除合同。

（3）《联合国国际货物销售合同公约》的规定

《联合国国际货物销售合同公约》将违约分为根本性违约和非根本性违约。根本性违约（Fundamental Breach）是违约方的故意行为造成的违约，如卖方完全不交货，买方无理拒收货物、拒付货款，其结果给受损方造成实质损害。此时，受损害的一方就可以宣告合同无效，同时有权向违约方提出损害赔偿的要求。非根本性违约（Non‑fundamental Breach）是违约的情况尚未达到根本违反合同的程度，受损害方只能要求损害赔偿，而不能宣告合同无效。

9.2 索 赔

9.2.1 索赔与理赔

索赔（Claim）是指签订合同的一方违反合同的规定，直接或间接地给另一方造成损害，受损方向违约方提出赔偿要求，以弥补其所受损失的行为。

理赔（Settlement of Claims）是指违约方对受损方提出的赔偿要求的处理。索赔和理赔是同一个问题的两个方面。

9.2.2 索赔依据及期限

索赔依据有法律依据和事实依据两方面。法律依据是指买卖合同和适用的法律规定；事实依据是违约的事实、情节及书面证明。

索赔期限是指受损害方有权向违约方提出索赔的期限，按有法律和国际惯例，受损害方只能在索赔期限内提出索赔。索赔期限一般规定方法有：货到目的港后××天起算；货到目的港卸离海轮后××天起算；货物经检验后××天起算。

9.2.3 索赔应注意的问题

在国际贸易中，受损害方索赔应注意以下问题：

①索赔一方要在索赔期限内提出必须具备的各种有效证据，应及时向对方提出保留索赔权。

②有关双方应根据合同规定和违约事实，本着平等互利和实事求是的精神，合理确定损害赔偿的金额，或者其他处理的方式，如退货、换货、补货、整修、延期付款、延期交

货等。

③从争议案情具体情况出发，灵活选择解决争议的途径，正确利用国际贸易惯例和有关法律，最好是采用友好协商办法解决。

9.2.4　索赔条款

订立索赔条款通常有两种方式：

（1）异议和索赔条款

该条款针对卖方交货品质、数量或包装不符合合同规定而订立。主要内容包括索赔依据、索赔期限、赔偿损失的办法和金额。索赔依据主要是指双方认可的商检机构出具的检验证书；索赔期限主要是指受损方向违约方提出索赔要求的有效期限。如逾期提出索赔，违约方可不予理赔；索赔的办法和索赔金额：一般对此问题只做笼统规定，主要是由于违约的原因通常较复杂，在订合同时很难进行预计。

（2）罚金条款

主要内容是在合同中规定：如由一方为履约或未完全履约，应向对方支付一定数量的约定金额，即罚金或违约金以补偿对方的损失。罚金的支付并不解除违约方继续履行合同的义务。因此，违约方支付罚金外，仍应履行合同义务，如因故不能履约，则另一方在收受罚金之外，仍有权索赔。

违约金的起算日期有两种方法：一种是按合同规定的交货期或开证期终止后立即起算；一种是规定优惠期，指在合同规定的有关期限终止后再宽限一段时间，在优惠期内免于罚款，优惠期届满即开始起算。

9.3　不可抗力

9.3.1　不可抗力概述

不可抗力（Force Majeure）是指当事人在订立合同后，不是由于合同当事人的过失或疏忽，而是由于发生了合同当事人不能预见、对其发生和后果不能避免且无法克服的客观情况，以致不能履行或不能如期履行合同，发生意外事件的一方可以免除履行合同的责任或推迟履行合同，对方无权要求赔偿。因此，不可抗力是一项免责条款。不可抗力通常包括自然现象和社会因素两方面。自然因素如火灾、水灾、地震等；社会因素如战争、动乱、政府禁令等。

9.3.2　构成不可抗力的基本条件

一般认为构成不可抗力事件应当具备以下条件：

①事件是在有关合同成立以后发生的；

②不是由于任何一方当事人的故意或过失所造成的；

③事件的发生及其造成的后果是当事人不能预见、不能控制、不能避免并不能克服的。

9.3.3　不可抗力事故的范围及处理

关于不可抗力事件的范围,应在买卖合同中订明。通常有下列 3 种规定办法:

(1)概括规定

即在合同中不具体规定哪些是属于不可抗力事件的范围,只作概括的规定。例如:如果由于不可抗力的原因,导致卖方不能全部或部分装运,或延迟装运合同时,卖方不负责任,但卖方应立即电报通知买方,并须在××天内向买方提交证明发生此类事件的有效证明书。

(2)具体规定

即在合同中详细列出不可抗力事件的范围。例如:如果由于战争、火灾、洪水、地震、暴风雨、雪灾的原因,致使卖方不能全部或部分装运或延迟装运合同货物义务时,卖方可以推迟这些义务的履行时间,或者撤销部分或全部合同,但卖方需用电报或电传在××天内通知买方。

(3)综合规定

即采用概括和具体列举综合并用的方式。在我国进出口合同中,一般都采取这种规定办法。例如:如果因战争或其他人力不可控制的原因,买卖双方不能在规定的时间内履行合同,如此种行为或原因,在合同有效期后继续三个月,则本合同的未交货部分即视为取消,买卖双方的任何一方,不负任何责任。

9.3.4　援引不可抗力条款和处理不可抗力事件应注意的事项

当不可抗力事件发生后,合同当事人在援引不可抗力条款和处理不可抗力事件时,应注意如下事项:

①发生事故的一方当事人应按约定期限和方式将事件情况通知对方,以便对方采取措施,减轻不可抗力可能造成的损失。另一方接到事故通知或证书后,不论同意与否都应及时答复对方,不应长期拖延不予处理。

②双方当事人都要认真分析事件的性质,看其是否属于不可抗力事件的范围。

③发生事件的一方当事人应在合理的时间内出具有效的证明文件,以作为发生事件的证据。

④对方当事人接到发生不可抗力的通知后,应立即采取适当措施避免或减小损失,同时,对已经发生或可能发生的损失作出评估,以便合同双方当事人采取继续履行合同、变更合同还是解除合同的应变措施。

⑤双方当事人应就不可抗力的后果,按约定的处理原则和办法进行协商处理。处理时,应弄清情况进行严格审查、核对,体现实事求是的精神。

9.4　仲裁

9.4.1　仲裁的含义

仲裁(Arbitration)又称公断,是指买卖双方在争议发生之前或发生之后,通过达成协议，自愿将有关争议交给双方所同意的仲裁机构进行裁决，而这个裁决是终局的，对双方都有约束力，双方必须遵照执行。

9.4.2　仲裁的特点

仲裁作为解决争议的一种方式，有三个方面的特点：当事人必须订有仲裁协议；仲裁机构一般是民间机构；仲裁裁决是终局性的。

9.4.3　仲裁协议的形式和作用

仲裁协议从表现形式上来看，有书面仲裁协议和口头仲裁协议。其中书面仲裁协议又有两种形式，一种是独立的仲裁协议，即当事人为仲裁目的而专门订立一份协议。另一种形式便是当事人在其商业合同中就仲裁事宜专门做了一条约定。

仲裁协议的作用，包括三个方面：第一，约束双方当事人在协商调解不成时，只能以仲裁方式解决争议，不得向法院起诉。第二，使仲裁机构取得对争议案件的管辖权。任何仲裁机构都无权受理没有仲裁协议的案件。第三，排除法院对有关案件的管辖权。如果一方违背仲裁协议，自行向法院起诉，另一方可根据仲裁协议要求法院不予受理，并将争议案件退交仲裁庭裁断。其中，最关键的是排除法院对争议案件的管辖权。

9.4.4　仲裁条款

仲裁条款一般有以下几个方面：

①仲裁地点。仲裁地点不同，使用的法律可能不同，对买卖双方的权利、义务的解释就会有差别，其结果也会不同。在我国进出口合同中，关于仲裁地点有下列三种规定方法：第一，在中国仲裁；第二，在被申请人所在国仲裁；第三，在双方同意的第三国。

②仲裁机构。有常设仲裁机构和临时仲裁机构之分。

③仲裁程序。主要包括仲裁申请、仲裁庭的组成、仲裁审理及做出裁决。

④仲裁裁决的效力。主要是指由仲裁庭做出的裁决，对双方当事人是否具有约束力，是否是终局性的，能否向法院起诉要求变更裁决。

⑤仲裁费用的负担。通常由败诉方负担。

篇末点述

在国际贸易中，买卖双方常常会因各种原因而发生争议，有的还可能导致索赔、仲裁等情况的出现。为了在合同履行过程中尽量减少争议或在争议发生时能妥善解决，交易双方通常都要在合同中订立一些预防争议及发生争议时如何处理的条款，如索赔、不可抗力及仲裁条款。我们在国际贸易中应重视此类条款的签订。

案例分析

[案例一]　我方某公司与英商签订一笔服装合同。合同按 CIF 伦敦即期 L/C 方式付款，合同和信用证中均规定不允许分批装运和转船。我方按时将货物装上直达轮，并凭直达提单在信用证有效期内向银行议付货款。该轮船中途经过某港时，船公司为了接载其他

货物，擅自将我方服装卸下，换装其他船舶继续运往伦敦。由于换装的船舶设备陈旧，该批服装比原定时间晚了2个月到达。为此，英商向我公司提出索赔，理由是我方提交的是直达提单，而实际是转船运输，是弄虚作假行为。问：(1) 我方应否赔偿？(2) 为什么？

分析：我方不应赔偿。因为按 CIF 条件成交，买卖双方的风险转移以装上船为界，货物在装运港装上船后的风险应由买方承担，所以，船方擅自转船造成的损失也应由买方承担。另外，CIF 属象征性交货，只要卖方按合同规定在装运港将货物装船并提交全套合格单据，就算完成了交货义务，而无须保证到货。

[案例二] 我国某企业以 FOB 广州从国外进口一批货物，合同规定10月15日前装船。9月12日卖方所在地发生地震，但卖方储存货物的仓库距离震心比较远，因此未受到严重损坏，仅因交通受严重破坏，所以货物不能按时出运。事后，卖方以不可抗力为由通知我方，要求解除合同，免除交货责任，但我方不同意。问：卖方解除合同的要求是否合理？为什么？

分析：卖方解除合同的要求不合理。卖方只能要求延期履行合同，而不能主张解除合同。遭受不可抗力事故，应根据不可抗力事故对其履约所造成的影响决定解除合同或者延期履行合同。本案中，地震并未使货物受到严重损坏，只是因为交通中断，卖方无法按时装运，这种情况下，卖方只能要求延期交货，而不能免除交货责任。

思考题

1. 名词解释：索赔   罚金条款   不可抗力   仲裁   仲裁协议
2. 什么是违约？引起违约的原因是什么？
3. 合同中的索赔条款一般有哪两种形式？具体内容各是什么？
4. 什么是不可抗力事件？构成不可抗力的基本条件是什么？
5. 什么是仲裁？仲裁协议有什么作用？仲裁条款包括哪些内容？

技能实训

××××年我某公司向日本两公司签订出口羊绒衫的合同，共出口羊绒衫1万多件，价值100多万美元。合同规定羊绒含量为100%。出口羊绒衫商标也标明"100% 羊绒"。结果，对方两公司对我出口羊绒衫进行检验后，因羊绒含量不符合合同规定而提出索赔，要求赔偿200多万美元。最后我公司向外赔偿了数十万美元结案。

（资料来源：上海对外贸易协会.对外经济贸易案例分析. 上海：复旦大学出版社，1991：64）

请分析造成此种结果的原因。

第 10 章　进出口合同的商订

开篇导读　在国际贸易中，达成交易要通过交易磋商来实现，而达成交易的法律形式则是合同。交易磋商是过程，订立合同是结果。交易磋商的过程包括询盘、发盘、还盘、接受等环节，有的交易中还要求在最后签订书面合同。交易磋商和订立合同是国际贸易实务中的重要内容。国际贸易能否顺利地进行，在很大程度上取决于国际贸易合同的订立状况。合同是用来约定当事人各方义务的，合同内容的严密性对于争议的防范和处理显得非常重要。

本章关键术语

Inquiry 询盘

Offer 发盘

Counter Offer 还盘

Acceptance 接受

Withdrawal 撤回

Revocation 撤销

Termination 终止

Consideration 对价

10.1　交易前的准备工作

国际贸易是一项形式多样、内容广泛、程序复杂的综合活动。无论是进口贸易还是出口贸易都要认真做好前期的准备工作，以减少风险和不必要的纠纷，使交易活动顺利进行。这些工作主要包括选配合适的经贸洽谈人员，选择适当的目标市场，选择明确的交易对象，制定完善的进出口商品经营方案等。

10.1.1　经贸洽谈人员的选定

为了保证交易磋商的顺利进行，事先应选配精明能干的谈判人员，尤其是对某些大宗交易或内容复杂的交易，因事关重大，更应组织一个坚强的谈判班子。首先，要求参加贸易谈判的业务人员不仅要具有认真负责的工作态度，同时要掌握较为广泛的外贸业务知识，除了一般商品知识外，还要了解运输、保险，国际结算等方面的知识，特别是贸易谈判中还会涉及许多法律问题。对这些问题处理不当，不仅可能丧失交易机会，甚至会卷入法律纠纷，造成不良影响和经济损失。所以，从事这项工作的相关人员还应掌握《合同法》等方面的基本知识。另外，在这个谈判班子中还应当包括熟悉商务，技术和财务方面的人员，他们需要掌握谈判技巧并善于灵活应变。

10.1.2 目标市场的选定

在交易磋商之前，必须加强对国外市场的调查研究。收集整理有关出口商品在国外市场的信息，诸如通过各种途径广泛了解市场供销状况、价格动态、各国有关进出口的政策、法规、措施和贸易习惯做法，了解国外市场的基本特点，研究市场变化的规律，预测国际市场的发展趋势，以便从中择优选定适当的目标市场，并合理地确定市场布局。那么，对国外市场进行调研的内容主要包括下列几个方面：

（1）对国外市场进出口商品的调研

在国外同一市场上，销售着各国同类的商品，它们的市场占有率各不相同，有的畅销，有的适销，有的滞销。出现这种情况与商品的品质、规格、花色品种、包装装潢是否适应市场需要有着密切关系。通过调查，应摸清这些不同品种对市场的适销情况，特别要研究市场畅销品种的特点，改进本国产品，以便主动积极适应国外市场的需要，扩大出口。除此之外，也应当对出口国的贸易环境进行调研，即对该国的政治、经济、社会、文化、自然环境等外界因素进行调查和分析。同时，还要了解国外产品技术的先进程度，工艺程度和使用效能，以便货比三家，进口我们最需要的，价格最合适的商品。

调研的方法主要有收集资料和分析市场动向。市场调研主要是通过收集资料来进行的。资料的来源包括：各国的报纸、杂志、书籍；各国外贸管理部门、银行、研究机构及商会发表的报告或材料；通过本国驻外机构进行实地调查；在与客户的日常业务往来中获取资料等等。分析市场动向就是要广泛收集资料的基础上，分析各种市场现象及市场变动的特点，研究其对商品进出口的影响。

（2）对市场供求关系的调研

国际商品市场的供求关系是经常变化的，影响供求关系变动的因素很多，如生产周期、产品销售周期、消费习惯、消费水平、质量需求等。市场供求关系调研就是要弄清影响这一商品供求变化的相关因素，根据市场供求变动的规律，并结合我国商品供应的可能和进口的实际需要，选择最适当的销售时机或采购市场，进而获取收益的最大化。

（3）对国际商品市场价格的调研

国际市场上的商品价格是围绕国际价值经常上下波动的，同时还受到诸如经济周期、通货膨胀、垄断与竞争、投机活动、自然灾害、季节变动等社会的、经济的和自然的多种因素影响。但并不是不可知的，而是有规律可循的。通过调查，摸清各因素对商品价格变化的影响，正确判断当前的正常价格水平，科学地预测价格变化的趋势，并根据价格变动趋势，选择在最有利的市场推销商品和采购物资。

10.1.3 交易对象的选定

在交易之前，对客户的资信情况要进行全面调查，分类排队，进而选出成交可能性最大的合适的客户。对客户的资信调查的主要内容包括：

（1）支付能力

主要是了解客户的财力，其中包括注册资本的大小、营业额的大小、潜在资本、资本负债和借贷能力等。

（2）客户背景

主要指客户的政治经济背景及其对我们的态度。凡愿意在平等互利原则的前提下同我们进行友好往来、贸易合作的客户，我们都应积极与他们交往。

（3）经营范围

主要指企业经营的品种、经营的性质，经营业务的范围、合作还是独资经营，以及是否同我国有过贸易往来等。

（4）经营能力

主要指客户的活动能力、购销渠道、联系网络、贸易关系和经营做法等。

（5）经营作风

主要指企业经营的作风和客户的商业信誉、商业道德、服务态度和公共关系水平等。

应当指出的是，在选择客户时，既要注意巩固老客户，也要积极物色新客户，以便在广阔的国际市场上，形成一个广泛的有基础和有活力的客户群。了解客户的途径很多，例如：通过实际业务的接触和交往活动，从中考察客户；通过举办交易会、展览会、技术交流会、学术讨论会主动接触客户和进行了解；通过有关国家的商会、银行、咨询公司和各国民间贸易组织了解客户；从国内外有关专业性报刊和各种行业名录中了解客户和物色潜在客户。通过上述途径对客户有所了解的基础上，便可从中挑选出对我们最适合的成交对象。

10.1.4　进出口商品营销方案的制定

为了更有效地做好交易前的准备工作，使对外交易磋商有所依据，一般都需事先制定经营方案，保证经营意图的贯彻和实施。不同的出口商品所制定的经营方案是不同的，经营方案的内容及其繁简也不一，现将出口商品经营方案和进口商品经营方案分别介绍如下：

（1）出口商品经营方案

出口商品经营方案是对重点商品或某一类商品在一定时期内出口推销的全面安排，是进行具体出口业务的依据，主要内容大致包括下列几方面：

①货源情况。其中包括国内生产能力，可供出口的数量，以及出口商品的品质、规格和包装等情况。

②国外市场情况。主要包括国外市场需求情况和价格变动趋势等。

③出口经营情况。包括前一时期出口推销的情况及存在问题，其中包括出口成本、创汇率、盈亏率的情况，综合分析后并提出经营的具体意见和安排。

④推销计划和措施。包括分国别和地区，按品种，数量或金额列明推销的计划进度，以及按推销计划采取的措施，如对客户的利用，贸易方式，收汇方式的运用，对价格佣金和折扣的掌握。

对于大宗商品或重点推销的商品通常是逐个制定出口商品经营方案；对其他一般商品可以按商品大类制定经营方案；对一些中小商品，则仅需制定内容较为简单的价格方案即可。完成出口商品经营方案的制定，只是书面的东西，要把方案变为现实，还要经过许多努力。总之，在实施方案过程中，还应当经常检查执行情况，定期总结经验，及时进行修改。

此外，出口商在出口交易前，还应在国内外进行商标注册，及时做好广告宣传工作。

特别是在当前国际市场竞争十分激烈的情况下，各国厂商都极其重视出口商品的广告宣传，并把它作为加强对外竞争的一种重要手段。广告宣传内容，应当适应市场和消费者的需要，集中介绍商品的用途，突出商品的特点。广告宣传的用语要适当，力求简洁明快、通俗易懂，迎合消费者的心理，并能给消费者难以忘怀的印象。同时，还要及时办理好商品的国外注册工作，尤其是要注意各国关于商标注册中对商标所有权或专有权的规定。大致有四种制度：第一种是使用在先原则，即谁先使用该商标，就拥有该商标的所有权。第二种是注册在先原则，即谁先依法注册，就取得该商标在注册国家的所有权。第三种是混合原则，即原则上是以注册在先来确定商标所有权，但申请注册时必须经公告一段时间，如无人提出异议，才给予承认和保护。第四种是双重原则，即如首先注册者和首先使用者分属两人时，商标所有权属于首先注册者，首先使用者自己仍可继续使用，但不得转让。根据1993年3月1日公布的《中华人民共和国商标法》的规定，我国采取上述第三种做法，公告期为三个月。

案例：我国有的外贸公司对商标在国外注册的工作不够重视，有的商标在国外市场曾被他人抢先注册或假冒，从而使我方蒙受巨大的经济损失。2005年据国家工商总局的不完全统计，国内有15%的知名商标在国外被抢注，其中超过80个商标在印度尼西亚被抢注，近100个商标在日本被抢注，近200个商标在澳大利亚被抢注，五粮液在韩国、康佳在美国等相继被抢注。令人难以置信的是，一些国际知名的大公司居然也加入了抢注的行列，如德国西门子公司，近年来就抢注了青岛海尔、厦门东林、上海得士、中轻青岛、上海奥利玮、广州惠之星、佛山照明等七家企业的注册商标。那么，我国出口商品商标如何在国外市场办理注册呢？一般是先在国内注册，以取得国内法律的保护，然后再委托中国国际贸易促进委员会商标处或国内外友好客户向国外办理注册。

（2）进口商品经营方案

进口商品经营方案是对外交易磋商，采购商品和安排进口业务的依据，其主要内容大致包括下列几方面：

①数量的掌握。根据国内需要的轻重缓急和国外市场的具体情况，适当安排订货数量和进度，在保证满足国内需要的情况下，争取在有利的时机成交，既要防止前松后紧，又要避免过分集中，从而杜绝饥不择食和盲目订购的情况出现。

②采购市场的安排。根据国别（地区）政策和国外市场条件，合理安排进口国别（地区），既要选择对我们有利的市场，又不宜过分集中在某一市场，力争使采购市场的布局合理。

③交易对象的选择。要选择资信好、经营能力强并对我们友好的客户作为成交对象，为了减少中间环节和节约外汇，一般应向厂家直接采购。在直接采购确有困难的情况下，也可通过中间代理商订购。由于各厂家的产品质量和成交条件不尽相同，订购时应反复比较和权衡利弊，从中选择对我们最有利的成交对象。

④价格的掌握。根据国际市场近期价格，并结合采购意图，拟订出价格掌握的幅度，以作为交易磋商的依据。在价格的掌握上，既要防止价格偏高，又要避免价格偏低，因为出价偏高，会造成经济损失，浪费国家外汇；出价偏低，则又完不成采购任务，找不到合适

的卖主。总之，一般中小商户不需要制定经营方案时，往往都制定价格方案，以利对价格的掌握。

⑤贸易方式的运用。通过何种贸易方式进口，应根据采购的数量、品种，贸易习惯做法等酌情掌握。例如，有的可以通过招标方式采购，有的可按补偿贸易或易货方式进口，更多的是采用一般的单边进口方式订购。在经营方案中，对贸易方式的运用问题，一般应提出原则性意见，以利安排进口。

⑥交易条件的掌握。交易条件应根据商品品种、特点、进口地区、成交对象和经营意图，在平等互利的基础上酌情确定和灵活掌握。

10.2　交易磋商的方式及内容

所谓交易磋商（Business Negotiation）是指进出口双方就商品的各项交易条件进行谈判，以期达成交易的过程，又被称为贸易谈判。在国际贸易中，交易磋商占有十分重要的地位，是国际贸易业务活动中最重要的环节。从形式上划分，交易磋商可分为口头和书面两种。

10.2.1　口头磋商

口头磋商主要是指在谈判桌上面对面的谈判，如参加各种交易会、洽谈会，以及贸易小组出访、邀请客户来华洽谈交易等。另外，还包括双方通过国际长途电话进行的交易磋商。口头磋商方式由于是面对面的直接交流，便于了解对方的诚意和态度，以便针锋相对地采取对策，并可根据进展情况及时调整策略，争取达到预期的目的。这对于谈判内容复杂、涉及问题多的交易尤为适合。

口头磋商具有以下特点：

①信息传递迅速。对方提出某项交易条件或要求对某项交易条件进行修改，马上可以获得对方对此要求的反馈信息，或表示同意，或表示不同意的意见，磋商的效率比较高。

②面对面的谈判可以观察对方的表情、举止等，揣摩对方的心理，见机行事，调整谈判策略和方法。

③口头磋商有利于交流感情，促进双方良好关系的发展，对建立长期的业务关系很重要。

④通过参加交易会和互访进行面谈所要花费的费用，如参展费、差旅费等比较高，对企业来说是一笔不小的支出。

⑤口头磋商对谈判人员的素质要求较高。如谈判人员要有丰富的业务知识，对对方提出的交易条件或对某些交易条件提出不同的意见时，要及时做出反应，不能进行长时间的思考和商量。

10.2.2　书面磋商

书面磋商是指通过信件、电报、电传等通讯方式来洽谈交易。随着现代通讯技术的发展，书面洽谈也越来越简便易行，而且费用与前者相比要低廉一些。它是日常业务中的通常做法。通过口头洽谈和书面磋商，双方在交易条件方面达成协议后，即可制作正式书面合同。书面磋商的特点是：交易磋商有凭证，当双方之间产生争议时，有据可查；书面磋商所要支出的费用比口头磋商要低得多。

交易磋商的内容，涉及拟签订的买卖合同的各项条款，其中包括品名、品质、数量、包装、价格、装运、保险、支付以及商检、索赔、仲裁和不可抗力等。从理论上讲只有就以上条款逐一达成一致意见，才能充分体现"契约自由"的原则。然而，在实际业务中，并非每次洽商都需要把这些条款一一列出、逐条商讨。这是因为，在普通的商品交易中，一般都使用固定格式的合同，而上述条款中的商检、索赔、仲裁、不可抗力等通常作为一般交易条件印就在合同中，只要对方没有异议，就不必逐条重新协商，这些条件也就成为双方进行交易的基础。在许多老客户之间，事先已就"一般交易条件"达成协议，或者双方在长期的交易过程中已经形成一些习惯做法，或者双方已订有长期的贸易协议。在这些情况下，也不需要在每笔交易中对各项条款一一重新协商。这对于缩短洽商时间和节约费用开支，都是有益的。

10.3　交易磋商的一般程序

交易磋商的程序可概括为四个环节：询盘、发盘、还盘和接受。其中，发盘和接受是每笔交易必不可少的两个基本环节或法律步骤。

10.3.1　询盘

询盘(Inquiry/Enquiry)是指贸易的一方试探对方对交易的诚意，以及询问有关某商品的交易条件的一种洽商邀请。询盘可以是出口方向进口方发出，也可以是进口方向出口方发出。

(1)由买方发出的询盘

习惯上叫"邀请发盘"(Invitation to offer)。

例 10-1　Please quote lowest price CFR Singapore for 500 pcs Flying Pigeon Brand bicycles May shipment cable promptly.

请报 500 辆飞鸽牌自行车成本加运费至新加坡的最低价，五月装运，尽速电告。

例 10-2　Please cable offer Northeast Soyabean most favorable price

请报东北大豆最优惠价。

(2)由卖方发出的询盘

习惯上叫"邀请递盘"(Invitation to Bid)。

例 10-3　Can supply Northeast Soyabean Please bid.

可提供东北大豆请递盘。

例 10-4　Can supply aluminum ingot 99 pct July shipment please cable if interested.

可供 99% 铝锭，七月份装运，如有兴趣请电告。

询盘内容可以涉及某种商品的品质、规格、数量、包装、价格和装运等成交条件，也可以索取样品，其中多数是询问成交价格。如果发出询盘的一方只是想探询价格，并希望对方开出估价单(Estimate)，则对方根据询价要求所开出的估价单只是参考价格，并不是正式的报价，因而也不具备发盘的条件。

　　询盘只是表示一种愿望，没有必要购买或出售的义务。但它可以作为了解市场动态，联系客户的一种手段，对询盘人和被询盘人均无法律上的约束力。但它往往是一笔交易的起点，并非交易磋商所必需的步骤。如交易双方彼此都了解情况，不需要向对方探询成交条件或交易的可能性，则不必使用询盘，可直接向对方作出发盘。

10.3.2　发盘

　　发盘(Offer)又称发价，是指交易的一方——发盘人，向另一方——受盘人提出购买或出售某种商品的各项交易条件，并表示愿意按这些条件与对方达成交易、订立合同的行为。发盘既是商业行为，又是法律行为，在合同法中称之为要约。发盘一经对方(受盘人)接受，合同即告成立。因此，对于发盘人来说，发盘是一种具有法律约束力的行为。发盘可以是应对方的邀请发盘作出的答复，也可以是在没有邀请的情况下直接发出。发盘多由卖方发出，这种发盘称作售货发盘，也可以是由买方发出，称作购货发盘或递盘(Bid)。

　　例 10-5　Offer 5000 dozen sport shirts sampled March 15th USD 84.5 per dozen CIF New York export standard packing May/June shipment irrevocable sight L/C subject reply here 20th.

　　兹发盘 5000 打运动衫，规格按 3 月 15 日样品，每打 CIF 纽约价 84.50 美元，标准出口包装 5 至 6 月装运，以不可撤销信用证支付，限 20 日复到。

　　例 10-6　Pearl Barley without Husk Washed price USD 900/MT CFR N. Y shipment during February 2006 and All the other Terms and Conditions Unchanged.

　　水洗去壳薏仁米价格 CFR 纽约每吨 900 美元 2006 年 2 月装船，其他所有条件条款不变。

　　(1)发盘的构成条件

　　根据《联合国国际货物销售合同公约》(以下简称《公约》)第 14 条第 1 款解释："向一个或一个以上特定的人提出的订立合同的建议，如果十分确定，并且表明发盘人在得到接受时承受约束的意旨，即构成发盘。一个建议如果写明货物并且明示或默示地规定数量和价格或者规定如何确定数量和价格，即为十分确定。"《公约》第 15 条第 1 款规定："发盘于送达被发盘人时生效。"由此可见，一项发盘的构成必须具备以下四个条件：

　　①表明订约旨意。发盘要有订约旨意，即发盘一旦被受盘人接受，发盘人就按发盘中的交易条件与接受人订立合同，承受这些交易条件的约束。表明订约旨意可以是明示，也可以是暗示的。明示的方法是在发盘中使用有关术语，如"发盘"(Offer)、"定购"(Order)或明确规定发盘的有效期等。暗示的表示是根据其他有关情况、双方已确立的习惯做法、管理和当事人随后的行为来加以判定的。在实务中，如果受盘人对发盘的订约旨意有疑问，则受盘人应向发盘人提出疑问，予以澄清。

　　如果发盘中没有表明订约旨意，或表示了发盘人不受其发盘的约束，该项发盘就不是真正的发盘，而只能被看作是发盘邀请(invitation to offer)。例如，"以我方确认为准"(subject to our confirmation)、"以货物未售出为准"(subject to prior sale)、"不受约束"(without engagement)等。

　　②向一个或一个以上特定的人提出。发盘的对象可以是一个，也可以是一个以上的人。可以是自然人，也可以是法人，但必须是特定的对象，即发盘要注明受盘者的公司、企业或个人的名称。这项规定的目的是把发盘与发广告、商品目录、价目单等相互区别开

来。后者是向广大公众发出的，而不是特定的人。因此，一方在报刊杂志或电视广播中作商业广告，即使内容明确完整，由于没有特定的受盘人，也不能构成有效的发盘，而只能看作是邀请发盘。但有些国家如英美的判例则认为，商业广告原则上不是发盘，但如果广告的内容十分明确、肯定，在某些情况下也可以被视为发盘。对此，《公约》为了消除可能产生的争议，明确规定发盘必须指出特定的对象。

③内容十分确定。发盘内容的确定性是指发盘中必须明确哪些交易条件才足以构成合同的成立。在实践中，所涉及的交易条件有很多，不同的商品所涉及的交易条件也有所不同。因此，要达到交易条件的完整性才能视为合同成立，这在实践中是很困难的，不利于交易的开展。理论上把这些交易条件分为两类：主要交易条件和一般交易条件。一般认为，合同应明确各项主要交易条件才能成立。至于其他一般交易条件，可以留待日后按所谓"合理的标准"来确定。但是，哪些是主要交易条件，不同的法律解释不一样。解释一般交易条件的"合理的标准"，不同的法律解释也不一样。

《公约》对此作了统一规定。一项发盘只要列明货物的品质与质量、数量和价格三项条件，即可被认为内容"十分确定"而构成一项有效的发盘。至于所缺少的其他内容，如包装、交货和支付条件等，可以在合同成立后，按照双方之间已经确立的习惯做法、惯例或按照《公约》第三部分有关买卖双方义务的规定，予以补充。例如，关于包装，可以按《公约》第35条第2条款(d)的解释，货物按照同类货物通用的方式装箱或包装，如果没有这种通用方式，则按照足以保全和保护货物的方式装箱或包装；关于交货，可以按《公约》第33条(c)的规定，在订立合同后的一段合理时间内交货；关于支付，可以按《公约》第58条的规定，在卖方将货物或控制货物处置权的单据交给买方处理时支付价款。根据《公约》第55条的规定，有时在双方当事人之间虽没有明确价格，但只要双方默示地引用在有关贸易的类似情况下销售的通常价格，合同也可以成立。

从《公约》的上述规定中，可以看出，它十分强调当事人双方订立合同的旨意。只要双方确有定约的愿望，在双方交易磋商中没有谈到的条件，可以按《公约》的有关规定来解释。有些国家的法律也充分体现了这一法律原则。例如，美国《统一商法典》2－204(3)规定："在当事人有订立合同旨意的情况下，只要其基本内容存在适当的补救措施，合同即告成立。"美国《统一商法典》和《公约》的上述规定，是为了适应当代经济、贸易发展的要求。

但是，在我国外贸企业对外发盘时，一般应明示或暗示地规定至少六项交易条件，即货物的品质(包括品名)、数量、包装、价格、交货和支付条件。这六项交易条件视为主要交易条件。这是为了在误解和可能发生争议时，无须借助于任何可能引起意见分歧的补救措施。

④传达到受盘人。发盘传达到受盘人时生效，各国的法律和《公约》都是这样规定的。因为发盘是一种意思表示，受盘人只有在收到发盘后，才能决定是否予以接受。如果发盘在传递途中遗失，或受盘人在收到发盘以前，受盘人通过其他途径了解到对方发盘的内容，没有收到发盘就主动作出接受的表示，在这种情况下，合同是不成立的。这只能被看作是双方的交叉发盘(cross offer)。

(2)发盘的有效期

如果对一项发盘表示接受，接受行为的做出有一段时间限定。在这段时间内表示接受，接受行为有效，合同成立；在这段时间以外表示接受，接受行为无效，合同不成立。这就是发盘的有效期。从发盘角度来看，在有效期内，发盘人受其发盘内容的约束，即一旦被接受，就要承担订立与发盘内容相符合的合同的责任；在有效之外，发盘人则不受其发盘内容的约束。因此，发盘的有效期既是对发盘人的一种限制，也是对发盘人的一种保障。因此，凡是发盘，都有有效期。发盘人对发盘有效期可以做出明确决定，也可做不明确规定。如果发盘规定有效期，则该有效期从发盘传达到受盘人开始，到规定的有效期届满为止；如果发盘没有规定有效期，则有效期在按法律规定的合理时间内有效。在实际业务中，规定有效期的方法有：

①规定最迟的接受期限。例如，"发盘限 15 日复"（offer subject reply fifteenth）。但是，这种方法有一个问题，即截止期 15 日是指发出的 15 日，还是送达发盘人的 15 日？在使用信件或电报表示时，这两个 15 日之间有一段时间间隔，那么，接受应于何时生效？各国法律对此的解释不同。

英美法系的国家采用"投邮生效"原则。信件投邮或电报交发，接受即告生效，即使接受的函电在邮途中延误或遗失，发盘人未能在有效期内收到，甚至根本没有收到，也不影响合同的成立。也就是说，传递延误或遗失的风险由发盘人承担。但是，如果发盘人在发盘中规定，接受必须于有效期内传达到发盘人，则接受的函电传达到发盘人时，接受才能生效。

大陆法的国家则采用"到达生效"原则。接受的函电只有在发盘有效期内到达发盘人时才生效。如果接受的函电在邮递过程中延误或遗失，则合同不能成立。也就是说，传递延误或遗失的风险由受盘人承担。

《公约》采用了"到达生效"原则，接受在达到发盘人时生效。如果接受在发盘的有效期内，或发盘没有规定有效期，在合理时间内未到发盘人，接受即为无效。

为了明确发盘的截止期，在规定最迟接受期时，可以同时明确以哪方的时间为准。例如："发盘限 15 日复，我方时间为准"（offer subject reply fifteenth our time）；"发盘有效至我方时间星期五"（offer valid until Friday our time）。

②规定一段时间。例如："发盘 3 天有效"（offer valid three days），"发盘 5 天内复"（offer reply in five days）。但是，这种方法也有一个如何计算"一段时间"的起讫时间问题。《公约》第 20 条规定，发盘人在电报或信件中订定的一段接受时间，从电报交发时刻或信上载明的发信日期起算。如果信上未载明发信日期，则从信封上所载日期起算。发盘人以电话、电传或其他可以传达到对方的通行方法订定的一段接受期间，从发盘到达受盘人日起算。在计算一段接受期间时，这段时间内的正式假日或非营业日应当计算在内。但是，如果因为那天在发盘人的营业所在地是正式假日或非营业日，接受通知在接受期间的最后一天未能送达发盘人的地址，则这段时间按应顺延至下一个营业日。

发盘的有效期规定多长时间为好？一般说来，发盘有效期的长短取决于商品的种类、交易额、市场情况和通讯方式等因素。对于像粮谷、油脂、棉花、有色金属等初级产品，有效期的规定要短，因为它们的价格受交易所价格的影响，行情变化很快。而且这类商品多属大宗交易，成交金额大，如果有效期过长，一旦行情发生对发盘人不利的变动，就会蒙受很大损失。双方通讯联系的方式不同，在规定有效期时也应有所考虑。如果是以电报、电传等方式联系、有效期可规定短一些；如果是采用航空信件方式洽商，有效期则应稍长一些，至少应包括邮程的时间。

如果发盘中没有规定有效期，则理解为在合理时间内有效。但是，"合理时间"在国际上并无统一、明确的解释。有的国家规定的有效期为 8 天，有的为 2 周。美国《统一商法典》规定：一个商人的发盘有效期的合理时间不超过 3 个月。《公约》对合理时间没有一个确切的解释，但提出要考虑到交易的情况，包括发盘人所使用的通讯方式的迅速程度。但是，对口头发盘，一般要立即接受。因此，在实际业务中，还是以明确规定发盘有效期为妥。

（3）发盘的撤回和撤销

如果一项发盘还没有到达受盘人，发盘人为了使该项发盘不发生效力，以一种较快的通讯方式先于发盘到达受盘人，通知受盘人，取消将要到达的发盘，这种行为称为发盘的撤回（Withdrawal）。如果一项发盘已经到达受盘人，但受盘人在发盘规定的有效期内进行考虑，尚未表示接受，发盘人为了使该项发盘不发生效力，赶快通知受盘人，宣布取消未被接受的发盘，这种行为称为发盘的撤销（Revocation）。

发盘的撤回，各国的法律都认为是可以的。《公约》第 15 条第 2 款规定："一项发盘，即使是不可撤销的，也可以撤回，如果撤回的通知在发盘到达受盘人之前或同时到达受盘人。"这一规定是基于发盘到达受盘人之前对于发盘人没有产生约束力，所以发盘人可以将其撤回。但是，这有个前提条件，就是发盘人要以更快的通讯方式使撤回的通知赶在发盘到达受盘人之前到达受盘人，或起码与之同时到达。反之，如果发盘人做不到这一点，发盘的通知已先到达受盘人，发盘即已生效，对发盘人产生了约束力。这时，发盘人再想改变主意，就不是撤回的问题，而是撤销的问题。因此发盘的撤销不同于撤回。

对于发盘生效后能否再撤销的问题，各国合同法的规定有较大分歧。英美等国采用的普通法认为，发盘在原则上对发盘人没有约束力。在接受做出之前，发盘人可以随时撤销发盘或变更其内容，例外的情况是，受盘人给予了"对价"；或者发盘人以签字蜡封的特殊形式发盘，但美国在《统一商法典》中对上述原则作了修改，承认在一定的条件下（发盘人是商人，以书面形式发盘，有效期不超过三个月）无对价的发盘亦不得撤销。大陆法中的德国法认为，发盘原则上对发盘人有约束力，除非他在发盘中已表明不受其约束。法国法虽然允许发盘人在有效期内撤销其发盘，但判例表明，他须承担损害赔偿的责任。

《公约》第 16 条的规定是：①在未订立合同之前，发盘可以撤销，如果撤销的通知于受盘人发出接受通知之前送达受盘人。②但在下列情况下，发盘不得撤销：a. 发盘中写明了发盘的有效期或以其他方式表明发盘是不可撤销的；b. 受盘人有理由信赖该发盘是不可撤销的，而且受盘人已本着对该发盘的信赖行事。以上规定表明，发盘在一定条件下可以撤销，而在一定条件下又不得撤销。可撤销的条件是在受盘人发出接受通知之前将撤销的通知传达到受盘人；不可撤销的条件有二，一是发盘中明确规定了接受的有效时限，或者虽未规定时限，但在发盘中使用了"不可撤销"的字眼，如 Firm、Irrevocable 等，那么在合理时间内也不得撤销。二是受盘人从主观上相信该发盘是不可撤销的，并且在客观上采取了与交易有关的行动，如寻找用户，组织货源等，这时发盘人也不得撤销，因为这种情况下，发盘人再撤销发盘会造成较严重的后果。

（4）发盘的终止或失效

发盘的终止或失效（Termination）是指发盘失去了法律效力，发盘人不再受发盘的约束，受盘人也失去了接受该发盘的权利。对于发盘在什么情况下失去效力的问题，《公约》

第 17 条规定："一项发盘，即使是不可撤销的，于拒绝通知送达发盘人时终止。"就是说，当受盘人不接受发盘提出的条件，并将拒绝的通知送到发盘人手中时，原发盘就失去效力，发盘人不再受其约束。

除此之外，在以下情况下也可造成发盘的失效：

①受盘人作出还盘。

②发盘人依法撤销发盘。

③发盘中规定的有效期届满。

④人力不可抗拒的意外事故造成发盘的失效，如政府禁令或限制措施。

⑤在发盘被接受前，当事人丧失行为能力、或死亡或法人破产等。

10.3.3　还盘

还盘(Counter Offer)又称还价，在法律上称为反要约，使指受盘人对发盘的内容不同意或不完全同意而提出的修改、限制或添加的建议。还盘是受盘人对发盘的拒绝，也是受盘人以发盘人的地位所作出的新发盘。因此，一项发盘经受盘人带有实质性修改的还盘后即失去效力，除非得到原发盘人的同意。在上述情况下，受盘人不得在还盘后反悔，再接受原发盘。

还盘是一项较复杂的磋商内容，关于还盘，《公约》第 19 条特别作了如下规定：

(1)对发价表示接受但载有添加、限制或其他更改的答复，即为拒绝该项发价并构成还价。

(2)对发价表示接受但载有添加或不同条件的答复，如果所载的添加或不同条件在实质上并不更改该项发价的条件，但除发价人在不过分延迟的时间内以口头或书面通知反对其间的差异外，仍构成接受。如果发价人不作出这种反对，合同的条件就以该项发价的条件以及接受通知内容所载的更改为准。

(3)有关货物的价格、付款，货物的质量和数量，交货地点和时间，赔偿责任范围或解决争议的添加或不同条件，均视为在实质上变更发价的条件。

另外从实际业务角度来看，处理还盘应该注意以下几个问题。

①认真分析还盘人的意图。要认真分析研究原发盘的内容，弄清楚还盘人的真实意图，然后结合市场动态、客户的要求和经营情况等做出反应。在时间等条件允许的情况下，应该进行市场调查，进一步了解其他客户的反应。如果还盘中对方所提出的条件合理，就应该做出适当的让步，或适当放宽其他条件进行再还盘。注意不要纠缠于次要条件，以免贻误交易时机，降低企业在客户中的信誉。

②认真区别还盘是否有约束力。因为有约束力的还盘是一项新的发盘，所以要认真对待，根据购销意图，要在有效期内进行接受或再还盘，这一点可参考《公约》的第 19 条。

③注意还盘提出的具体问题。还盘并不一定都是讨价还价。还盘人有时基本同意发盘内容的条件下，为了使商品更好地满足自己的需要而提出具体建议。在工程承包和机电产品对外贸易中，还盘人的还盘往往会涉及结构、性能、技术的先进性、适用性和技术服务条件等，对此我们应认真充分研究，然后做出合理的答复。

10.3.4 接受

所谓接受(Acceptance),是指受盘人接到对方的发盘或还盘后,同意对方提出的条件,愿意与对方达成交易,并及时以声明或行为表示出来,这在法律上称作承诺。接受如同发盘一样,既属于商业行为,也属于法律行为。接受产生的重要法律后果是交易达成、合同成立。根据《公约》的规定,受盘人对发盘既可以通过口头或书面向发盘人发表声明的方式接受,也可以通过其他实际行动来表示接受。沉默或不行为本身并不等于接受,如果受盘人收到发盘后,不采取任何行动对发盘做出反应,而只是保持缄默,则不能认为是对发盘表示接受。

从法律责任来看,受盘人一般并不承担对发盘必须进行答复的义务。但是,如沉默或不行为与其他因素结合在一起,足以使对方确信沉默或不行为是同意的一种表示,即可构成接受。假定交易双方有协议或按业已确认的惯例与习惯做法,受盘人的缄默也可以变成接受。

(1)构成接受的要件

构成一项有效的接受,必须具备下列各项要件:

①接受必须由受盘人做出。这一条件与构成发盘的第一项条件是相呼应的。发盘必须向特定的人发出,即表示发盘人愿意按发盘中提出的条件与对方订立合同,但这并不表示他愿意按这些条件与任何人订立合同。因此,接受只能由受盘人做出,才有效力,其他人即使了解发盘的内容并表示完全同意,也不能构成有效的接受。当然,这并不是说发盘人不能同原定受盘人之外的第三方进行交易,只是说,第三方做出的接受不具有法律效力,它对发盘人没有约束力。如果发盘人愿意按照原定的条件与第三方进行交易,他也必须向对方表示同意才能订立合同,因为受盘人之外的第三方做出的所谓"接受"只是一种"发盘"的性质,并不能表示合同成立。

②接受的内容必须与发盘相符。从原则上讲,接受的内容应该与发盘中提出的条件完全一致,才表明交易双方就有关的交易条件达成了一致意见,即所谓"合意",这样的接受也才能导致合同的成立。而如果受盘人在答复对方的发盘时虽使用了"接受"的字眼,同时又对发盘的内容坐出了某些更改,这就构成有条件的接受,而不是有效的接受。因为有条件的接受属于还盘的性质。《公约》第19条第1款中规定:"对发盘表示接受但载有增加、限制或其他变更的答复,即为拒绝该项发盘,并构成还盘。"

那么,是不是说受盘人在表示接受时,不能对发盘的内容作丝毫的变更呢?也不是的,根据《公约》的精神,这里的关键问题是看这种变更是否属于实质性的,什么叫实质性变更呢?"有关货物付款、货物质量和数量、交货地点和时间、一方当事人对另一方当事人赔偿责任范围或解决争端等等的添加或不同条件,均视为实质上变更发盘的条件。"实质性变更是对发盘的拒绝。构成还盘,非实质性变更的后果又是什么呢?《公约》中指出:"对发盘表示接受但载有添加或不同条件的答复,如所载添加或不同条件在实质上并不改变发盘的条件,除非发盘人在不过分迟延的期间内以口头或书面通知反对其差异外,仍构成接受。这就告诉我们,如果受盘人对发盘内容所作的变更不属于实质性的,能否构成有效的接受,要取决于发盘人是否反对。如果发盘人不表示反对,合同的条件就包含了发盘的内容以及接受通知中所作的变更。

在实际业务中，有时还需要判定一项接受是"有条件的接受"还是在接受的前提下的某种希望和建议。有条件的接受属于还盘，但如果受盘人在表示接受的同时提出某种希望，而这种希望不构成实质性修改发盘条件，应看作是有效接受，而不是还盘。

③必须在有效期内接受。发盘中通常都规定有效期。这一期限有双重意义：一方面它约束发盘人，使发盘人承担义务，在有效期内不能任意撤销或修改发盘的内容，过期则不再受其约束；另一方面，发盘人规定有效期，也是约束受盘人，只有在有效期内做出接受，才有法律效力。如发盘中未规定有效期则应在合理时间内接受方为有效。

在国际贸易中，由于各种原因，导致受盘人的接受通知有时晚于发盘人规定的有效期送达，这在法律上称为"迟到的接受"。对于这种迟到的接受，发盘人不受其约束，不具有法律效力。但也有例外的情况，《公约》第 21 条规定过期的接受在下列两种情况下仍具有效力：

①如果发盘人毫不迟延地用口头或书面形式将表示同意的意思通知受盘人。

②如果载有逾期接受的信件或其他书面文件表明，它在传递正常的情况下是能够及时送达发盘人的，那么这项逾期接受仍具有接受的效力，除非发盘人毫不迟延地用口头或书面方式通知受盘人，他认为发盘已经失效。

第①款规定在一定条件下，过期的接受仍有效力。这条件是由发盘人确认，并且毫不迟延地通知受盘人。通知的方式可以是口头的，也可以是书面的；而如果发盘人不及时通知，这项接受就失去效力。这一规定的意义在于，它既保证了发盘人的正当权益（即他所承受的约束仍以发盘中所规定的有效期为限，过期不再受约束），同时，又照顾到贸易实务中许多难以预料的情况。为了促成交易，特别作出这项规定。

第②款规定，如果迟到的接受并非受盘人的过失，而是传递方面造成的失误。就是说，受盘人已按期发出了接受，如果传递正常的话本可以及时送达发盘人的。那么，这种迟到的接受仍具有效力。相反的情况是发盘人及时通知受盘人，他认为发盘已经失效。反过来说，如果发盘人没有及时表态，而受盘人又能证明接受迟到不属于他的责任，那么该接受即有效。

总而言之，在接受迟到的情况下，不管受盘人有无责任，决定该接受是否有效的主动权在发盘人。

（2）接受的方式

《公约》第 18 条第 1 款规定："受盘人声明或做出其他行为表示同意一项发盘，即为接受，沉默或不行动本身不等于接受。"根据这项规定，可见接受必须用声明或行为表示出来。声明包括口头和书面两种方式。一般说来，发盘人如果以口头发盘，受盘人即以口头表示接受；发盘人如果以书面形式发盘，受盘人也以书面形式来表示接受。

除了以口头或书面声明的方式接受外，还可以行为表示接受。《公约》第 18 条第（3）款对这一问题作了解释：如果根据该项发盘或者依照当事人之间确立的习惯做法或惯例，受盘人可以做出某种行为，例如以发运货物或支付货款有关的行为来表示同意。这说明只要发盘中有规定，或者当事双方之间有习惯做法或惯例，受盘人即可不以声明而以行为来表示接受。比如，买方在发盘中提出交易条件，卖方同意其条件并及时发运货物。或者买方同意卖方在发盘中提出的交易条件并随即支付货款或开出信用证。上述做法主要是为了争速度、抢时间，它改变了国际贸易中传统的先经过磋商达成协议，订立合同，而后再履行合同的做法。这种做法在有些国家是不适用的，主要是有些国家，包括中国在内，在有关的合同法中要求以书面形式订立合同方有效，这就排除了以行为表示接受的做法。

(3)接受的生效和撤回

关于接受在什么情况下生效的问题是一个很重要的问题，然而对于这一问题的规定，国际上不同的法律体系存在着明显的分歧，英美法系实行的是"投邮生效原则"，这是指在采用信件、电报等通讯方式表示接受时，接受的函电一经投邮或发出立即生效，只要发出的时间是在有效期内，即使函电在邮途中延误或遗失，也不影响合同的成立。大陆法中以德国法为代表采用的是"到达生效原则"，即表示接受的函电须在规定时间内送达发盘人，接受方生效，因此，函电在邮递途中延误或遗失，合同不能成立。

《公约》采纳的是"到达生效的原则"，在第18条中明确规定："接受发盘于表示同意的通知送达发盘人时生效。"这是针对以书面形式进行发盘和接受时的规定。如果双方以口头方式进行磋商，接受何时生效呢？《公约》的解释是，"对口头发盘必须立即接受，但情况有别者不在此限"。就是说，受盘人如果同意对方的口头发盘，就马上表示同意，接受也随即生效，但如果发盘人有相反的规定，或双方另有约定则不在此限。另外，前面已提到受盘人除以口头或书面声明的方式表示接受外，还可以行为表示接受。那么这种以行为表示的接受何时生效呢？《公约》中也有说明："接受于该项行为做出时生效，但该项行为须在上一款规定的期限内做出。"

关于接受的撤回问题，由于《公约》采用的是"到达生效原则"，因而接受发出后在一定条件下是可以撤回的。《公约》第22条规定："接受得予撤回，如果撤回的通知于接受原应生效之前或同时送达发盘人。"这一规定说明，受盘人发出了接受通知之后，如果反悔，他可以撤回其接受，但条件是他须保证使撤回的通知赶在接受到达发盘人之前传达到发盘人，或者二者同时到达。而如果按照美法的投邮生效原则，接受一经投邮立即生效，合同就此成立，这个就不再是接受的撤回问题了。

10.4 买卖合同的订立

10.4.1 有效合同成立的条件

一方的发盘一经对方有效接受，合同即告成立，但合同是否具有法律效力，还要视其是否具备了一定的条件。不具法律效力的合同是不受法律保护的。因此，了解和掌握合同有效成立的条件非常重要。

一个合同究竟具备哪些条件才算有效成立，各国的法律规定不尽相同。综合来看，主要要求具备以下几项：

(1)当事人必须在自愿和真实的基础上达成协议

绝大多数国家的法律都做了如上规定。我国《涉外经济合同法》第7条也指出，当事人必须就合同条款达成协议，合同方告成立。这是我国涉外经济合同，包括国际货物买卖合同有效成立的实质条件。如果当事人不能达成协议，就不存在合同。而且，协议必须建立在当事人自愿和真实的基础上。《涉外经济合同法》第10条明确规定，"采取欺诈或者胁迫手段订立的合同无效"。

（2）当事人必须具有订立合同的行为能力

订立合同的当事人必须具有缔约能力，例如，如是"自然人"，则必须是公民。未成年人对达成的合同可不负责人；精神病患者，在发病期间或神志不清时达成的合同，也可免去合同的法律责任。如是"法人"，则行为人应是企业的全权代表。如非企业负责人代表企业达成合同时，一般应有授权证明书、委托书或类似的文件。

（3）合同必须有对价和合法的约因

对价（Consideration）是英美法的一种制度，是指合同当事人之间所提供的相互给付，即双方相互有偿。例如，在买卖合同中，买方支付货款是为了得到卖方提交的货物，而卖方交货是为了取得买方支付的货款，买方支付和卖方交货就是买卖双方的相互给付，就是买卖合同的对价。

"约因"（Cause）是法国法所强调的，它是指当事人签订合同所追求的直接目的。买卖合同只有在有"对价"或"约因"的情况下，才是有效的。否则，它得不到法律的保障，是没有强制执行力的。

（4）合同的标的和内容必须合法

几乎所有国家的法律的都要求当事人所订立的合同必须合法。并规定，凡是违反法律，违反善良风俗与公共秩序的合同，一律无效。我国《涉外经济合同法》第 4 条规定："订立合同必须遵守中华人民共和国法律，并不得损害中华人民共和国社会公共利益。"否则，合同无效。

（5）合同的形式必须符合法律规定的要求

《公约》对国际货物买卖合同的形式，原则上加以限制。无论采用书面形式还是口头方式，均不影响合同的效力，该公约第 11 条明确规定："买卖合同无须以书面订立或证明，在形式方面不受任何其他条件的限制。买卖合同可以包括人证在内的任何方法证明。"

但公约允许缔约国对该条的规定提出声明予以保留，我国在核准该公约时，对这一条提出保留，坚持订立国际货物买卖合同必须采用书面方式，书面方式包括电报和电传。我国《涉外经济合同法》第 10 条和第 32 条规定，涉外经济合同的订立、更改或者解除，应当采用书面形式。这是我国对涉外经济合同，包括国际货物买卖合同有效成立的形式要求。

以上是合同成立的条件，一个合同只有符合了如上条件，才具有法律效力，才能得到法律的承认和受到法律保护，因此，我们在实际业务中，尤其在与外商商订合同时，对此要严格遵守，善加运用。

10.4.2　书面合同的签订

买卖双方经过磋商，一方的发盘被另一方有效接受，交易即达成，合同即告成立。但在实际业务当中，按照一般习惯做法，买卖双方达成协议后，通常还要制作书面合同将各自的权利和义务用书面方式加以明确，这就是所谓的签订合同。

（1）书面合同的意义

①是合同成立的证据。对以口头协商达成的交易，书面合同的作用和意义尤为明显。因此，尽管有些国家的合同法并不否认口头合同的效力，但在国际贸易中，一般多要求签订书面合同，以"立字为据"。

②是履行合同的依据。无论是口头还是书面协议，如果没有一份包括各项条款的合

同,则会给合同的履行带来诸多不便。

③有时是合同生效的条件。一般情况下,合同的生效是以接受的生效为条件的,只要接受生效,合同就成立。这是多数国家合同法的规定。但有些国家的合同法是个例外。

(2)书面合同的形式

①进口或出口合同。其内容比较全面、完整,除商品的名称、规格、包装、单价、装运港和目的港、交货期、付款方式、运输标志、商品检验等条件外,还有异议索赔、仲裁、不可抗力等条件。它的特点在于:内容比较全面,对双方的权利和义务以及发生争议后如何处理,均有全面的规定。由于这种形式的合同有利于明确双方的责任和权利,因此,大宗商品或成交金额较大的交易,多采用此种形式的合同。

②销售或购买确认书。属于一种简式合同,它所包括的条款,比销售或购买合同简单。这种格式的合同适用于金额不大、批数较多的小土特产品和轻工产品,或者已订有代理、包销等长期协议的交易。

我国外贸企业一般都印有固定格式的进出口合同或成交确认书,当面成交的,即由买卖双方共同签署;通过函电往来成交的,由我方签署后,一般将正本一式两份送交国外买方签署退回一份,以备存查,并作为履行合同的依据。

(3)书面合同的内容

书面合同的内容一般由下列三部分组成:

①约首。是指合同的序言部分,其中包括:

合同的名称:如销售合同、购货确认书等;

合同编号:书面合同制作方自己的编号获其他特别的编号,如交易会、博览会期间的同一编号;

缔约日期:即成交日期;

缔约地点:一般为制作书面合同的地点;

缔约双方的名称和地址:双方当事人的全称和详细通信地址;

序言:如"经买卖双方同意,由买方购进、卖方出售下列货物,并按下列条款签订本合同"等类似文句。

②本文。这是合同的主体部分,具体列明各项交易的条件或条款,这些条款体现了双方当事人的权利和义务。包括合同的各项交易条款,如商品名称、品质规格、数量、包装、单价和总值,交货期限,支付条款,保险条款,检验条款,异议赔偿条款,不可抗力和仲裁条款等,以及根据不同商品和不同的交易情况加列的其他条款,如保值条款、溢短装条款和合同适用的法律等。

③约尾。是合同的结尾部分,主要有合同文字的效力、合同份数、授权代表签字等内容。一项贸易合同一般用两种文字来表示,合同中要明确以何种文字为依据,或明确规定两种文字具有同等效力。在一般情况下,合同要有两份正本,交易双方当事人各执一份,并据以执行,有时也规定副本的份数。正规书面合同的最末端是双方法人代表的签字或盖章,一般都应签署全名。

篇末点述

　　国际贸易的磋商一般要经过询盘、发盘、还盘与接受四个环节,其中发盘与接受市交易达成的两个不可少的法律步骤。无论是英美法系、大陆法系,还是《联合国国际货物销售合同公约》,对这些环节都有详细的解释与规定,特别是针对发盘的必要条件、还盘是否实质改变了原发盘与接受有效与否等关键内容,一一作了说明与解释。了解并掌握这些问题对于我们正确进行交易磋商和确保自己的经济利益与商业信用是不可缺少的。合同订立要考虑合同有效的必要条件。书面合同是指合同书等以有形式地表现所载内容的形式。

案例分析

　　[**案例一**]　香港 A 商行于 10 月 20 日来电向上海 B 公司发盘出售木材一批,发盘中列明各项必要条件,但未规定有效期限。B 公司于当天(20 日)受到来电,经研究后,于 22 日上午 11 时整向上海电报局交发对上述发盘表示接受的电报,该电报于 22 日下午 1 时整送达,香港 A 商行 22 日上午 9 时 15 分向香港电报局交发电报,其电文如下:"由于木材价格上涨,我 10 月 20 日电发盘撤销。"A 商行的电报于 22 日上午 11 时 20 分送达 B 公司。

　　试问:

　　(1)根据有关国际贸易法律,A 公司是否已成功撤销了 10 月 20 日的发盘?

　　(2)A 公司与 B 公司之间是否已订立了合同?

　　分析提示:未能撤销。根据公约第十六条第一款,在未订立合同之前,发盘得予撤销,如果撤销通知于被发盘人发出接受通知之前送达被发盘人。从时间上来看,正好晚了 20 分钟。

　　[**案例二**]　我 C 公司与 2004 年 7 月 16 日收到法国巴黎 D 公司发盘:"马口铁 500 公吨,每吨 545 美元 CFR 中国口岸,8 月份装运,即期信用证支付,限 20 日复到有效。"我方于 17 日复电:"若单价位 500 美元 CFR 中国口岸可接受 500 公吨马口铁,履约中如有争议在中国仲裁。"法国 D 公司复电:"市场坚挺,价格不能减,仲裁条件可接受,速复。"此时马口铁价格确实趋涨。我方于 19 日复电:"接受你 16 日发盘,信用证已由中国银行开立,请确认。"但法商未确认并退回信用证。

　　试问:

　　(1)合同是否成立,为什么?

　　(2)我方有无失误?

　　分析提示:(1)合同不成立。理由是:D 公司 16 日发盘经 C 公司 17 日的还盘已失效。(2)我方有失误。具体失误有两点:①我 C 公司不应该接受 D 公司 16 日发盘,而应接受其 17 日发盘。②在作"接受"时,不应用"请确认"字样或文句。

　　[**案例三**]　A 向 B 发盘,发盘中说:"供应 50 台拖拉机,100 匹马力,每台 CIF 香港 3500 美元,订立合同后两个月装船,不可撤销即期信用证付款,请复电。"B 收到发盘后,立即电复说:"我接受你的发盘,在订立合同后立即装船。"但 A 未作任何答复。问双方的合同是否成立,为什么?

　　分析提示:不成立。承诺必须是无条件的接受要约。承诺内容与要约内容一致才能表现要约人与受要约人的意思表达一致。这样，受要约人对要约修改或附加条件，则在法律上也构成拒绝要约。案例中，A 在要约中称"订立合同后两个月装船"，而 B 的承诺却称"订立合同后立即装船"，显然是对要约内容做了修改。

思考题

1.从事国际市场调研应包括哪些内容？

2.关于接受生效的时间，英美法、大陆法以及《联合国国际货物销售合同公约》分别采取什么样的原则？

3.如何规定发盘的有效期？

技能实训

1.名词解释

发盘　逾期接受

2.简答题

简述发盘构成的条件。

简述构成接受的要件。

3.分析题

我某公司向美商发盘限 6 日复到有效。美商于 4 日发电表示接受。由于电报局投递延误，该接受电报于 7 日上午送达我公司。此时，我方鉴于市价上升，当即回电拒绝。但美商认为接受通知迟到不是他的责任，坚持合同有效成立，而我方则不同意达成交易。试问按照《公约》的规定，合同是否成立？为什么？

分析：

(1)这是一个逾期接受的法律效力问题。

(2)中美双方都是《公约》缔约国，受《公约》约束。

(3)《公约》规定，由于传递延误所造成的逾期接受，如发盘人立即拒绝，该逾期接受不具有接受效力，合同不能成立。

第 11 章　进出口合同的履行

开篇导读　在国际贸易中,买卖双方通过交易洽商,签订书面合同以后,就进入履行合同阶段了。这对买卖双方来讲是非常重要的环节,它直接影响双方的贸易利益。本章主要讲述进出口合同履行过程中所涉及的各项业务环节及应注意的问题。

本章关键术语

Commercial Invoice 商业发票

Customs Invoice 海关发票

Mate's Receipt, M/R 大副收据

Shipping Order, S/O 装货单,下货纸

11.1　出口合同的履行

在出口贸易中,买卖双方选择的贸易术语和支付方式不同,卖方履行合同的具体做法就会不同。在我国出口贸易中,多数按 CIF 条件成交,并按信用证支付方式收款,那么出口商履行这类合同时会经历许多环节,其中以货(备货、报验)、证(催证、审证和改证)、船(租船订舱、办理货运手续)和款(制单结汇)四个环节的工作最为重要。具体履约环节、步骤如图 11 - 1 所示。

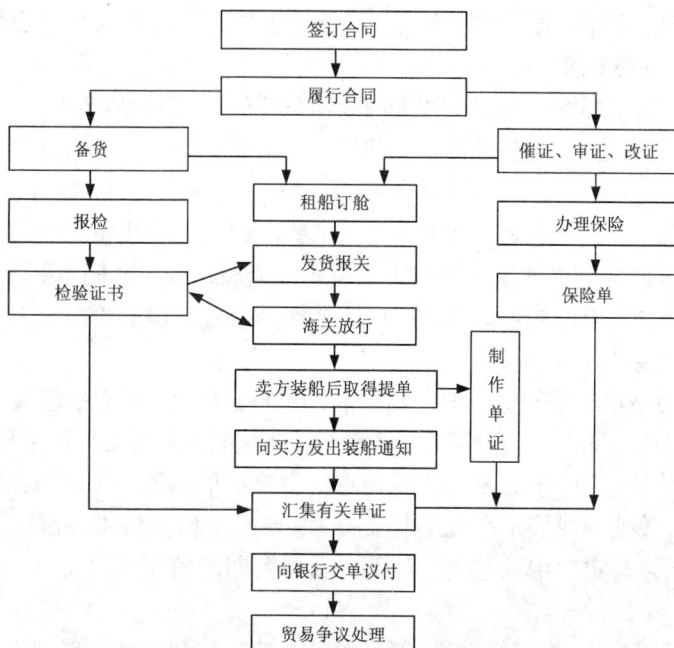

图 11 - 1　CIF 术语、议付信用证方式下的出口程序图

11.1.1　备货、落实信用证

（1）备货

为了保证按时、按质、按量交付约定的货物，在订立合同之后，卖方须及时落实货源，备妥应交的货物，做好出口货物的报验工作。

备货工作应注意以下事项：

①按合同和信用证对装运期的规定并结合船期安排，做好供货工作，使船货衔接好，以防止出现船等货的情况，保证按时交货。

②按合同和信用证对货物的品质、规格的要求交付符合的货物。

③按合同和信用证约定的数量备货，而且应留有余地，以备必要时作为调换之用。

④按合同和信用证以及运输条件包装货物。

⑤按合同和信用证要求刷制唛头。

凡按约定条件和国家规定必须法定检验的出口货物，在备妥货物后，应向商检机构申请检验，只有经检验获取商检机构签发的检验合格证书，海关才放行，凡检验不合格的货物，一律不得出口。

（2）落实信用证

在履行凭信用证付款的出口合同时，只有买方通过银行开来了符合合同的信用证，卖方发货后的货款才有保障，所以落实信用证是卖方交货的前提。它一般包括催证、审证和改证等环节。

①催证。在信用证支付方式下，买方按约定时间开证是卖方履行合同的前提条件。否则，卖方无法安排生产和组织货源。在实际业务中，由于种种原因买方不能按时开证的情况时有发生，因此，我们应结合备货情况做好催证工作，及时提请对方按约定时间办理开证手续，以利合同的履行。

②审证。审证是银行和出口公司共同承担的责任。出口商收到通知行通知的信用证后，应据合同和《跟单信用证统一惯例》对信用证内容进行全面、细致的核实；而通知行着重审核信用证的真实性、开证行的政治背景、资信能力、付款责任和索汇路线等内容。

出口企业只需作复核性审核，其审证重点主要应放在下述几项：

A. 对信用证金额与货币的审核。即审核信用证金额是否与合同金额一致，大、小写金额是否一致。如合同订有溢短装条款，信用证金额是否包括溢装部分金额；信用证使用的货币是否与合同规定的计价和支付货币一致。

B. 对有关货物条款的审核。主要是对商品的品质、规格、数量、包装等主要条款依次进行审核，如发现信用证内容与合同规定不一致，不应轻易接受，原则上要求改证。

C. 对信用证的装运期、有效期和交单地点的审核。信用证的装运期必须与合同的规定相同；信用证的有效期一般规定在装运期限后 7～15 天，以方便卖方制单。关于信用证的交单地点，通常要求规定在中国境内，对于在国外到期的信用证，我们一般不接受，应要求修改。

D. 对开证申请人、受益人的审核。开证申请人的名称和地址应仔细审核，以防错发错运。受益人的名称和地址也须正确无误，以免影响收汇。

E. 对单据的审核。主要要对来证中要求提供的单据种类、份数及填制方法等进行审核，如发现有不正常规定或我方难以办到的应要求对方修改。

F. 对其他运输条款、保险、商检等条款的审核。即仔细审核信用证对分批装运、转船、保险险别、投保加成以及商检条款的规定是否与合同一致，如有不符，应要求对方修改。

G. 对特殊条款的审核。审查来证中有无与合同规定不符的其他特殊条款，如发现有对我不利的附加特殊条款，一般不宜接受，如对我无不利之处，而且也能办到也可酌情灵活掌握。

③改证。修改信用证可由开证申请人提出，也可由受益人提出。如由开证申请人提出修改，经开证银行同意后，由开证银行发出修改通知书通过原通知行转告受益人，经各方接受修改书后，修改方为有效；如由受益人提出修改要求，则应首先征得开证申请人同意，再由开证申请人按上述程序办理修改。其程序为：受益人—开证人—开证银行—通知银行—受益人。

修改信用证的注意事项：

A. 同一信用证上如有多处需要修改的，应当一次提出，避免多次修改。

B. 对于不可撤销信用证中任何条款的修改，都必须取得当事人的同意后才能生效。

C. 收到信用证修改后，应及时检查修改内容是否符合要求，并分情况表示接受或重新提出修改。

D. 对于修改内容要么全部接受，要么全部拒绝、部分接受修改中的内容是无效的。

E. 有关信用证修改必须通过原信用证通知行才具真实，有效；通过进口商直接寄送的修改申请书或修改书复印件不是有效的修改。

F. 明确修改费用由谁承担、一般按照责任归属来确定修改费用由谁承担。

小案例： 中方某公司与加拿大商人在 2002 年 10 月份按 CIF 条件签订了一份出口 10 万码法兰绒合同，支付方式为不可撤销即期信用证。加拿大商人于 5 月通过银行开来信用证，经审核与合同相符，其中保险金额为发票金额的 110%。我方正在备货期间，加拿大商人通过银行传递给我方一份信用证修改书，内容为将保险金额改为发票金额的 120%。我方没有理睬，按原证规定投保、发货，并于货物装运后在信用证有效期内，向议付行议付货款。议付行议付货款后将全套单据寄开证行，开证行以保险单与信用证修改书不符为由拒付。问：开证行拒付是否有道理？为什么？

11.1.2　租船订舱和出口报关、投保

（1）租船订舱

按 CIF 或 CFR 条件成交时，由卖方负责租船或订舱。一般如果货物量较少，就采用班轮租订舱位运输；如果货物量较大，足以租下整艘船就采用租船运输。

办理货运的步骤是：

①查看船期表，填写出口货物托运单（B/N）。

②船公司或代理人签发装货单（S/O）或下货纸。

③装船完毕，由船长或大副签发大副收据（Mate's Receipt，M/R）或收货单。

④托运人凭收货单向船公司或其代理人交付运费并换取正式提单。

（2）出口报关

出口货物在装船前必须向海关申报，办理报关手续。出口货物办理报关时必须填写出口货物报关单，必要时还需要提供出口合同副本、发票、装箱单、重量单、商品检验证书以及其他有关证件。海关查验有关单据后，即在装货单上盖章放行，凭以装船出口。

（3）投保

凡按 CIF 条件成交的出口合同，在货物装船前，卖方应及时向保险公司办理投保手续，出口货物投保都是逐笔办理的，投保人应填制投保单，将货物名称、保险金额、运输路线、运输工具、开航日期、投保险别等一一列明，保险公司接受投保后，即签发保险单或保险凭证。

11.1.3　制单结汇、核销和退税

按信用证付款方式成交时，在出口货物装运后，出口企业应按照信用证规定，及时缮制和备妥各种单据。在信用证规定的交单有效期内，将各种单据和必要的凭证送交指定的银行办理议付和结汇手续。

（1）在办理议付结汇时，通常应提交的单据

①汇票（Bill of Exchange）。国际贸易中主要使用的是跟单汇票，作为出口方要求付款的凭证。制作汇票时应列明以下内容：首先应填写出票条款，包括开证行名称、信用证号码和开证日期；其次，填写汇票金额。托收项下汇票金额应与发票一致。若采用部分托收、部分信用证方式结算，则两张汇票金额各按规定填写，两者之和等于发票金额。信用证项下的汇票，若信用证没有规定，则应与发票金额一致。若信用证规定汇票金额为发票的百分之几，则按规定填写。再次，填写付款人名称。托收方式下的汇票，付款人为买方。信用证方式下，以信用证开证行或其指定的付款行为付款人。若信用证未加说明，则以开证行为付款人；最后，填写收款人名称。汇票的收款人应是受益人，然后由受益人背书。托收方式下，收款人可以是托收行，均做成指示式抬头。托收中也可将出口方写成收款人（已收汇票），然后由收款人作委托收款背书给托收行。汇票一般都是开具一式两份，只要其中一份讨讫，则另一份即自动失效。

②商业发票（Commercial Invoice 或 Invoice）。商业发票简称发票，是卖方开立的载有货物的名称、数量、价格等内容的清单，是买卖双方凭以交接货物和结算货款的主要单证，也是办理进出口报关、纳税所不可缺少的单证之一。发票没有统一的格式，但内容大致相同，主要包括发票编号、签发日期合同或定单号码、商品名称、规格、数量、重量、包装、价格、总金额、出票人签字等。在信用证支付方式下，发票的内容要求应与信用证规定条款相符，"UCP600"规定，商业发票可以只标明出单人名称而不加签署。如需签字，来证中应明确规定，如 Signed Commercial Invoice。

③提单。提单是各种单据中最重要的单据，它是确定承运人和托运人双方权利与义务、责任与豁免的依据。各船公司所制作的提单格式各不相同，但其内容大同小异，其中包括承运人、托运人、收货人、通知人的名称、船名、装卸港名称、有关货物和运费的记载以及签发提单的日期、地点及份数等。提单填写的相关内容要与信用证规定的相符合。一般信用证要求出具的是"全套的清洁的已装船并作出凭指示和空白背书的提单"（Full set of clean on board B/L made out to order and endorsed in blank）。那么就要注意：

A.全套的。指由承运人签发的正本提单的份数，通常是一式两份或三份。

B.清洁的。指提单上承运人未加任何货损、包装不良或其他有碍结汇的批注。

C.已装船。指在提单上要注明船名和装船日期，并由承运人或船长签名。

D.凭指示。指在提单的收货人栏填"凭指示(to order)"、"凭××指示"(to the order of)字样。

E.空白背书。指背书人(出口商)在转让提单时仅在提单背面签上自己的名字而没有注明被背书人的名字。

④保险单。按 CIF 条件成交时，出口商应代为投保并提供保险单，保险单的内容应与有关单证的内容衔接。例如：保险险别与保险金额，应与信用证的规定相符；保险单上的船名、装运港、目的港、大约开航日期以及有关货物的记载，应与提单内容相符；保险单的签发日期不得晚于提单日期，保险单上的金额，一般应相当于发票金额加一成的金额。

在 CIF 或 CIP 条件下，出口货物由出口商申请投保，在信用证没有特别规定的前提下，信用证受益人为被保险人。并加空白背书，以转让保险权益。

⑤产地证明书。有些不使用海关发票或领事发票的国家，要求出口商提供产地证明书，以便确定该进口货物应征收的税率，产地证明书一般由出口地的公证行或工商团体签发。在我国，通常由中国进出口商品检验局或中国贸促会签发。

小资料：

普惠制产地证(Form A)

新西兰、日本、加拿大和欧共体等 20 多个国家给我国以普惠制待遇，凡向这些国家出口的货物，须提供普惠制单据，作为对方国家海关减免关税的依据，对各种普惠制单据内容的填写，应符合各个项目的要求，不能填错，否则，就有可能丧失享受普惠制待遇的机会。

⑥检验证书。检验证书包括品质检验证书，重量检验证书、数量检验证书、兽医检验证书、卫生检验证书、价值检验证书和残损检验证书等，无论提供何种检验证书，应事先在检验条款中作出明确规定。

⑦装箱单和重量单。装箱单(Packing List)又称花色码单，它列明每批货物的逐件花色搭配；重量单则列明每件货物的净重和毛重，这两种单据可用来补充商业发票内容的不足，便于进口国海关检验和核对货物。

(2)制单的要求

提高单证质量，对保证安全迅速收汇有着十分重要的意义，特别是在信用证付款条件下，在制单工作中，必须高度认真和十分细致地做到"单证(信用证)相符"和"单单一致"，以利及时、安全收汇。

因此，缮制结汇单据时，要求做到以下几点：

①正确：单据内容必须正确，既要符合信用证的要求，又要能真实反映货物的实际情况，且各单据的内容不能相互矛盾。

②完整：单据份数应符合信用证的规定，不能短少，单据本身的内容，应当完备，不能出现项目短缺情况。

③及时：制单应及时，以免错过交单日期或信用证有效期。

④简明：单据内容应按信用证要求和国际惯例填写，力求简明，切勿加列不必要的内容。

⑤整洁：单据的布局要美观大方，缮写或打印的字迹要清楚醒目，不宜轻易修改，尤其对金额、件数和重量等，更不宜改动。

（3）核销

出口核销是国家为了加强出口收汇管理，保证国家的外汇收入，防止外汇流失，指定外汇管理等部门对出口企业贸易项下的外汇收入进行监督检查的一种制度。我国的核销工作由国家外汇管理局在海关、银行等部门的配合下具体实施。

核销的操作程序：

①出口单位领核销单。

②出口单位向海关交验核销单，海关审验后，退回给出口单位。

③货物出口后，将有关单据及附有核销单编号的发票交银行收汇，同时，将核销单存根及有关单据送还签发核销单的外汇局。

④银行收妥货款后，将结汇水单退出口单位。

⑤出口单位将银行确认货款已经收回的结汇水单和由海关退回的原核销单送外汇局，核销该笔收汇。

（4）退税

出口退税（Export Rebates）是指对出口货物退还其在国内生产和流通环节实际缴纳的产品税、增值税、营业税和特别消费税。出口货物退税制度，是一个国家税收的重要组成部分。通过退还出口货物的国内已纳税款可使本国产品以不含税成本进入国际市场，与国外产品在同等条件下进行竞争，从而增强竞争能力，扩大出口创汇。其基本程序是：出口退税登记—出口退税申请—出口退税审核—税款退付与退税清算。

在履行凭信用证付款的 CIF 出口合同时，上述基本环节是不可缺少的，但是，在履行按其他付款方式或其他贸易术语成交的出口合同时，其工作环节则有所不同，例如：在采用汇款或托收的情况下，就没有出口方催证，审证和改证的工作环节；在履行 CFR 出口合同时，就没有出口方负责投保的工作；在履行 FOB 出口合同时，出口方既无负担租船订舱的任务，也无投保货物运输险的责任。由此可见，履行出口合同的环节和工作内容，主要取决于合同的类别及其所采用的支付方式。

当外商认为出口方交货的品质、数量、包装不符合约定的条件或未按时装运，致使对方蒙受损失而向出口方提出索赔时，出口方应在调查研究的基础上，查明事实，分清责任，酌情作出适当的处理，如确属出口方责任，应实事求是地予以赔偿，如属外商不合理的要求，必须以理拒赔。在履行出口合同过程中索赔和理赔的工作，不一定发生，例如，在合同正常顺利履行的情况下，它就不会发生。

11.2　进口合同的履行

我国进口货物，大多数是按 FOB 条件并采用信用证付款方式成交，按此条件签订的进口合同，基履行的一般程序包括：开立信用证，租船订舱，接运货物，办理货运保险，审单付款，报关提货验收与拨交货和办理索赔等。具体履约环节、步骤如图 11 - 2 所示。

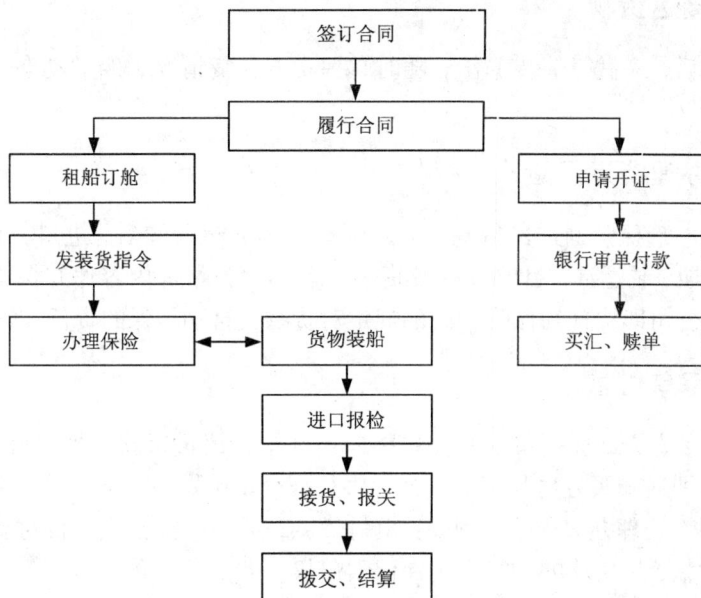

```
                    ┌──────────────┐
                    │   签订合同    │
                    └──────┬───────┘
                           ↓
                    ┌──────────────┐
          ┌─────────┤   履行合同    ├─────────┐
          ↓         └──────────────┘         ↓
   ┌──────────────┐                   ┌──────────────┐
   │   租船订舱    │                   │   申请开证    │
   └──────┬───────┘                   └──────┬───────┘
          ↓                                  ↓
   ┌──────────────┐                   ┌──────────────┐
   │   发装货指令  │                   │  银行审单付款 │
   └──────┬───────┘                   └──────┬───────┘
          ↓                                  ↓
   ┌──────────────┐   ┌──────────────┐ ┌──────────────┐
   │   办理保险    │←→│   货物装船    │ │  买汇、赎单   │
   └──────────────┘   └──────┬───────┘ └──────────────┘
                             ↓
                      ┌──────────────┐
                      │   进口报检    │
                      └──────┬───────┘
                             ↓
                      ┌──────────────┐
                      │   接货、报关  │
                      └──────┬───────┘
                             ↓
                      ┌──────────────┐
                      │   拨交、结算  │
                      └──────────────┘
```

图 11 - 2　FOB 术语、信用证结算方式下的进口程序图

11.2.1　开立信用证

进口合同订立后，进口企业应负责按合同规定的时间和合同内容向当地银行申请开立信用证。因此，信用证内容是以合同为依据开立的，它与合同内容应当一致。卖方收到信用证后，如要求展延装运期和信用证有效期或变更装运港等，若进口方同意对方的请求，即可向银行办理改证手续。

（1）申请开立信用证的一般程序

①提交开证申请书。即填写开证申请书，开证申请人根据合同和自己的要求，在申请书选择适当的项目或填写特殊的要求。

②提交相关文件和证明。主要是相关审批文件、进口配额或进口许可证、合同等。

③审核与开证。开证行对开证申请的内容和有关资料进行审核，并对开证人资信进行审核。审核无误，即予以开证。

④开证申请人缴纳保证金。开证行一般根据对开证申请人资信调查的结果收取货款金额一定比例的保证金。

（2）修改信用证

信用证开立后，受益人审核时如果发现内容与合同不符，可要求开证申请人向开证行要求修改信用证。

11.2.2　租船订舱

按 FOB 条件签订进口合同，应由买方负责租船订舱。当办妥租船订舱手续后，应及时将船名及船期通知卖方，以便卖方备货装船，避免出现船等货的情况。

11.2.3　接运货物

买方备妥船后，应做好催装工作。随时掌握卖方备货情况和船舶动态，催促卖方做好装船准备工作。

11.2.4　办理货运保险

凡由进口方办理保险的进口货物，当接到卖方的装运通知后，进口方应及时将船名、提单号、开航日期、装运港、目的港以及货物的名称和数量等内容通知保险公司，即办妥投保手续，保险公司即按预约保险合同的规定对货物负自动承保的责任。

11.2.5　审单付款

货物装船后，卖方即凭提单等有关单据向当地银行议付货款。当议付行寄来单据后，经银行审核无误即通知买方付款赎单。如经银行配合审单发现单证不符或单单不符，应分别情况进行处理。处理办法很多，例如：拒付货款；货到检验合格后再付款；凭卖方或议付行出具担保付款，在付款的同时提出保留索赔权。

11.2.6　检验与拨交

进口货物到达后，均需及时进行检验，并应迅速取得有效的检验证明，以便发现货物质量不符、数量短缺时能及时向有关责任方提出索赔。货物进口后，应立即向用货单位办理拨交手续。

11.2.7　进口索赔

进口索赔通常由卖方违约，承运人过失和属于保险公司责任范围内的货物不符合合同要求或货损货差所引起，其中属卖方责任的较多。目前我国进口索赔工作中，属于船方和保险公司责任的一般由货运代理、外贸运输公司代办；属于卖方责任的则由进出口公司直接办理。

关于索赔期限，如合同未作规定，则买方向卖方声称货物不符合合同的时限是买方实际收到货物之日起两年。向船公司索赔的期限，是货物到达目的港交货后一年。向保险公司索赔的期限，则为货物在卸货港全部卸离海轮后两年。

篇末点述

本章主要介绍了国际贸易中出口合同和进口合同的一般履行程序。在我国的进出口贸易中，出口一般采用 CIF 贸易术语成交，进口一般采用 FOB 贸易术语成交。所以本章重点介绍了以上两种方式下的出口、进口合同的履行程序。同时对进出口的一些主要单证做了简要介绍。

案例分析

一份信用证规定 5 月 20 日前装运。卖方装船后向银行交单，其中提单的出单日期为 5 月 15 日，保险单的出单日期为 5 月 16 日。银行拒绝接受单据、拒付货款。问银行是否有理由这样做？为什么？

分析：银行有理由这样做。因为根据《UCP600》规定，保险单的出单日期要早于提单的出单日期。而本案例中保险单的出单日期晚于提单的出单日期，不符合规定，银行拒付。

思考题

1. 以 FOB 价格条件成交时，为什么卖方装船后要立即电告买方？
2. 按 FOB 或 CFR 条件进口时，进口方如何办理保险？
3. CIF 条件、信用证支付方式的出口合同在履行时要经过哪些环节？
4. 修改信用证应该注意哪些问题？
5. 采用 FOB、信用证支付方式的进口合同在履行时要经过哪些环节？

技能实训

用下列提供的资料，做一份出口结汇单据，包括：合同、商业发票、装箱单、提单、保险单、原产地证书、汇票、报检单、报关单。（除报检单、报关单外，其他单证都用英语写作）

出口方：中国矿产品进出口公司

进口方：日本神户国际商社

产品名称：金属硅

品质：硅大于 98%；铝小于 5%；铁小于 5%；钙小于 5%。粒度：（10～90）mm 占 90% 以上。

包装：塑料袋，每袋为 1 公吨

价格：USD1100/吨 CIF KOBE

装运期：2008 年 5 月底之前

装运港：中国广州

目的港：日本神户

第12章 国际贸易方式

开篇导读 国际贸易方式是指国际间进行货物买卖所采取的交易做法和商品流通渠道。主要方式有经销、代理、寄售、展卖、招标和投标、拍卖、加工贸易、对销贸易等。每种贸易方式都反映了它特有的销售渠道、货款支付、成交方式、交易双方的权利义务以及双方的业务关系等。随着国际贸易的日益发展,贸易方式也在不断发生变化。为了促进进出口贸易的发展,增强出口商品的竞销能力和以优惠条件进口货物,我们应当灵活运用各种不同的贸易方式,并注意各种贸易方式的结合使用。

本章关键术语

Distribution 经销

Agency 代理

Consignment 寄售

Fairs and Sales 展卖

Invitation to Tender 招标

Submission of Tender 投标

Auction 拍卖

Processing With Customer's Materials 来料加工

Processing With Imported Materials 进料加工

Compensation Trade 补偿贸易

12.1 经销与代理

12.1.1 经销

(1)经销的概念与性质

经销(Distribution)是指出口企业与国外经销商达成书面协议,在约定的经销期限和地域范围内利用经销商推销指定商品的一种贸易方式。

经销做法一般如图 12 - 1 所示:

图 12 - 1 经销程序图

在经销方式下,出口商与经销商是售定形式的买卖关系。经销商以自己的名义与出口商签订买卖合同，自垫资金购货，取得商品的所有权，自行销售，自担风险，自负盈亏。在实践中，尽管出口商常与经销商签订远期支付合同，在支付条件上给予经销商优惠待遇，但这只是出口商给予经销商的资金融通，并不能改变双方的买卖关系。

但经销又不同于一般的单边买卖，买卖双方除签订买卖合同外，还要签订长期的经销协议，从而确定和建立起双方之间相对稳定而长期的购销关系，双方因为长期共同的目标和利益，可以促进相互之间的协作和发展，有利于商品的销售。

（2）经销的种类

按照经销商权限的不同，经销方式可以分为独家经销和一般经销。

独家经销（Sole Distribution）在我国习惯称为包销（Exclusive Sales），是指出口商与国外经销商达成协议，在一定期限内，将指定商品在指定地区的独家经营权授予该经销商。

一般经销亦称定销，是指出口商根据经销协议向国外经销商提供在一定地区、一定时期内经营指定商品的销售权，但不授予货物销售的独家经营权。出口商与国外经销商签订经销协议后，还可与该地区的其他进口商签订经销协议。

独家经销和一般经销的最大区别是独家经销商享有专营权，而一般经销商则不享有专营权。

（3）经销协议的主要内容

经销协议是出口商和经销商订立的确立双方法律关系的契约。出口企业在实际业务中一般只原则性地在协议中规定双方当事人的权利义务和一般交易条件，以后每批货的交付价格、数量、交货期甚至支付方式等具体交易条件，依据双方签订的具体买卖合同的规定。

通常，经销协议主要包括以下内容：

①经销协议的前文。前文条款中需要明确双方的基本关系。明确出口商与经销商之间的关系是买卖关系，经销商应自筹资金买断商品，并自负盈亏进行销售。

②经销商品的范围。经销商品可以是出口商生产的全部商品，也可以是其中一部分商品，因此，在协议中要明确订立经销商品的范围。如果出口商经营的商品种类繁多，即使是同一类或同一种商品，其中也有不同的牌号与规格，双方在协议中亦应对牌号与规格予以明确，以免日后发生争议。

③经销地区。所谓的经销地区是经销商行使销售权的地理范围。关于经销地区，双方可以确定为一个国家或几个国家，可以确定为一个国家中的几个城市，甚至可以具体到一个城市。经销地区大小的确定，除应考虑经销商的规模、经营能力、所能控制的销售网络外，还应考虑经销商品的性质与种类、市场的差异程度及经销地区的地理和交通条件等等。至于经销地区能否扩大，一般应在协议中加以明确，比如规定经销商在其原定地区的销售额达到规定数量时，他有权要求扩大经销区域。值得注意的是在包销方式下，为了维护包销商的专营权，出口商在包销区域不得再指定其他经销商经营同类商品，同时包销商也不得将包销商品越区销售。

④经销期限。经销期限即协议的有效期，经销期限可以长也可以短。在我国出口业务中，往往在签订经销协议时就明确规定期限，通常为一年。其他国家的习惯做法是在经销协议中不明确规定期限，只是规定终止条款或续约条款。

⑤专营权。专营权的规定是包销协议的重要内容。专营权包括专卖权和专买权。专卖权是指出口商将指定商品在规定的地区和期限内给予包销商独家销售的权利，出口商负有

不向该区域内的客户直接售货的义务。专买权是指包销商承诺只向协议出口方购买该项商品，不得向第三者购买同类商品或有竞争性的替代商品。其中专卖权是包销协议必不可少的内容，是区别于一般经销协议的主要条件。

⑥经销数量与金额。经销协议中还应规定经销人在一定时期内的经销数量和金额，此项数量与金额对协议双方均有同等的约束力：经销商必须承担向出口商购买规定数量和金额的商品，出口商必须承担向经销商出口上述数量和金额的商品。该经销数额一般采用最低承购额的办法，即一定时期内经销商应承购的数额下限，同时还应规定经销商完不成该经销数额时出口商可以采取的措施。作为对等条件，有的经销协议亦规定了经销商超额完成经销数额的奖励办法，如更优惠的折扣或付款条件等。

⑦作价方法。不同的经销商品其作价办法有所不同。其中一种做法是在规定的期限内一次作价，即无论协议期限内经销商品价格上涨、下落与否，以协议规定价格为准。另一种做法是在规定的经销期限内分批作价。由于国际商品市场的价格变化多端，因此采用分批作价较为普遍。

⑧广告宣传与知识产权保护。尽管经销协议的当事双方是买卖关系，出口商不实际涉足经销地区的销售业务，但他十分关心开拓海外市场。为宣传其产品，出口商常要求经销商负责为他的商品刊登一定的广告。例如，有些经销协议规定："买方负责出资在经销地区为卖方的机器设备举办展览、招揽订单，在当地报刊上登载广告。"那么因这些广告宣传产生的营销费用由谁来承担也必须在经销协议中予以明确。出口商出于对其商品知识产权保护的考虑，还会在经销协议中规定，如在经销期间发现出口商品的专利权或商标权受到侵害，经销商要及时采取保护性措施，并协助出口商进行侵权诉讼工作。

除上述主要内容外，还应规定合同终止、违约责任、适用法律以及仲裁条款等一般交易条件，规定方法与一般贸易合同大致相同。

（4）采用经销方式应注意的问题

①选择恰当的经销方式。包销与定销相比，包销更能调动经销商的经营积极性，能使其充分利用其销售渠道专心销售约定的商品，并向用户提供必需的售后服务，对于出口商来说，也能有计划地安排出口商品的生产和组织出口货源，对市场销售作全面、系统的长期规划和安排。同时，由于包销商享有在包销地区及期限内独家经营出口商商品的权利，从而避免了分散经营时可能发生的相互碰头和竞争的情况，有助于稳定出口商品的销售价格。

但是采用包销方式对出口商也存在着较大的风险。若市场情况发生变化或包销商经营能力有限，就可能出现"包而不销"的情况，出口商又不能向其他商人销售，从而蒙受损失；包销商可能凭借其独家经营的地位操纵和垄断市场，甚至对出口商供应的商品故意挑剔或进行压价；出口商一般只能同包销商打交道，不能同其他客户普遍联系成交，因而缺乏机动灵活性。因此，出口商要根据自己的经营意图恰当地选择经销方式。

②慎重选择经销商。要注意经销商的资信情况、经营能力及其在经销地区的商业地位。一般来说，可以从往来客户中挑选对象，经过适当的考察和评价，再签订正式协议。然后，不仅要逐笔检查每笔交易的执行情况，还需要定期检查协议的执行情况，以便根据不同的情况采取必要的适当措施。

③合理确定经销商品的种类、经销地区和经销数量或金额。商品种类的多少、经销地

区的大小,要同经销商的资信能力和出口商自己的经营意图相适应。在一般情况下,独家经销的商品种类不宜过多,这样可以防止包销商操纵和垄断市场,反过来在价格或其他条件方面要挟出口商。经销地区大小要看经销商销售网络的大小及其经营能力,若经销商销售渠道广且经营能力、资信能力较好,则可授权一个较大范围的经销地区。至于经销数量或金额的大小则要参照出口商的货源组织、市场的容量及经营意图,并非越多越好。这是因为该经销数额不但是经销商最低承购数额,也是出口商应保证供应的数额,如果出口商因自身生产能力有限,不能保证该经销数额下商品的供应,也要因势必违反经销协议而承担相应的责任。

④对中止或索赔条款的规定。为了防止独家经销商垄断市场或经营不力等现象的出现,最好在协议中有中止或索赔条款的规定。

12.1.2　代理

(1)代理的概念与性质

所谓代理(Agency)是指委托人授权代理人代表本人向第三者招揽生意、签订合同或是办理与交易有关的各项事宜。国际贸易中的许多业务都是通过代理进行的,其中包括采购、销售、运输保险、广告等多方面的代理,本节我们只介绍销售代理。

销售代理是指出口商与国外的代理商达成协议,由出口商作为委托人授权代理人在一定地区和期限内代表出口商推销商品、签订合同,由此而产生的权利和义务直接对委托人发生效力的一种国际贸易方式。

销售代理的一般做法如图 12-2 所示。

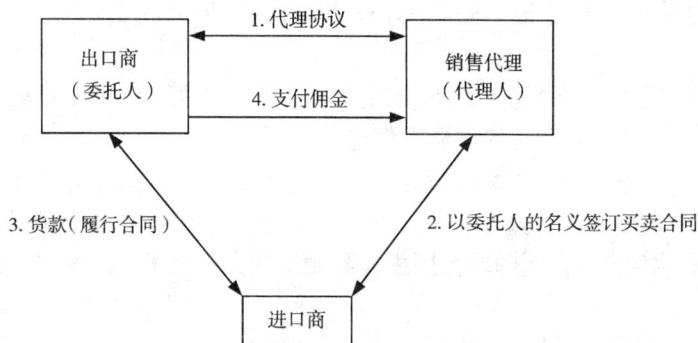

图 12-2　销售代理图

代理商与出口商之间是委托与被委托的关系。代理商在出口商委托授权的范围内代表出口商销售商品,并以出口商的名义与用户签订买卖合同,该买卖合同之下产生的权利与义务直接由出口商本人来承担。代理商不承担经营风险,也不必垫付资金,而只收取协议规定的佣金。

(2)代理的种类

国际贸易中的代理根据委托人授权代理人权限的不同,可分为下列几种类型:

①总代理。总代理(General Agent)是指委托人在指定地区的全权代理。总代理除了有

权代理委托人进行签订买卖合同、处理货物等商务活动以外，也可以进行一些非商业性的活动。一般来说，总代理所在地区还有数个分代理，总代理有权指派分代理，并可分享分代理的佣金。

②一般代理。一般代理(Agent)又可以称为佣金代理(Commission Agent)，是指在同一代理地区及期限内同时有权代表委托人行为的一个或数个代理。一般代理不享有委托人授权的独家专营权，他们各自在自己的授权范围内代表委托人行为，根据推销商品的实际金额和根据协议规定的办法和百分率向委托人计收佣金。一般代理方式下，委托人可以直接与该地区的实际买主成交，而无须给一般代理支付佣金。

③独家代理。独家代理(Sole/Exclusive Agent)是指在代理协议规定的时间和地区内对指定商品享有专营权的代理。出口企业在签订独家代理协议后，就不可以在指定地区和期限内另找其他代理，而独家代理商也不可以同时成为其他国外出口企业的代理。

由于独家代理方式下委托人承诺所指定的独家代理商为唯一同买主进行交易的中间商，那么若委托人与买主直接发生交易，仍应按交易金额向独家代理商支付佣金。

(3)独家代理与独家经销的区别

独家代理与独家经销都有在指定地区和期限内对某种商品专营的权利，因此能够充分调动独家经销商和独家代理商经营商品的积极性，也可以避免分散经营时可能发生的相互碰头和竞争的情况，有助于稳定出口商品的销售价格。但作为两种不同的贸易方式，两者之间也存在着较大的区别：

①当事人的关系不同。独家经销方式中，独家经销商与出口商之间是买卖关系；而独家代理方式中，独家代理商与委托人出口商之间是委托代理关系。

②承担风险不同。独家经销方式下经销商需要自己垫付资金购货，自己经营、自担风险、自负盈亏；独家代理方式下代理商一般只是负责推销商品、招揽订单，不占用资金，不承担经营风险。

③经营目的不同。独家经销方式下经销商自购自销，其经营的目的是为了赚取利润；独家代理方式下代理商的目的是为了赚取佣金。

④履行合同的义务不同。独家经销方式下经销商自行承担履行购货合同规定的义务，在买进商品后自开信用证或以其他方式自付货款；独家代理方式下代理人只负责招揽客户、介绍业务、收取佣金，合同的履行则由实际卖主和买主负责。

小思考：如何理解"包销"与"代理"方式的专营权？

(4)销售代理协议的主要内容

代理协议是明确委托人和代理人之间权利和义务的法律文件，主要包括以下内容：

①双方的基本关系。出口商与代理商之间的关系是委托代理关系。代理人应在委托人授权范围内行事，并应对委托人诚信忠实。委托人对代理人在上述范围内的代理行为，承担民事责任。

②代理的商品、地区和期限。委托人对代理人的授权中，应明确说明代理销售商品的类别和型号，行使代理权的地域范围，并约定代理协议有效期限，或者规定中止条款。

③代理人的权利和义务条款。

A. 代理人权限条款。在代理协议中要具体规定代理人所享有的权利。代理人是否有权代表委托人签订合同或从事其他活动？是否享有专营权？是总代理、一般代理还是独家代理？独家代理合同中要特别规定提供专营权的专门条款，又称排他性权利条款。一般有两种规定方法：委托人向代理人提供绝对的代理权，使其成为该地区唯一的独家代理人，而委托人不保留在该地区同买主进行交易的权利；另外一种合同规定委托人也可以保留同买主直接进行交易的权利，不过在此情况下通常规定委托人应该对代理人计付佣金。

B. 最低销售额条款。规定代理人在一定时期内（一般为一年）应推销的商品的最低销售额。一般以出口商实际收到的货款计算；并规定代理商未能完成情况下的处理方法，如委托人有权中止协议或按协议规定调整佣金率。

C. 非竞争条款。所谓非竞争条款是指代理人在协议有效期内无权提供、购买与委托人的商品相竞争的商品；也无权为该商品组织进行广告宣传；代理人也无权代表协议地区内的其他相竞争的公司。在许多国家的代理协议中通常订有这一条款，它实际是一项委托人的权益保护条款。

D. 代理人向委托人提供市场调研、广告宣传、售后服务和保护商标条款。第一，代理人有义务向委托人定期或不定期提供市场趋势、外汇、海关规定以及本国有关进口的规定的详细资料，以使委托人了解当地的市场情况和代理人的工作业绩。能否提供合理的商情报告是考核代理人的重要依据。第二，代理人在委托人的指令下组织广告和宣传工作，那么对于广告宣传的内容、形式以及费用的负担需要在代理协议中予以明确，一般由委托人负担。第三，在代理合同中，一般还规定代理人有义务保护委托人的商标权及其他知识产权。

④委托人的权利和义务条款。委托人的权利主要体现在对于客户的订单有权接受，也有权拒绝，对于拒绝订单的理由可以不作解释，代理人也不能要求佣金。但对于代理人在授权范围内与客户订立的合同，委托人应保证执行。

委托人的义务体现在：其一，委托人的基本义务是尽力维护代理人的合法权利，这主要包括委托人不主动向代理区域内的其他客户发盘，并及时将区域内客户的询盘转给代理人。在独家代理的情况下，委托人有义务尽力维护代理人的专营权；其二，委托人要保证按协议规定的条件向代理人支付佣金；其三，在许多代理人协议中，还规定委托人有义务向代理人提供广告资料，包括样本、样品目录等推销产品所需的材料。对于代理人代表委托人对当地客户的违约行为进行诉讼所付出的费用等，委托人应给予补偿。

⑤代理人的佣金条款。佣金条款应明确规定佣金率、计算佣金的基础和支付的时间和方法。佣金率的大小直接关系合同双方的利益，通常为 1% ~5% 不等。计算佣金的基础可以有不同的做法：有的以实际出口的商品数量为准；有的以发票总额为基础；还有的以FOB 总值为基础。不论采取何种方法都应该在合同中事先规定好。支付佣金的方法，有些可以按约定时间根据累计的销售数量或者金额，按照累计的佣金汇总支付；有些则在委托人收汇后逐笔结算或从货价中直接扣除。

⑥例外条款。在独家代理协议中，出口商在授予国外独家代理商专营权的同时，往往又保留一定的销售权限，即规定可以直接向约定地区销售的例外。例外条款通常包括政府机构或国有企业直接向委托人购货；进行国际招标或参与合资经营等方面的例外。委托人的上述活动不受协议约束，其销售不向独家代理商支付佣金，销售额不计入协议的最低销

售额。

（5）采用代理方式应注意的问题

①慎重选择代理商。选择代理商要考察其资信情况、经营能力及其在代理地区的商业地位。为了防止独家代理垄断市场或经营不利等情况出现，最好在代理协议中规定终止条款或索赔条款。

②订好代理协议。代理协议是规定双方权利和义务的法律文件，对双方都有约束力，一定要认真对待，慎重选择代理商品范围，其确定依据是出口企业的经营意图、代理商的规模、经营能力、资信等；合理确定代理的区域和权限，要注意考虑经销商的经营能力、经营规模、销售网络，还有地区的政治划分、地理和交通条件以及市场差异程度等因素。

③合理确定代理期限。授予代理权的期限不应太长或太短，太长在代理商不积极推销时，出口商无法中止合同而会陷于被动；太短代理商会不愿意大力推销，积极开拓。

12.2　寄售与展卖

12.2.1　寄售

（1）寄售的概念与性质

寄售（Consignment）是出口商委托国外代销商向用户进行现货买卖的一种交易方式。出口商作为寄售人（Consignor），将准备销售的货物先行运往国外，委托当地的代销商（Consignee）按照寄售协议规定的条件在当地市场上销售，商品售出后，代销商扣除佣金和其他费用将货款交付给寄售人。寄售的一般做法如图 12 - 3 所示：

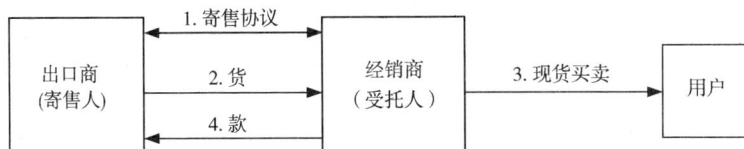

图 12 - 3　寄售程序图

寄售业务是按照寄售人和代销商签订的寄售协议进行的。寄售协议不同于一般的买卖合同，买卖合同双方当事人是买卖关系，而寄售协议中的双方当事人却是委托与受托的关系，寄售协议属于信托合同性质。

（2）寄售的特点

①寄售是由寄售人先将货物运至寄售地市场，然后再经代销商向当地买主销售。因此，它是凭实物进行买卖的现货交易。

②寄售商与代销商之间是委托代售关系，代销商凭寄售人的指示代为处置货物，寄售人授权范围内以自己的名义出售货物，收取货款并负责执行与买主订立的合同。

③寄售货物在售出之前的所有权属寄售人，一切风险和费用由寄售人承担。在寄售方式下，代销人不承担任何风险和费用，只收取佣金作为报酬。

（3）寄售方式的利弊

①寄售方式的优点。

A. 增加交易机会，有利于扩大出口。许多产品如手工制品、工艺首饰、土特产等规格十分繁杂，很难仅凭小样或文字说明成交。由于寄售是以实物进行买卖的方式，国外买主可以直接见到实物，便于销售，有利于推销新产品，开拓市场。

B. 可根据市场供求情况，随行就市，调整价格。寄售方式下，寄售货物在出售前寄售人仍然拥有货物的所有权。因此，尽管货物已经运往寄售地，但对货物的销售处理、价格确定等大权仍然掌握在寄售人手中。寄售人可以灵活掌握销售价格，如市场价格上涨，可以抢先成交，卖上好价。

C. 有利于调动代销商推销商品的积极性。寄售方式下代销人无须垫付资金，也不承担商品价格变动和经营亏损的风险，只需售出商品就可以赚取佣金，因此大大调动了代销商的经营积极性。不仅能调动实力比较雄厚的客户为其推销商品，即便是那些资金不足但有推销能力的客户也乐于承接寄售任务，为货主推销。

②寄售方式的缺点。寄售方式虽然对出口具有促进作用，但对出口商而言仍然是一种风险较大的出口方式，主要表现在：

A. 承担较大的出口风险。寄售货物在出售之前，寄售人要承担出口货物的一切风险，包括货物在运输和存储中的风险、价格变动的风险、货物不能出售的风险，以及因代销人选择不当或资信不佳而导致的损失。

B. 负担较多的出口费用。在寄售方式下，货物出售前的一切费用开支，如运费、保险费、仓储费等均由寄售人承担，负担较大。

C. 不利于资金周转。寄售方式是先出货、后成交，不仅货物在出售之前要垫付资金，而且要等到货物售出后才能收回，不利于资金周转。一旦代销人不遵守协议时，可能遭到货、款两空的危险。因此，若在我国出口业务中采用寄售方式，必须严格选择代销人，慎重订立代销协议。

小思考：哪些商品适合寄售方式？

（4）寄售协议的主要内容

寄售协议是寄售业务的核心法律文件，规定了有关寄售的条件和具体做法。寄售协议的内容根据双方合作的意愿和具体合作内容而定，一般来说都包括下列主要内容：

①双方的基本法律关系。寄售人和代销人之间的关系，是一种委托代理关系。货物在出售前所有权仍属寄售人。代销人应按协议规定，以代理人身份出售商品，收取货款，处理争议等，其中的风险和费用由寄售人承担。

②寄售商品的价格。通常寄售商品的价格有三种规定方式：

A. 规定最低售价；

B. 由代销人按市场行情自行定价；

C. 由代销人向寄售人报价，征得寄售人同意后确定价格。该种做法使用较为普遍。

③佣金条款。佣金条款中要具体规定佣金的比率，有时还可增加佣金比率增减额的计算方法。通常佣金由代销人在货款中自行扣除。

④代销人的义务。代销人的基本义务包括保管货物，代办进口报关、存仓、保险等手续并及时向寄售人通报商情。代销人应按协议规定的方式和时间将货款交付寄售人。有的寄售协议中还规定代销人应向寄售人出具银行保函或备用银行证，保证承担寄售协议规定的义务。

⑤寄售人的义务。寄售人按协议规定时间出运货物，并偿付代销人所垫付的代办费用。

（5）采用寄售方式应注意的问题

①选择适当的寄售地点。要了解国外销售市场各方面的情况，包括市场供求、销售渠道、消费习惯、当地政府对外贸的管理制度、外汇管制、税收办法和市场管理等。一般来说，选择商品进出比较自由、外汇转移比较方便和税收、费用较低的地区作为寄售地点比较合适，如自由港、自由贸易区等。

②选择可靠的代销商。由于寄售是先出运、后成交和售货后收回货款，所以代销人是否可靠，对寄售人有切身的利害关系。为了确保寄售达到预期效果，应当对代销人的资信和经营能力进行调查，选择资信好、有经营推销能力的客户作为代销人。

③选择适销对路的商品作为寄售商品。一般应选择当地市场有销路而又难以凭样成交的商品，或者是一些名优产品与新小商品。对品质、规格、包装不适应当地市场需要的商品或滞销商品，不适于寄售。

④适当掌握寄售商品的数量。寄售数量的多少，应当根据销售情况和市场容量的大小而定。少了可能不足以应付当地市场需求，多了一旦积压则需支付大量的仓储费用，如若转移到其他市场，还要多支付运费、承担更大的风险。

⑤订好寄售协议。寄售协议关系到双方当事人的权利和义务，因此，在寄售协议中对价格条款和佣金给付等事项均应明确规定。同时，为了减少风险，最好要求代销人提供银行保函，如代销人不履行协议规定的义务时，由银行承担支付责任。

12.2.2 展卖

（1）展卖的概念

展卖（Fairs and Sales）是利用商品展览会和博览会以及其他交易会的形式，在展示商品的同时推销商品，即展销结合的一种贸易方式。展卖作为一种商品的推销方式，其基本特点是：把出口商品的展览、推销和市场调研有机结合起来，边展边销，以销为主。

在出口业务中，展卖作为一种贸易方式有以下几点作用：

①有利于宣传和介绍出口国的经济和科技成就，介绍出口商品，扩大影响，吸引潜在买主。

②有利于广交朋友，建立和发展客户关系，扩大销售地区和范围，实现销售市场多元化。

③有利于开展市场调研，掌握市场动态。

④有利于听取国外客户意见，通过在展卖会上与同类商品的比较，发现自身问题，改进出口商品质量，增强出口竞争力。

展卖给出口商带来的经济效益不能仅仅从一次展卖会上的销售额来衡量，一次成功的展卖往往会在相当长一段时期内给出口商带来数量可观的订单。

小思考： 与其他贸易方式相比，展卖方式对拓展商品市场有哪些优势？

（2）我国主要的展卖方式

①国际博览会。国际博览会亦称国际集市，是利用某些大型交易场所、展览中心宣传和推销商品，是进行国际经济交流的重要形式。在国际博览会上，主办国除将本国产品带到博览会展出外，也邀请其他国家的厂商参加展出并推销其商品，从而促进国际贸易的发展。

国际博览会种类很多，但主要分为综合性和专业性两种。综合性的国际博览会又称水平型博览会，各类商品均可参加展出，比较著名的有智利的圣地亚哥、意大利的米兰和叙利亚的大马士革的国际博览会。这种博览会的规模较大，产品齐全，展出期限较长。专业性的国际博览会又称垂直型博览会，其展出商品仅限于某类专业性商品，且规模较小，展期较短，例如，比较著名的科隆博览会，每年举办两次：一次展销纺织品；一次展销五金制品。

国际博览会拥有共同的国际组织"国际博览会联盟"（Union des - Foires Internationales；UFI），该联盟于 1925 年成立，总部设在巴黎。我国的"中国国际展览中心"（China International Exhibition Center；NCIEC）作为国际博览会联盟在中国的唯一成员，积极参与国际展览界的各种活动，努力推动中国展览业的国际化、规范化。该中心自 1985 年成立以来，已成功举办国际展览会约 350 个。

②中国出口商品交易会。中国出口商品交易会，又称广交会，创办于 1957 年春季，每年春、秋两季在广州举办，迄今已有五十多年历史。交易会贸易方式灵活多样，除传统的看样成交外，还举办网上交易会。交易会以出口贸易为主，也做进口生意，还可以开展多种形式的经济技术合作与交流、以及商检、保险、运输、广告、咨询等业务活动。目前，交易会已发展成为中国规模最大、层次最高、成交效果最好的传统性、综合性、多功能的国际贸易盛会，对促进中外经贸合作和技术交流做出了重要贡献，因而被国际经贸界人士誉为"贸易的桥梁，友谊的纽带"。

③在国外举办展卖会。除了参加国际博览会和在本国举办出口商品交易会以外，我国还自行或与外商合作在国外举办各种展卖会。

A. 自行举办展卖会。在国外自行举办展卖会时，相关的广告宣传费、展品的运费、保险费、展出场地的租用费以及其他杂项费用，均应由我方自行负担。展卖结束后，剩余的展品，也由我方自行处理。由于承担的责任、费用和风险较大，且有诸多不便，我们一般较少采用这种形式。

B. 支持外商举办或与外商联合举办展卖会。支持外商在国外举办我国出口商品展卖会，或与外商联合举办我国出口商品展卖会，是我国出口商品在国外展卖所采取的两种主要方式。前一种方式是我方将货物通过签约的方式卖断给外商，由外商在国外举办或参加展览会；后一种方式是由我方同外商合作，我方提供展品，在展卖时展品所有权仍属我方，展品的运输、保险、劳务以及其他费用一般由外商承担，展台租赁、设计、施工以及展出期间的宣传广告费用，也由外商承担，展卖的商品出售后，提供合作的外商可以从出售所得货款中得到一定的手续费作为报酬。

（3）出口企业展卖实务

出口企业利用展卖方式在展销会或博览会上推销商品，具体操作时应考虑以下几个重点问题：

①充分了解展会信息。出口企业决定是否参加展会时，应充分了解下列信息并综合考虑做出合理选择：

A. 展会的种类。目前，国际上对展销会的划分有不同的标准，出口企业应根据展会的类型来选择是否需要参加以及参加何种展会。

B. 参观展会的顾客。出口企业要了解参观展会的顾客群的类型，是否与本企业的目标客户一致。这样能够保证企业在有限的时间面向有针对性的客户推介产品，提高参展的实际效益。

C. 展会的发展状况。出口企业要充分了解展会的有关信息，包括展会的举办历史，是否能够吸引较多的观众；以往的参展企业状况和展销效果；展会的时间安排是否合理，同期有无其他展会举办；展会期间是否有主题活动吸引观众，协助参展企业促销等。

D. 参展的费用。展卖尽管是一种有利的市场营销和推广方式，但展会的费用不能成为出口企业难以负担的成本，以免降低参展的经济效益。

②参加展会的目的。出口企业在参展前，应明确参展目的，并根据参展的目的，选择展会的类型，确定企业投入的人力、物力和财力。

一般来说，企业参展的目的主要有：在现场收集订单；征询顾客意见；只对本企业及产品进行一般性介绍，旨在今后打开市场；乘机选择代理商或经销商；乘机评估市场潜力和产品对市场的适应性。

③参加展会的准备工作。出口企业在参展前还应做好以下准备工作：

A. 向潜在客户通报有关交易会的内容并邀请其参加展会。为了保证参展期间洽谈题目的集中和客户的集中，企业就必须向参会人员发出专门邀请函。出口企业需要注意的是，不仅在交易会前和交易会中应保持客户的兴趣，在客户离开交易会后还应继续保持与客户的联络，跟踪客户参展后对产品和服务的意见。

B. 做好交易会前的计划安排。计划安排应确保企业的投资有的放矢，使利益最大化。参加交易会的企业应指定一个交易会的组织人或协调人，其负责预定交易会的展台、保持和交易会以及参会客户的联络、制定交易会的预算和成本的控制计划、遴选参展的产品和其他参展人员。

C. 应该同时准备企业和产品介绍，企业还应准备适当的交易会签到簿和记录单，同时安排参展产品的运输发货和收货。

④制定详细的参展方案。出口企业在参展前应制定详细的参展预算和实施方案，并按照参展的目的、任务进行全面、具体的成本核算。

企业制定的参展方案应包括下列主要内容：明确参展的目的和预期收获；列明参展的活动内容和每项活动的预期目标；核算参展的有关开支。为了保证企业参展目标的实现，确保各项活动的实施，又不至于使企业承受额外的负担，出口企业参展的主办人员应该做好有关开支的预算。

⑤成功展销的关键。参展企业的展台或展厅是企业的实力、效率的代表，展台的布置、展示活动的举办和参展人员的职业素质留给客户的第一印象非常关键。因此，出口企

业若要成功展销，还需要注意以下几个方面：

A. 认真设计展台。展台是企业形象的延伸，企业在设计展台时必须考虑到观众的流动性，要能在最短的时间吸引观众眼球，给其留下深刻的印象。

B. 精心设计宣传品。散发宣传品是展销会的核心活动，因此，产品的介绍和企业的宣传资料必须经过精心设计，不仅要美观，还要突出企业和产品的特点。仅供翻阅的资料应放在固定且不易被取走的地方，以免出现尴尬局面。

C. 展品和展台家具的摆放要合适。摆放展品时要考虑到观众的触摸，不能随意触摸或贵重的展品应放在展示箱内，注意不要标明"请勿触摸"字样，以免引起反感；需示范操作的产品，则应留出适当的空间供观众试用。此外，展台家具的摆放也会影响展台的总体形象，要留出与客户洽谈磋商的合理空间，不要放置过多的椅子，以免产生凌乱的感觉而且浪费空间。

D. 提供细致的展台服务。参展期间，企业还要提供一定的展台服务，比如准备小礼品、小点心、饮料和矿泉水等，以吸引观众，并延长其停留在该展台的时间。

E. 提高参展人员的素质。企业的参展人员是展销成功的关键，好的参展工作人员是抓住客户、推销产品的核心。首先，参展工作人员必须具备充分的专业知识、较强的外语能力以及较高的沟通谈判技巧；其次，言谈举止符合商业礼仪规范，能够把握观众心理，态度友好大方。

12.3　招标、投标与拍卖

12.3.1　招标、投标

(1)招投标的概念

招标与投标是在国际工程承包和政府机构、公共事业单位采购物资设备时常用的一种贸易方式。随着我国政府采购市场不断与世界市场接轨，这种贸易方式在我国的应用也越来越广泛。

招标与投标是一种贸易方式的两个方面。招标(Invitation to Tender)是由招标人(买方)发出招标通告，说明需要采购的商品的具体内容，邀请投标人(卖方)在规定的时间和地点投标，并与所提条件对招标人最为有利的投标人订约的一种行为。

投标(Submission of Tentler)是投标人(卖方)应招标人(买方)的邀请，根据招标人规定的条件，在规定的时间和地点向招标人递盘以争取成交的行为。招标投标是一种有组织、有计划的商业交易活动，它是在规定的时间和地点，由众多投标人进行竞卖。对于投标人来讲，他只能作一次性投标，没有讨价还价的余地，交易达成不经过磋商；而对于招标人来讲，买方可以有较多的比较和选择，能以较为优惠的价格购进所需商品，这也是招标投标方式在大宗物资的采购中广泛运用的原因之一。

(2)招标的主要方式

目前，国际上经常采用的招标方式归纳起来有以下几种：

①国际竞争性招标。国际竞争性招标(International Competitive Bidding, ICB)是指招标人向多个乃至数十个卖方发出邀请，通过众多投标人的竞争，选择对招标人最有利的投标

达成交易。具体包括以下两种：a. 公开招标（Open Bidding），是指在公开监督之下进行的招标活动过程。招标人在国内外报纸杂志上公开发布招标通知，广而告之招标意图和简要招标条件，任何卖方只要愿意皆可按招标通知上的规定索取招标文件和资格预审表格，以便投标。b. 非公开招标也叫选择性招标（Selected Bidding）或邀请招标，是指招标人并不在报刊上公开发布招标通知，而只是根据自己的具体业务关系和情报资料，向少数卖方发出招标通知。非公开招标主要用于购买技术要求高的专业性设备或大型成套设备，应邀参加投标的企业通常是经验丰富、技术装备优良、在该行业中有一定声誉的企业。

②谈判招标（Negotiation Bidding）。谈判招标又叫议标，它是非公开的、非竞争性的招标，由招标人物色包括几家客商直接进行合同谈判。谈判成功即达成交易。应该说它不是严格意义上的招标方式。

③两段式招标（Two – Stage Bidding）。两段式招标即把无限竞争与有限竞争结合起来，先进行公开招标，择定数个投标人再来进行选择性招标。

（3）招投标的一般程序

招投标业务的基本程序包括招标、投标、开标与评标、中标与签约等几个环节。

①招标。招标是国际招标与投标业务的第一个阶段，是决定招标能否成功的关键阶段。在这一阶段，招标人要进行以下工作：

A. 招标前的准备工作。招标前，首先需要确定一个专门的机构，对整个招标的过程进行全权管理。其次要制定招标规则。招标规则主要包括两方面的内容：一是招标程序的规定，要对招标的种类以及每一步骤的名称和方法加以说明；二是招标条件的规定，这些条件既是招标人的采购标准，又是对投标人的要求，并且还是评标的依据。

B. 发布招标公告。国际公开招标通常需要在权威性的报刊或有关专业刊物上公布招标公告，使合法而有供应能力的厂商都有机会参加投标。招标公告的内容包括招标项目介绍、招标开始时间和投标截止时间、招标方式、标书发售办法、招标机构或联系机构的名称及地址。若是采用有限性招标方式，则不必对外公开发出招标公告，只要直接向若干供货商个别发出投标的邀请就可以了。

C. 资格预审。招标人在公开招标前要对投标人的资格条件进行审查以确保投标人在各个方面有投标能力。为此，投标人应填写招标人编制的"资格预审表"，便于招标人对投标人的经营规模、人员设施概况、财务状况、工程记录等情况进行资格审查。资格预审是保证招标工作顺利进行的关键步骤。

D. 编制和发售招标文件。招标伊始，招标人即组织有关人员制定招标书，说明采购商品或发包工程的技术条件和贸易条件，主要包括：招标商品的规格、数量、交货时间等贸易条件；投标人资格、投标时间、开标时间、寄送投标书的方法；投标人交纳投标保证金及中标人交纳履约保证金的规定等等。招标文件是投标人编制投标书的依据，投标人必须按其要求行事，否则投标书就会遭到拒绝。

②投标。

A. 投标前的准备工作。投标前的准备工作十分重要，它直接关系到投标的中标概率。投标人在取得标书后，应严格按照招标条件对商品或工程所要求的质量、技术标准、交货期限、工程量和进度安排等进行核算，并结合自身的条件和市场竞争态势，估计能否完全满足招标要求和能否提出有竞争性的报价。由于投标相当于发盘，在投标有效期内不得撤标，所以投标人对价格、交货期、招标人所在国的税收、法律都要认真研究，以确保在中标基础上获得最大的利润。

B. 编制投标文件和落实担保。投标人一旦决定参加投标，就要认真研究、正确理解招标文件的全部内容，根据招标文件的规定编制和填写投标文件。投标文件是投标人对招标人的一项不可撤销的发盘，应当对招标文件提出的实质性要求和条件做出响应。所谓的"实质性要求和条件"是指招标文件中有关招标项目的价格、项目的计划、技术规范、合同的主要条款等，投标文件必须对这些条款做出响应。这就要求投标人必须严格按照招标文件填报，不得对招标文件进行修改，不得遗漏或者回避招标文件中的问题，更不能提出任何附带条件。

此外，招标人为防止投标人中标后拒不签约，通常要求投标人提交投标保证金。投标保证金可以交纳现金，也可由投标人通过银行向招标人出具银行保函或备用信用证。保证金额一般为投标金额的 3% ~ 10% 。开标后，若投标人未能中标，招标人将退还投标人的保证金；若投标人中标，而不与招标人签约，招标人则没收该保证金。

C. 递送投标文件。投标文件编制好后，经校核、签署和密封，必须于投标截止日期前送达或寄到招标人指定地点，并取得收据。招标人收到投标文件后，应当签收保存，不得开启。

③开标与评标。开标是指按照招标文件规定的时间、地点将收到的所有投标文件拆阅并登记在案。开标有公开开标和不公开开标两种方式。采用公开开标的方式，要当众拆开所有密封的投标文件，宣读其内容，所有投标人都可派代表参加监督；而采用不公开开标的方式，投标人不能派代表参加。一般情况下，国际招标大多数采用公开开标的方式。

评标是指招标人组织有关专家对投标书的交易条件进行评审的行为。招标人必须对投标进行审核、比较，然后择优确定中标人选。

④中标与签约。中标是指某投标人被选中作为合同授予方的行为。投标人中标后，招标人应立刻以电话、传真等方式在投标有效期之前告知中标人，并要求中标人在规定的时间到招标人所在地与招标人签订合同。中标相当于对发盘的接受，具有法律效力。

《中华人民共和国招标投标法》参照国际惯例规定了两种中标条件：一是能够最大限度地满足招标文件中规定的各项综合评价标准。所谓综合评价，就是按照价格标准和非价格标准对投标文件进行总体评估和比较。应该注意的是，现代招标中，价格已非唯一决定因素，还应该考虑专业人员素质、品牌信誉度、售后服务等因素。二是能够满足招标文件的实质性要求，并且经评审的投标价格最低，但是投标价格低于成本的除外。所谓最低投标价格中标，就是指报价最低的投标人中标，但前提条件是该投标符合招标文件的实质性要求。

值得注意的是，在招投标过程中如出现以下情况之一时，招标人可以拒绝全部投标：a. 投标人少于三个。招投标之所以受欢迎就在于其竞争性，投标人越多，招标人得到的价格就越低，因此，·投标人少于三个的招投标就失去了其竞争意义，招标因而可以取消。b. 出现了重大违规、违法行为。显然，这里的违规违法行为是指影响到整个招投标进程的事件，比如泄密、行贿受贿、串谋投标等。c. 最低报价大大超过了国际市场的价格水平，或是超出了招标人的预算底线，导致招标人无法接受。d. 所有投标人均未对招标文件的规定做出实质性响应，投标内容与招标要求不符。e. 发生与不可抗力相对应的重大变故，致使招标活动无法继续进行。

在正式确定中标人之后，招标人向中标人发出中标通知书，中标人则在规定的时间内到招标人所在地签订采购合同或工程承包合同，并提交履约保证金，取代原投标保证金，用以担保其对合同义务的履行。一般来讲，招标人和中标人应在中标通知书发出之日起30天内，按照招标文件和中标人的投标文件订立书面合同，所订的合同不得对招标文件和中标人的投标文件做实质性修改，招标人和中标人亦不得私下订立背离合同实质性内容的协议。

此外，《中华人民共和国招标投标法》还规定，招标工作结束后，对于依法必须进行招标的项目，招标人应将所有相关的资料备份，并自确定中标人之日起15天内向有关行政监督部门提交招标投标情况的书面报告。

12.3.2　拍卖

（1）拍卖的概念及特点

拍卖（Auction）是一种具有悠久历史的交易方式，在今天的国际贸易中仍被采用。通过拍卖成交的商品通常是品质难以标准化、或难以久存、或按传统习惯难以出售的商品。另外，在某些不动产和无形资产的交易中也常常采用拍卖方式。

国际贸易中的拍卖是由经营拍卖业务的拍卖行接受货主的委托，在规定的时间和场所，按照一定的章程和规则，以公开叫价的方法，把货物卖给出价最高的买主的一种贸易方式。

国际货物的拍卖方式有以下特点：

①拍卖是在一定的机构内有组织地进行的。拍卖一般都是在拍卖中心，在拍卖机构的统一组织下进行。拍卖机构可以是由公司或协会组成的专业拍卖行，专门接受货主委托从事拍卖业务，也可以是大贸易公司内部设立的拍卖行，还可以是由货主临时组织的拍卖会。

②拍卖具有自己独特的法律和规章。拍卖不同于一般的进出口交易，这个不仅体现在交易磋商的程序和方式上，也表现在合同的成立和履行等问题上，许多国家的买卖法中对拍卖业务有专门的规定。除此之外，各个拍卖行又订立了自己的章程和规则，供拍卖时采用。这些都使得拍卖方式形成了自己的特色。

③拍卖是一种公开竞买的现货交易。拍卖采用事先看货、当场叫价、落槌成交的做法。拍卖开始前，买主可以查看货物，做到心中有数。拍卖开始后，买主当场出价、公开竞买，由拍卖主持人代表货主选择交易对象；成交后，买主即可付款提货。

想一想：哪些商品适合拍卖方式？

（2）拍卖的出价方法

拍卖的出价方法主要有以下的三种：

①增价拍卖。增价拍卖也称英式拍卖，这是最常用的一种拍卖方式。拍卖时，由拍卖人（Auctioneer）提出一批货物，宣布预定的最低价格，然后由竞买者（Bidder）相继叫价，竞相加价，有时规定每次加价的金额幅度，直到拍卖人认为无人再出更高的价格时，则用击

槌动作表示竞买结束，将这批商品买给最后出价最高的人，如果竞买者的比价都低于拍卖人宣布的最低价格，或称价格极限，卖方有权撤回商品，拒绝出售。

②减价拍卖。减价拍卖又称荷兰式拍卖，这种方式先由拍卖人喊出最高价格，然后逐渐减低叫价，直到有某一竞买者认为已经低到可以接受的价格，表示买进为止。这种减价拍卖，成交迅速，经常用于拍卖鲜活商品。

以上两种出价方法都是在预定的时间和地点，按照先后批次，公开叫价，现场确定，当时成交。

③密封递价拍卖。密封递价拍卖（Sealed Bids；closed Bids）又称招标式拍卖。采用这种方法时，先由拍卖人公布每批商品的具体情况和拍卖条件等，然后由各买方在规定时间内将自己的比价密封递交拍卖人，以供拍卖人进行审查比较，决定将该货物卖给哪一个竞买者。这种方法不是公开竞买，拍卖人有时要考虑除价格以外的其他因素。有些国家的政府或海关在处理库存或罚没物资时往往采用这种拍卖方式。

（3）拍卖的一般程序

拍卖业务进行的程序，一般可分为三个阶段：

①准备阶段。参加拍卖的货主先要把货物达到拍卖地点，存入仓库，然后委托拍卖行进行挑选、分类、分级，并按货物的种类和品级分成若干批次。货主在办理委托事项时要与拍卖行订立委托拍卖合同，合同中一般要规定以下内容：a. 双方当事人的名称、地址；b. 拍卖的货物名称、规格、数量、质量；c. 拍卖的时间、地点；d. 拍卖品的交付时间、方式；e. 佣金及其支付的方式、期限；f. 价款的支付方式、期限；g. 违约责任；h. 其他事项。

拍卖行在此期间还要负责编印拍卖目录。所有经过挑选分批待售的货物都要载入目录。在拍卖目录中一般要列明商品的种类、每批货的号码、等级、规格、数量、产地、拍卖的次序及拍卖条件。拍卖目录通常在拍卖日期前十天到半月编印完毕，并提供给打算参加拍卖会的买主作为指南。

拍卖行在拍卖前一段时间要发布拍卖公告，公告的主要内容包括：a. 拍卖的时间、地点；b. 拍卖的标的；c. 拍卖标的展示的时间、地点；d. 参与竞买须办理的手续；e. 其他事项。

②正式拍卖。拍卖会在规定的时间和地点开始，并按照拍卖目录规定的先后顺序进行。

在拍卖会场中，买主一般按照事先登记的座位号，对号入座。在拍卖会主席台上就座的主要有拍卖主持人和工作人员。拍卖主持人又称拍卖师，作为货主的受托人掌握拍卖业务的进行。

拍卖一般多采用由低到高的增价拍卖方式。增价拍卖可以由竞买人喊价，也可以由拍卖人喊价竞买人举牌应价。货主对于要拍卖的货物可以提出保留价（With a Reserve），也可以无保留（Without Reserve）。对于无保留价的，拍卖主持人在拍卖开始前要予以说明；对于有保留价的，竞买人的最高应价未达到保留价时，主持人要停止拍卖。

关于竞买人喊价后能否撤回的问题，不同国家的拍卖法规定有所不同。有的拍卖法规定，在拍卖主持人落槌之前，竞买人可以撤回其出价。我国的拍卖法则规定："竞买人一经应价不得撤回。当其他竞买人有更高应价时，其应价即丧失约束力。"

荷兰作为出口鲜花的大国，在花卉交易中通常都采用减价拍卖方式，这种方式又称无声拍卖,即竞买人无需减价,只需在拍卖人由高到低的报价过程中,选择自己能接受的价格及时应价。应价以前采用打手势表示,现在多用按电钮的方式。

③成交与交货。拍卖以其特有的方式成交后,拍卖行的工作人员即交给买方一份成交确认书买方填写并签字字,表明交易正式达成。

拍卖商品的贷款,通常都以现汇支付,在成交时,买方即须支付货款金额的一定百分比,其余的也须尽快支付。货款付清后,货物的所有权随之转移,买方凭拍卖行开出的栈单(Warrant)或提货单(Delivery order)到指定的仓库提货。提货也必须在规定的期限内进行。在仓库交货前,拍卖人控制着货物,他有义务妥善保管货物。作为卖方的代理人,他享有要求贷款的留置权,即在买方付清货款之前,他有权拒绝交货,除非拍卖条件中允许买方在提货后的一定期限内付清货款。

拍卖行为交易的达成提供了服务,它要收取一定的报酬,通常称作佣金(Commission)或经纪费(Brokerage)。佣金的多少没有统一的规定,可以由买卖双方与拍卖行加以约定。拍卖未成交的,拍卖行可以向委托人收取约定的费用;未作约定的,可向委托人收取为拍卖支出的合理费用。

拍卖会结束后,由拍卖行公布拍卖单,其内容主要包括售出商品的简要说明、成交价、拍卖前公布的基价与成交价的比较等。这些材料反映了拍卖商品的市场情况及国际市场价格,也是两次拍卖会的间隔期内,商人进行交易、掌握价格的重要参考资料。

12.4 综合的贸易方式

12.4.1 加工贸易

(1)加工贸易的概念

加工贸易是指一方(委托方)委托另一方(加工方或承接方)代为加工生产制造或装配某种产品,加工方以收取工缴费(加工费)形式获取收益的贸易方式。其具体形式应包括来料加工、进料加工和境外加工。

(2)来料加工(Processing with Customer's Materials)

①来料加工的概念。在我国来料加工又称为对外加工装配,广义上它包括来料加工、来件装配和来图样加工(即"三来")。

来料加工是指由外商(委托方)提供一定的原材料、零部件、元器件或图纸样品,由本国企业(承接方或称为加工方)进行加工生产和装配,成品交由外商处置,加工方按照合同约定收取工缴费(加工费)作为报酬的贸易方式。需要指出的是,在来图样加工业务中,加工费除收取工缴费外,还应收取原材料费,因为这种方式中,外商仅提供图纸或样品,而不提供原材料或零部件。

②来料加工的特点。

A. 交易双方是委托加工关系。来料加工不同于双方当事人为买卖关系的一般进出口贸易,它虽然有原材料零部件的进口和成品的出口,但这一进一出却不是属于货物买卖,因为原料和成品的所有权始终属于国外委托方,加工方只是提供劳务并收取一定的工缴费。实际上我们可以把来料加工看作是一种以商品为载体的劳务交易,而不是实际买卖货物。

B. 原料进口与成品出口紧密相连。虽然来料加工有进有出，但一般来讲，提供原料部件的外商与接受加工成品的外商为同一个客户，实际上这里的进口与出口是同一笔业务的不同方面，所以进口与出口必须紧密相连，同时达成协议，否则便无法达成交易。

C. 承接方（加工方）只收取工缴费（注意：若是来图、来样加工则还需收取原料费）。

③来料加工合同的主要内容。来料加工合同是规定委托方和加工方权利和义务的法律文件，它主要包括约首、正文、约尾三大部分。约首和约尾主要表明订约人的法定名称、地址、订约宗旨、订约时间和地点、合同的生效及变更和终止等。正文部分是合同的核心部分，是关于双方当事人权利和义务的具体规定条款，包括加工产品名称、品质、规格、数量、交货期、损耗率、残次品率、加工费标准及金额、付款方式、保险、验收等。

④来料加工合同应注意的问题。

A. 对来料来件的规定：主要是必须明确规定来料来件的到货时间、数量和质量问题，因为来料来件是加工贸易的物质基础，所以每批来料来件的到货时间和数量必须适应按正常生产能力对每批应交成品所需原料的要求，而且还应考虑有一定数量的合理储备。

B. 对成品质量的规定：加工贸易中，外商对成品质量的要求都是比较严格的。加工方为避免日后交付成品时发生纠纷，在洽谈签约时必须从自身的技术水平和生产能力出发，争取对自己有利的约定。而质量标准一旦确定，承接方就必须严格地按时按质按量交付成品。

C. 关于耗料率和残次品率的规定：由于耗料率和残次品率的规定直接关系到双方的利害关系和能否顺利执行合同，所以，必须认真考虑，不可过高或过低，应兼顾双方利益，以订得较为适中为宜。

D. 关于工缴费标准的规定：工缴费的规定是来料加工合同的核心问题，它关系到双方的利益。由于来料加工在本质上是一种劳务交易，所以对工缴费的核定应以国际劳务价格为依据，并适当考虑具有一定竞争性的问题。

E. 对工缴费结算方式的规定：一种方式是对来料来件和成品均不作价，只收取加工费，由委托方在加工方付成品后通过汇付、托收或 L/C 方式向加工方支付。另一种方式是对来料来件和成品分别作价，两者之间的差额即为工缴费。在这种方式下，加工方应坚持先收后付的原则。

F. 对运输和保险的规定：来料加工业务涉及两段运输问题，一段是原料运进，一段是成品运出，必须在合同中明确规定由哪一方承担有关的运输责任和费用。按理说原料和成品的运输责任和费用应当由委托方承担，但在实际业务中，加工方可以灵活掌握，可以代办运输事宜。

来料加工的业务保险，在实际业务中可以分为三段来进行：一是从委托方将料件运至加工方加工场所的进口货物运输保险一般由委托方在国外投保；二是料件加工期间的财产保险，可由承接方在本国投保；三是把成品从加工场所运至国外客商的出口货物运输保险，也可由承接方代办。

（2）进料加工

①进料加工的概念。进料加工（Processing with Imported Materials）是指从国外购进原料，加工生产出成品后再销往国外，因此又称为"以进养出"。

　　我国开展的进料加工业务包括进口轻工、纺织、机械、电子行业的原材料，零部件元器件，加工制造或装配出成品再出口，还包括从国外引进农、牧、渔业的优良品种，经过种植或繁育出成品再出口。

　　与来料加工相同的是，进料加工也是"两头在外"；与来料加工不同的是，进料加工中的原料设备进口与成品出口是两笔不同的交易，原料供应者和成品购买之间没有必然的联系，所涉及的当事人相互之间都是买卖关系，而且进料加工中的加工方是赚取从原料到成品的附加价值，所以要自筹资金、自寻销路、自担风险、自负盈亏。

　　小思考：来料加工和进料加工有何不同？

　　②进料加工的具体操作。进料加工的业务，具体做法大致有以下3种，即先签订进口原料的买卖合同，加工出成品后再寻找市场和买主；先签订出口合同，再根据国外买方的订货（一般是外商提供样品）要求从国外购进原料，加工生产，然后按合同的规定交货；对口合同方式，即与对方签订进口原料合同的同时签订出口成品的合同，原料的提供者就是成品的购买者，但它与来料加工是不同的，它所对口的两个合同相互独立，分别结算。

　　（3）境外加工贸易

　　①境外加工贸易的概念。境外加工贸易是在海外进行投资办厂的基础上，结合开展来料加工或进料加工或就地取材的一种新的贸易方式。我国企业在国外进行直接投资的同时，利用当地的劳动力开展加工装配业务，以带动和扩大国内设备、技术、原材料、零部件的出口。境外加工贸易具有以下特点：

　　第一，与境内的加工贸易相比，境外加工贸易是我国企业充分发挥自身优势、自己走出去利用国际市场和资源的经济活动，其产生和发展的根本原因在于我国生产力水平的提高和国际市场的需求。

　　第二，与一般贸易相比，境外加工贸易的社会效益更大，它不仅真正实现了扩大商品出口的目的，还带动了技术、劳务以及服务贸易的出口。

　　第三，通过境外加工贸易，可以绕过国外贸易壁垒，增强我国产品的竞争力，扩大销售。

　　第四，境外加工贸易比较适合我国企业的总体发展水平，有利于企业的国际化经营，通过境外加工贸易适应国际市场的竞争，从而发展我国自己的跨国公司。

　　②我国境外加工贸易的申报。我国商务部和国家外汇管理局在2003年7月发布了《关于简化境外加工贸易项目审批程序和下放权限有关问题的通知》，该通知主要涉及投资额、申报程序、外汇管理、审核重点和《境外带料加工装配企业批准证书》下发程序等内容。相关内容如下：

　　◆ 中央、地方外经贸主管部门审批权限。中方投资额在300万美元以下（含300万美元）的境外加工贸易项目，由投资主体所在省、自治区、直辖市及计划单列市的外经贸主管部门核准。中方投资额在300万美元以上的境外加工贸易项目，由地方主管部门报商务部核准。中央管理的企业及其所属企业在境外投资举办的境外加工贸易项目，由中央企业总部报经商务部核准。

　　◆ 境外加工贸易项目申报程序。由地方主管部门负责核准的境外加工贸易项目，地方主管部门收到境外加工贸易项目的申请后,应在征得我驻外使(领)馆经商参处(室)同意后核准。

须商务部核准的境外加工贸易项目,由地方主管部门或中央企业总部征得我驻外使(领)馆经商参处(室)同意后,报商务部。

地方主管部门核准或上报境外加工贸易项目,应会签地方外经贸主管部门。

须从境内购汇和汇出外汇的境外加工贸易项目,在报地方主管部门前,应由所在地外汇分局或外汇管理部按照国家的有关规定进行境外投资外汇资金来源审查。

境外加工贸易项目审核重点:中央和地方各级主管部门在核准境外加工贸易项目时,审核的主要材料包括境外加工贸易项目基本情况、境外加工贸易企业合同和章程、投资主体营业执照、外汇局关于境外投资外汇资金来源审查的批复等。

③开展境外加工贸易时应注意的问题。开展境外加工贸易业务是一项复杂而艰巨的工作,结合我国一些企业的经验教训,在开展境外加工贸易时应注意以下几个重要问题:做好境外加工贸易项目的可行性研究;做好我国境外投资行业和方式的选择;考察、了解境外合作方的资信情况;注重国外市场信息的积累;做好人才方面的准备并选派得力人员;做好境外加工贸易的对外宣传工作;加强宏观管理。

12.4.2　对销贸易与补偿贸易

(1)对销贸易的概念和性质

对销贸易(Counter Trade)又称对等贸易、互抵贸易、反向贸易、返销贸易。关于对销贸易,在国际上还没有一个标准的定义和确定的界限,一般认为凡是进出结合、进口和出口互为条件的各种贸易方式都可叫作对销贸易。我们不妨对其下如下定义:对销贸易是指在互惠的前提下,由两个或两个以上的贸易方达成协议,规定一方的进口产品可以部分或者全部以相对的出口产品来支付的贸易。现代意义上的对销贸易源于古老的易货贸易,并随着世界经济和历史时代的发展而不断地表现出不同的形式。20世纪60年代至70年代初以来,对销贸易得到了迅速发展,它有利于绕开贸易壁垒,开拓国外市场,成为各国尤其是外汇短缺的发展中国家扩大对外贸易的有效途径。

对销贸易的各种交易形式都具有易货的基本特征,但它又不是易货的简单再现。与单边进出口相比,对销贸易具有如下基本特征:

①进出结合,互惠互利,在对销贸易中,一方商品或劳务的出口必须以从对方进口商品或劳务为条件,体现了互惠的特点,相互提供出口机会;

②不用或少用现汇支付,在对销贸易中,一方从另一方进口商品货物,不需要用现汇或是只用较少的现汇来支付货款,而是全部或大部分用相应的出口产品来支付进口货款。这有利于保持一国的国际收支平衡,对外汇储备紧张、外汇短缺的国家来说,对销贸易是独具魅力的。

(2)对销贸易的主要形式

对销贸易的形式很多,其中用得较多的是易货贸易和补偿贸易。

①易货贸易(Barter)。易货贸易就是以货换货的交易方式,即一方以出口实物来偿付从另一方进口货物的价款,一般不涉及货币支付问题,多用于边境贸易。

国际贸易中的易货贸易有如下几种形式:

◆ 直接易货，也可叫作纯粹的以货换货方式，就是交易双方价值相等或相近的货物互相交换。交易各方都有进有出，且进出同时成立、同时交货，不用货币支付，货运单据直接或通过银行交换，也没有第三者介入，履约期较短。显然，直接易货的局限就在于它要求双方交换的商品在品种、规格、数量上都必须正好符合彼此的需要，价值上也要相等或接近，这就使双方较难达成交易。因此这种易货方式在现代国际贸易中已很少采用。

◆ 综合易货，又称为记账易货或广义的易货贸易或"一揽子"易货，是指交易双方都承担在一定时期内购买对方一定金额的商品的义务，进口商品和出口商品的交换作为一笔交易体现在同一合同中，而具体交易则分别签订多个合同进行，货款无须使用现汇支付，而是分别汇入双方国家指定的银行账户上，在相抵之中，逐笔平衡或在一定时期内平衡。在规定交易期届满时，若双方支付金额平衡，则易货协议执行完毕；若出现一方有逆差，则双方再协商，以现汇或商品支付。这种综合易货多用于两个国家之间的易货贸易。在综合易货方式下，进口和出口可以同时进行，也可以有先有后，但一般先后时间间隔都不长。新中国成立初期，我国与斯里兰卡的米胶协议就是典型的综合易货。

◆ 对开信用证方式，是指进口和出口同时成交，金额大致相等，双方都采用 L/C 方式支付货款，也即双方都开立以对方为受益人、金额相等或大致相等的信用证，并在 L/C 中规定一方开出的 L/C，要以收到对方开出的 L/C 为生效条件。也可以采用保留押金方式，即先开出的 L/C 先生效，但在结汇后，银行把款扣下，留作该受益人开回头证时的押金。当然，在这种方式下，虽然通过对开信用证，并且用货币计价，但双方并不是现汇交易，仍然是以货换货，货币在这里只是一种计价工具，并不用来进行实际支付。

②补偿贸易（Compensation Trade）。补偿贸易是自 20 世纪 60 年代发展起来的一种贸易方式，它是指在信贷基础上进行的、进口与出口相结合的贸易方式，主要用于一方对机器设备的进口，即一方进口机器设备（必要时包括相关的生产技术、原材料和劳务），在约定的期限内用该机器设备（及相关的技术、原材料和劳务）生产的产品，或以双方商定的其他商品分期偿付进口货款和相应的利息。按照用来偿付进口货款的标的的不同，补偿贸易有如下一些形式：

◆ 直接补偿，即双方在协议中约定，由机器设备的进口方直接用该机器设备生产出来的产品来偿付进口货款。换句话说，就是双方在协议中约定，设备供应方向设备进口方承诺购买由该设备生产的产品。这种方法也叫产品返销（Product Buyback），是补偿贸易的最基本的做法。

◆ 间接补偿，就是由双方商定并在协议中作出规定不是用进口设备生产的产品，而是用别的其他产品来偿付进口设备的价款。这种方法又叫产品回购，一般是在所交易的设备本身不生产物质产品，或交易的设备所生产的产品非对方所需，或交易的设备所生产的产品在国际市场上销路不好时可采用该种形式。

◆ 劳务补偿，这是与加工贸易相结合的补偿贸易，就是先由出口方自垫货款，代进口方购进协定的机器设备，由进口方用该机器设备为出口方进行加工生产，进口机器设备的价款分期从应收的工缴费（即加工费）中扣除。

◆ 部分补偿，就是对进口的机器设备的价款，一部分用产品（直接产品或间接产品）偿付，一部分用现汇来偿付。这种形式一般在当现汇并非太紧张的情况下使用。

◆ 综合补偿，就是将上述各种方法结合起来进行综合运用。这种偿付进口机器设备价款的办法更为灵活和方便，是补偿贸易的变通形式。

小思考： 以补偿贸易方式引进设备，应注意哪些问题？

③对销贸易的其他形式。

◆ 互购（Counter Purchase）。互购又称平行贸易或反向购买，就是交易双方互相购买对方的产品，是一种以进带出或以出带进的进口和出口相结合的贸易方式。其做法是：双方根据一份议定书签订两个既独立又相互联系的合同，一个合同约定由先进口的一方（往往是发展中国家）用现汇购买对方的货物（如机器设备等），并由先出口的一方（通常为发达国家）在合同中承诺在一定时期内买回头货；而另一个合同则具体约定由先出口的一方用所得货款的一部分或全部从先进口的一方购买回头货。

互购贸易的特点表现在以下两个方面：第一，互购贸易通常使用两个既独立又相互联系的合同。由于签订第一份合同时双方很难把未来交易的货物品名、规格、数量等确定下来，因此，先出口方（通常是发达国家）仅在此合同中做出购买回头货的承诺。之后，双方将选择合适的时间签订第二个合同来具体约定。这一点与易货贸易不同。第二，互购不是单纯的以货换货，而是两笔相互关联的现汇支付交易。互购贸易双方互签购货合同，先后出口，一般通过信用证或付款交单的方式结算货款，分别收取现汇。值得注意的是，互购贸易不要求等值交换，且参与互购贸易的商品不要求有相互联系，也不要求进出口同步进行。

互购贸易有以进带出的功能，有利于在进口商品的同时扩大出口市场。它体现出更大的灵活性，先出口方可在双方协商一致的情况下将进出口承诺转让给第三方，从而取得现汇收入，而先进口方也可因此获得自己更加需要的商品或服务。

但互购贸易也有其局限性：第一，它是一种比较松散的交易，双方通常只能在第一份合同中达成原则性的共识，一般不能确定有关第二笔交易的明晰条款；第二，互购贸易双方利益不平衡，先出口方在资金周转和随后的谈判中都处于比较有利的地位。实践中，西方国家以其在技术上的优势，往往占有这种有利的地位，而比较愿意采用这种做法。

◆ 转手贸易（Switch Trade）。转手贸易又叫转账贸易或三角贸易（Triangular Trade）。这种贸易方式涉及三个以上的当事人，内容复杂，是二战以来原经互会国家与许多国家签订双边贸易协定和支付（清算）协定的产物。

在双边贸易协定下的交易，都是规定通过国家银行的特定账户进行清算，拥有顺差的一方并不能取得现汇，只能由对方增加出口予以抵补。转手贸易就是专为双边贸易协定下的交易的顺差方取得可自由兑换的硬通货而产生的。所以也可以说，转手贸易是记账贸易条件下的一种换取硬通货的特殊贸易方式。

在国际贸易中，转手贸易主要有以下两种形式：简单的转手贸易，就是拥有顺差的一方根据记账贸易将回购的货物运到国际市场，并往往以低于市场价格转售货物，从而换取硬通货；复杂的转手贸易，就是在记账贸易下拥有顺差的一方把顺差当作权益，以高于市场的价格从第三者（通常是西方国家的中间商，转手商或企业）手中购进本来需用自由外汇才能换得的他所需要的设备或其他产品，同时，由该第三者利用已换取的顺差权益从记账贸易下的逆差国家购买约定的货物并在其他市场转售，从而取得硬通货。

◆ 抵消贸易(OffSet Trade)。抵消贸易是 20 世纪 80 年代开始盛行的一种贸易方式，多用在军火和大型设备如飞机等的交易中，兼有互购与补偿贸易的特点，但与两者又不尽相同，抵消贸易涉及的金额更大，期限更长，常与投资行为结合在一起。

在实践中，抵消贸易有以下形式：直接抵消(Direct Offset)，也被称为"工业参与"(Industrial Participation)或"工业合作"(Industrial Cooperation)。就是双方约定先出口的一方同意从进口方购买在出售给进口方的产品中所使用的零部件或与该产品有关的产品，有时，先出口的一方对进口方进口这些零部件会提供技术或进行投资；间接抵消(Indirect Offset)，就是双方商定，先出口的一方同意从进口方购买与自己的出口产品不相关的产品，买卖双方的关系近似于贸易中的间接补偿。

篇末点述

本章主要讲述了国际贸易的方式，主要涉及了经销、代理、寄售、展卖、招投标、拍卖、加工贸易以及对销贸易等多种贸易方式。通过本章学习，要了解各种国际贸易方式的基本概念和特点；熟悉各种国际贸易方式的作用和使用条件；重点掌握各种贸易方式在具体交易中基本做法，以及处理可能出现的问题和风险的方法。

案例分析

[案例一] 我 A 公司与美国 B 公司签订一份独家经销协议，A 公司把该公司经营的草制品在美国的独家经营权(购买权)授予 B 公司，期限为一年。一年来，由于 B 公司销售不力，致使 A 公司蒙受很大损失。试分析 A 公司蒙受损失的原因。

分析：本案 A 公司蒙受损失的原因可能是：①B 公司还经销其他出口企业商品，不能专心经营 A 公司的商品；②B 公司经营能力较差，虽然努力仍不完成甚至远远不能完成协议规定的最低限额；③B 公司经营作风不正、居心不良，凭借专营权压低价格或包而不销；④签订的包销协议有漏洞，没有在包销协议中规定中止条款或索赔条款；⑤出口商 A 公司对包销协议管理不善，对协议执行情况不做定期检查，没有对协议中规定的最低限额完成进度缓慢及时做出处理。因此，要发挥独家经销方式的作用，关键在于选择择恰当的包销商。

[案例二] 某省某建设集团下属机械制造厂参加亚洲开发银行贷款本省一级公路养护设备摊铺机的投标。在此次国际招标中，招标文件规定投标语言为英语，具体规定为："投标书和投标人与业主之间有关投标书的来往函电和文件均使用英文。由投标人提供的证明文件和印刷品可为其他语言，但其中相关段落应附有准确的英译文，并且，为解释投标书，应以英译文为准。"然而，上述机械制造厂提供的投标文件中，报价表使用了英文，商务资料表使用了中文，技术资料表则使用了法文(该摊铺机生产技术从法国引进)，并且其中、法语言部分没有相应的英译文。结果，该厂因为投标书书写语言与招标文件规定不符而未通过商务审查。

分析：本案的经验教训是，为确保物资采购或工程项目取得预期成效，招标人通常会对投标人进行资格预审，通过预审的投标人才能获得参与投标的资格。在制作投标文件时，要在保证价格具有竞争力的前提下，努力提高其他方面的竞争优势，比如专业人员素质、企业配套能力、售后服务等,争取以最优的组合实现中标。

[案例三]　2008 年 10 月,甲公司与乙公司签订了《补偿贸易合同》,合同规定,乙公司向甲公司出口某设备,由甲公司用进口设备生产出的产品返销给乙公司的方式分三年偿还全部设备款,每年 50 万法郎。合同生效后,乙公司按照合同规定交付了设备。第一年,甲公司依照合同规定用设备生产的产品向乙公司偿还了设备款 50 万法郎。到了第二年,甲公司用于返销的产品的国际市场价格上涨了 30%。甲公司认为,原合同对返销产品的作价不合理,要求修改合同或签订补充协议,提高返销产品的价格,乙公司不同意。于是,甲公司擅自将产品直接出口,在国际市场销售,并用所得外汇向乙公司偿还设备款 50 万法郎。为此,双方发生争议,乙公司于 2009 年底提起仲裁,要求甲公司交付产品或按 130% 支付设备款,并按合同规定支付 5% 的违约金。甲公司认为,它已如数支付了设备价款,因此履行了合同。乙公司认为,合同规定用产品偿还,该产品国际市场价格上涨 30%,其转售产品应得的利益被剥夺,故甲公司应补偿 30%,并支付违约金。乙公司的要求是否合理?

分析:本案属于补偿贸易中的直接产品补偿。按照双方签订的《补偿贸易合同》,甲公司应向乙公司通过返销设备生产出的产品偿还设备价款。甲公司用向第三方出口收取的外汇偿还乙公司的设备价款的做法,实际是一般贸易的分期付款方式,已改变了补偿贸易的性质,完全违反了补偿贸易的规定和双方签订的合同。所以,乙公司的要求是合理的。

思考题

1. 独家代理与独家经销有何异同?
2. 招标投标的程序如何?
3. 拍卖的出价方式主要有哪三种?
4. 开展境外加工贸易应注意哪些问题?
5. 补偿贸易具体做法有哪几种?

技能实训

一、名词解释

Exclusive Sales　Sole Agency　Consignments　Compensation Trade　Auction

二、是非题

(　　)1. 中国出口商品交易会是国际博览会。

(　　)2. 拍卖具有竞买的性质,投标具有竞卖的性质。

(　　)3. 投标人发出的标书是一项不可撤销的发盘。

(　　)4. 进料加工起码是两笔交易,而来料加工只能是一笔交易。

(　　)5. 在包销和独家代理方式下,卖方均给外商以独家专营权。

(　　)6. 国际商品拍卖,卖的是现货。

(　　)7. 来料加工又称以进养出。

(　　)8. 我外贸企业以现汇从国外购来原料加工成品后出口,这种贸易方式称为来料加工。

( )9.在国际招标业务中,招标人既可根据对本身最优惠的条件选定中标人,也可宣布招标失败,而拒绝全部投标。

( )10.补偿贸易是国际直接投资的方式之一。

三、选择题

1.寄售贸易中,寄售人与代销人之间的关系是( )关系。

A.委托代销　　　　　B.买卖　　　　　C.雇佣

2.补偿贸易采用对开生效信用证支付方式,则( )。

A.我方开远期信用证,外商开即期信用证

B.我方开即期信用证,外商开远期信用证

C.我方开远期信用证并注明见到外商开立的即期信用证后才生效

3.来料加工按外商定牌生产,加工方为免除责任( )。

A.必须订立工业严产权免责条款

B.不必订立工业产权免责条款

C.只要委托方能证明牌子已在中国注册登记即可

4.在补偿贸易中,购买技术设备的一方用该技术设备投产后生产出来的产品偿还技术设备的价款或购买技术设备所有贷款本息,这种方式称为( )。

A.直接补偿　　　　　B.间接补偿　　　　　C.综合补偿

5.在来料加工业务中,当采取原材料和成品分别作价时,对价款的收付,应掌握的基本原则是( )。

A.先付原材料价款,后收成品价部

B.先收成品价款,后付原材料价款

C.成品价款和原材料价款同时收付

参考文献

[1] 黎孝先、石玉川主编.国际贸易实务.北京：对外经贸大学出版社，2008.10

[2] 安徽.国际贸易实务教程.北京：北京大学出版社，2009.6

[3] 仲鑫.国际贸易实务，北京：机械工业出版社，2010.1

[4] 章志键.技术性贸易壁垒对国际贸易的影响：理论与实证研究.武汉：武汉理工大学，2009

[5] 中华人民共和国海关进出口税则(2010年中英文版).北京：经济日报出版社，2010

[6] 商务部.出口商品技术指南＋各国化妆品标签管理.2010

[7] 胡俊文.国际贸易实战操作教程.北京：清华大学出版社，2009

[8] 国际商会(ICC).国际贸易术语解释通则2010.北京：中国民主法制出版社，2011

[9] 李勤昌.国际货物运输.大连：东北财经大学出版社，2008

[10] 孟恬.国际货物运输与保险.北京：对外经济贸易大学出版社，2008

[11] 冯光明.国际贸易理论与实务.大连：东北财经大学出版社，2010.

[12] 许明月，王晓东，胡瑞娟.国际货物运输.北京：对外经济贸易大学出版社，2007

[13] 袁建新.国际贸易实务.上海：复旦大学出版社，2008

[14] 苏宗祥，徐捷.国际结算.北京：中国金融出版社，2008

[15] 闫之大.UCP600解读与例证.深圳：中国商务出版社，2007

[16] 梁琦.国际结算.北京：高等教育出版社，2009

[17] 王开定.票据法新论与案例.北京：法律出版社，2005

[18] 张晓芬，李劲涛等.国际结算.北京：北京大学出版社，中国林业出版社，2007

[19] 博斌等.国际贸易实务与案例.北京：清华大学出版社.2007

[20] 尹显萍.国际贸易实务试验教程.武汉：武汉大学出版社.2008

[21] 周厚厂.国际贸易理论与实务[M].北京：中国财政经济出版社，2008

[22] 克里斯·德森.免费：商业的未来.北京：中信出版社，2009

[23] 王建国.1P理论——网状经济时代的全新商业模式.北京：北京大学出版社，2007

[24] [美]科特勒，凯勒.王永贵等译.营销管理(第13版).上海：格致出版社，2009

[25] [日]青木淳.定价的力量：征服消费者的完美价格攻略.中国铁道出版社，2006

[26] 张黎，于玥.深层价格战：108个成功策略及经典案例.中国经济出版社，2004

[27] Oz Shy. How to price：a guide to pricing techniques and yield management. Cambridge：Cambridge University Press；New York，2008

[28] Reed Holden，Mark Burton. Pricing with Confidence：10 Ways to Stop Leaving Money on the Table. New York：John Wiley & Sons, Inc. ，2008

[29] 一些网站资源：

http：//www.chinaintertrade.com/：中国国际贸易网

http：//www.guomaoren.com：国贸人

http：//bgy.customs.gov.cn：报关员考试网

http：//www.10588.com：我们同行——国际结算网